KB272039

# 근로기준법이
# 행방불명된
# 세계에서
# 권리찾기

**일러두기**

* 이 책은 (재)공공상생연대기금의 기금사업으로 발행되었습니다.

* 이 책 각 원고의 지은이의 소속과 직책은 첫 발표 때를 기준으로 합니다.

# 근로기준법이 행방불명된 세계에서 권리찾기

## 가짜 5인 미만에서 가짜 3.3까지

권리찾기전국네트워크지원센터 · 권리찾기유니온 엮음

푸른나무

# 행방불명된 권리를 찾아서: '세상과의 교섭'을 시작하며

노동조합을 통해 노동자로서의 권리를 지키기 어려운 이들에게 근로기준법은 생존을 위한 '최후의 보루'입니다. 그러나 오늘날 대한민국 노동자의 절반인 1,300만 명은 이 최소한의 보호막조차 없는 '근로기준법 밖'에 서 있습니다.

"모든 권력은 국민으로부터 나온다"는 헌법의 선언이 무색하게도, 노동자들은 선거철의 소중한 유권자에서 투표 직후 철저히 배신당하는 약자로 전락하곤 합니다. 자본의 논리와 성장 지상주의가 지배하는 세상 속에서 국가는 기본적 책무를 방기했고, 그 결과로 노동자로 불리지 못하는 '유령노동자'들이 절망 속에서 거리를 떠돌고 있습니다. 이 책은 바로 그 행방불명된 권리를 되찾기 위한 여정의 기록입니다.

지난 수감 생활 동안, 불안정한 비정규직을 전전하다 막다른 길에 내몰려 담장 안으로 들어온 이들을 수없이 만났습니다. 노동을 통해 희망을 찾을 수 없어 범죄의 유혹에 빠진 것은 아닌지 묻기도 했습니다. 그들의 삶을 마주하며 민주노총 위원장으로서 비정규 노동자를 위해 무엇을 했는가 처절하게 되돌아보았습니다.

부끄러움이 앞섰습니다. 마땅히 미조직·불안정·저임금·특수고용 노동자의 편에서 모든 노동자가 존엄하게 살아갈 세상을 열었어야 했습니다. 사업장 규모가 아무리 작더라도, 어떤 업종에서 어떤 고용계약을 맺었더라도, 모두가 노동자로서 노동법의 보호 아래 당당히 노동할 수 있는 사회를 만들어야 했습니다.

독방에서 스스로에게 끊임없이 질문했습니다. "출소하면 나는 무엇을 할 것인가?" 사업장 안의 노사관계를 넘어 노동과 사회, 경제, 정치, 기후, 평화, 조세 정의, 그리고 로봇 시대의 윤리까지 아우르는 거대한 투쟁 의제들로 이어졌습니다. 정치파업을 불법으로 규정한 현행법의 한계를 돌파할 해법은 결국 정부와 자본을 상대로 한 전면적인 '세상과의 교섭'에 있다는 결론에 도달했습니다.

보수 양당은 해방 후 80년 동안 번갈아 집권해왔으나, 자본의 편에서 있다는 점에서는 결코 다르지 않았습니다. 그들은 조직된 노동운동을 공격하며 자신들의 지지 기반을 공고히 해왔고, 재벌과 결탁한 정치권력은 노동의 가치를 끊임없이 훼손해왔습니다.

이에 맞서는 민주노조운동의 전략 또한 뼈저린 성찰이 필요합니다. 우리는 거대 권력에 저항해왔으나, 정작 우리 스스로를 '노동조합'이라는 익숙한 틀 안에 가두어버린 것은 아닌지 되돌아봐야 합니다. 어제와 같은 방식으로는 내일의 변화를 만들 수 없습니다. 지난 세월, 우리는 어쩌면 같은 방식을 반복하며 다른 결과가 나오기만을 고대해왔는지도 모릅니다.

출소 직후, 저는 동지들이 모아준 소중한 영치금을 밑거름 삼아 '권리찾기유니온 권유하다'를 창립했습니다. 단순히 누구를 탓하는 것만으로는 세상이 바뀌지 않을 것이라는 확신 때문이었습니다. 무모해 보일지라도 맨땅에 머리를 맞대는 심정으로 새로운 길을 찾아 나섰습니다.

참담한 노동의 실체를 세상 앞에 적나라하게 드러내기 위해 뜻을 같이할 동지들을 찾아 발품을 팔았고, 고통받는 당사자들의 목소리를 직접 듣기 위해 위장취업도 마다하지 않았습니다. 그 과정에서 5인 미만 사업장으로 위장해 근로기준법의 보호를 원천 봉쇄하는 탈법 현장과 맞닥뜨렸고, 노동자를 '가짜 3.3 사업소득자'로 위장시켜 권리를 빼앗는 교묘한 수법들을 간파할 수 있었습니다.

80년 세월, 권력 놀음으로 점철된 야만의 역사를 바로잡는 일은 결코 녹록지 않았습니다. 중간착취와 위장고용이 판치는 이 비정한 일터를 바꾸는 일은 어제도 오늘도 험난한 가시밭길이었습니다. 그러나 우리는 거대한 옹벽에 작은 틈이라도 내기 위해 기꺼이 몸을 던졌습니다. 그 분투의 시간들이, 우리보다 더 도발적이고 지혜로운 동지들이 실천과 투쟁을 이어갈 소중한 밑거름이 되기를 간절히 바랍니다.

이 무모해 보이는 도전에 기꺼이 어깨를 걸어준 동지들을 떠올립니다. 창립을 함께 준비하며 밤을 지새운 운영위원과 청년 활동가들, 연대노조협약을 맺고 소중한 재정을 나누어준 노동조합들, 든든한 버팀목이 되어준 회원 동지들께 깊은 감사를 전합니다. 또한, 사회운동으로 지평을 넓혀준 종교·시민·정당·사회단체와 작품으로 세상과 소통해준 문화예술인들, 국회의 높은 벽을 넘기 위해 애쓴 정치인들까지. 그 격려와 연대의 손길 하나하나를 동지애의 이름으로 가슴에 새깁니다.

이제 '가짜 5인 미만 사업장' 문제는 국정감사의 핵심 현안이 되었고, '가짜 3.3 위장고용 근절'은 국가적 과제로 떠올랐습니다. 빼앗긴 이름과 권리를 되찾는 길은 여전히 험난하지만, 우리가 세상 속에 던진 울림은 그 어느 때보다 크고 강렬해지고 있습니다.


권리를 되찾으려는 당사자들의 용기가 모여 거대한 저항의 연대를 이루는 날.

서로 다른 일터와 직업을 가진 수많은 이들이 광장에 모여 국가의 책임을 엄중히 묻는 날.

그리하여 마침내 '세상과의 교섭'을 통해 모든 노동자가 이 땅의 주인으로 당당히 살아가는 날.

그날을 향해, 우리는 멈추지 않고 기필코 나아갈 것입니다.

권리찾기유니온 권유하다 초대 대표

한상균

# 차별지대 노동자들에게 권리찾기를 권유하며

책의 제목을 '근로기준법이 행방불명된 세계에서 권리찾기'로 정한 뒤, 흩어져 있던 이 세계의 실체를 문장으로 길어 올리는 데 꽤 오랜 시간이 걸렸습니다. 어지럽게 뒤엉킨 현실을 글로 정돈하며, 우리가 발 디딘 이 땅의 이름을 다시 정의해 봅니다.

흔히 노동권이 닿지 않는 곳을 '사각지대'라 부릅니다. 하지만 사각지대(死角地帶)는 어느 위치에 섬으로써 '어쩌다 보니' 보이지 않게 된 각도를 뜻합니다. 이 단어를 사용하는 순간, 노동법 없이 일하는 이들의 존재는 마치 어쩔 수 없이 발생한 자연적 결함처럼 취급됩니다. 그러나 이들은 보이지 않는 곳에 숨겨진 것이 아니라, 국가와 자본에 의해 노동법 적용에서 의도적으로 배제돼 차별당하는 것입니다.

그래서 우리는 이 구역을 '사각지대'가 아닌, 명백한 권리의 박탈이 구조적으로 일어나는 '차별지대'라 명명합니다. 이러한 취지로 이종훈 변호사가 1부에 원고(가짜3.3은 '사각지대' 아닌 '차별지대')를 보태주셨고, 마지막 원고인 머리말의 제목에서 '차별지대 노동자'를 우리의 이름으로 삼았습니다.

근로기준법이 낡아서 새로운 고용형태를 담지 못하는 것 아니냐는 주장도 있습니다. 오히려 법의 그물을 빠져나가기 위한 위장고용 수법이

나날이 교묘해졌고, 법제도와 노동행정은 이를 묵인하며 방조해온 것을 짚어야 합니다. 그 결과, 대한민국은 이제 근로기준법 없이 일하는 노동자가 천만이 넘는 시대를 맞이한 것입니다.

근로기준법을 사라지게 할 수 있는 차별지대는 사용자 책임을 회피하려는 사업주들에게는 일종의 법적 해방구이자 기회의 영토입니다. 5인 미만 사업장으로 포장되면 근로기준법의 핵심조항을 손쉽게 걷어낼 수 있고, 계약의 형식을 비틀거나 세금의 종류를 위장하는 것만으로 노동자의 모든 권리를 아예 삭제시킬 수 있기 때문입니다.

책의 부제로 뽑은 '가짜 5인 미만'과 '가짜 3.3'은 이 책을 펴낸 이들이 권리찾기 현장에서 직접 길어 올린 이름들입니다. 위장고용과 사용자 책임 회피 수법을 가리키던 용어가 이제 빼앗긴 권리를 회복하려는 노동자들의 강력한 투쟁 키워드가 되었습니다. 노동문제를 다룬 수많은 도서가 세상에 나와 있지만, 이 기만적인 위장술을 본격적으로 파헤치고 대안을 모색하는 시도는 이 책이 처음일 것입니다.

차별지대 노동에 관한 보고서로 기획해 언론사에 연재한 칼럼을 책의 1부로 수록했습니다. 4대 보험 대신 사업소득세 3.3%를 떼이는 이들이 차별 없이 누릴 진짜 이름을 묻는 것이 이 시리즈의 긴 여정을 시작한 취지입니다. 이 기록들이 에이아이 시대에 가짜 3.3의 실체를 드러내는 원본 텍스트가 되었듯이, 차별지대에서 권리를 찾는 이들에게 용기를 주는 단단한 디딤돌이 되기를 바랍니다.

이어지는 2부에서는 차별지대의 견고한 담벼락 안에서 실제로 살아가는 이들의 생생한 삶과 노동 이야기를 담았습니다. 1부가 차별의 구조를 분석한 설계도였다면, 2부는 그 구조에 갇힌 이들이 내뱉는 뜨거운 숨결이자 권리를 향한 구체적인 몸짓입니다. 또한, 이러한 몸짓들이 모이는 권리찾기운동의 시공간이자 단체 이름인 '권유하다'의 역사 실록이기도 합니다. 가려진 노동의 이름 없던 누군가에서 권리의 주체로 나아가려는 주인공들에게 소중한 마중물이 될 것이라 기대합니다.

33장의 그림으로 담아낸 마지막 3부는 차별지대에서 권리를 찾는 사람들을 위한 도안이자 지도입니다. 험난한 지형을 돌파해 나갈 경로를 흐름도로 연결해 그렸습니다. 오해와 편견을 딛고 진짜 노동자들이 되찾을 권리의 길로 안내하는 든든한 나침반이 되었으면 합니다.

이렇게 여러 글쓴이가 각자의 언어와 다양한 형식으로 참여하여 하나의 커다란 연대를 이루어냈습니다. 당사자 신변 보호로 넣지 못한 글이 많았고, 초판 구성의 부족함은 세상 속 활동을 쌓아나가며 새로 보완해 펴낼 약속으로 대신합니다. 무엇보다 이 책이 차별지대에서 일하는 천만의 노동자들에게 희망의 메시지로 전해지기를 간절히 소망합니다.

쓰고, 읽고, 그리고 기획하고, 편집하고, 인쇄하고, 배송하고, 세상 속에서 노동하는 모든 우리에게 깊은 감사와 연대의 인사를 드립니다.

권리찾기전국네트워크지원센터 대표

정진우

# 차례



## 1부
## 노동자의 이름으로 모두의 권리로

# 3부
# [흐름도] 근로기준법 차별지대

# 1부

# 노동자의 이름으로
# 모두의 권리로

# 4대 보험 대신 3.3% 떼는 7,878,928명의 이름

정진우(권리찾기유니온 위원장)
《매일노동뉴스》, 2024년 1월 18일

국세 통계에 의하면 「거주자의 사업소득 원천징수 신고현황」(2021년)으로 집계된 총인원은 787만 8,928명이다. 명칭대로라면 해당 사업체(징수의무자)에 의해 사업소득세(소득의 3.3%)가 원천징수되는 사업소득자의 숫자다. 이들은 2011년(327만 7,898명)에 비해 2.4배 늘어났다. 전년 대비 83만 명이 더해져 연간 증가율(11.9%)도 두 자릿수가 됐다. 이런 추세로 후속 통계가 나오면 '3.3 천만 시대' 정도가 기사 제목으로 붙을 것이다. 첫 칼럼의 제목은 근로소득이 아닌 사업소득 관련 숫자다. 이 숫자의 정체를 따져 묻는 것이 '차별 없는 세상 속으로' 향하는 중요한 관문이라는 판단이다.

> [질문] "사장님이 이번 달 입사한 직원들을 3.3으로 처리하라라는데, 업종코드는 어떻게 해야 하나요?"
> [답변] "기타 자영업으로 하시면 됩니다."

사업주들이 즐겨 찾는 온라인 커뮤니티에 자주 등장하는 질문과 답이다. '기타 자영업'(코드 940909)에 대해 국세청은 "분류되지 않는 기타 자영업으로서 독립된 자격으로 고정보수를 받지 아니…"라고 설명한다.

질문 내용에는 다양한 업종과 고용형식이 등장하나 답변은 간단하게 하나로 통한다. 이 만능코드도 숫자로 따져보자. '기타 자영업'으로 신고된 숫자는 397만 1,891명이고, 10년 전(56만 793명)보다 7배가 늘었다. 전체 중 '기타 자영업' 비율은 17.1%에서 50.5%로 폭증해 절반을 넘어섰다. '1인 미디어 콘텐츠 창작자'와 같은 코드를 도입해도 기존의 업종분류로 규정하기 어려운 새로운 노동형태 등장을 따라잡지 못한다는 분석이 뒤따른다.

"3.3 신고하면 인건비 처리돼요. 나중에 실업급여 받겠다고 말 바꾸면 골치 아파질 순 있어요. 믿을만한 알바면 원천세 신고가 효율적이죠."
"근로계약서 대신 고용계약서로 3.3 하면 된다는 말이죠?"

한마디로 믿을만하면 효율적인 '삼쩜삼'이다. 어느 삼쩜삼 환급대행업체는 가입자가 1,900만을 돌파했단다. 모든 산업으로 '3.3 고용'이 대세가 된 세상을 상징하는 광고다.

"오늘 근로계약서 썼는데, 4대 보험 대신 3.3 뗀다는 게 있어요. 실업급여나 퇴직금은 어떻게 되는 걸까요?"

3.3 떼이는 이들이 접속하는 온라인 공간에 자주 보이는 질문이다. 계약형식 관계없이 근로 제공의 실질을 따져 근로자로 인정받으면 근로기준법과 사회보험 혜택을 받을 수 있다고 답한다. 근로소득세 원천징수여부는 우월한 사용자가 임의로 정할 여지가 크니 이를 근거로 근로자

성을 쉽게 부정해서는 안 된다는 대법원 판례도 흔히 인용된다.

그렇다면 이들은 모두 노동자로 인정될까? 위장 유형과 입증자료에 따라 다르다. '근로계약하고 3.3 신고하는 A형'(무작정형)은 적극적인 노동행정이 시행되지 않는다면 부당한 대우에 맞서기 어렵다. '실질은 근로계약이나 프리랜서 계약서를 작성한 B형'(이상한 계약형)은 장기·고비용 소송을 감당하기 어렵거나 입증자료 문제로 권리구제를 포기한다. '전문적인 노무관리와 특수한 고용형태가 도입된 C형'(사장님 위장형)은 개별 대응으로 노동자성 회복을 기대하기 어렵다.

전향적 판결 추세에도 불구하고 근본적인 제도개선이 필요한 이유다. 타인에게 노무를 제공하는 사람을 노동자로 추정하고, 노동자 아님은 사업주가 증명하도록 입증 책임을 전환하는 근로기준법 2조 개정안은 국회 자료실에 갇혀 있다.

세금의 종류 따위로 근로기준법과 노동자성을 삭제하는 비참한 시대를 끝내기 위해 집요하게 따질 것이 있다. 숫자로 확인했듯이 비용처리의 효율성과 간편함이 3.3 노무관리를 대세로 만들었다. 비대해지는 '기타 자영업' 숫자는 수만 업종 중 몇몇 개를 노무 제공자 코드로 찍어내는 황당한 정책을 조롱한다. 프리랜서나 특수고용식 분류법은 노동권 없는 노동력 사용법을 제도화한다. 가짜 3.3 천만 시대를 극복하는 반격의 서막을 3.3 사용자들이 일러준다. 믿을만하면 사업소득자가 되고, 권리를 찾아 나서면 노동자가 될 수 있다. 여전히 사회적 장벽에 갇힌 이들에게 절실한 것은 빼앗긴 권리를 되찾는 연대의 이름이다. 세련된 별명이 아니라 차별 없이 누릴 진짜 이름.

# 업무 중 맨홀에 빠진
# 교통사고조사원에게도 산재보상을

정진우(권리찾기유니온 위원장)

《매일노동뉴스》, 2024년 2월 15일

"사고현장인 주유소 바닥에 미끄러져 발목 골절"

"현장 주행하던 차량이 추돌하여 업무 차량 파손"

"블랙박스 확인 후 하차하다 뚜껑 열린 맨홀에 빠져 연골판 파열"

교통사고조사원들이 증언하는 업무상 사고의 대표적인 사례다. 보험 가입자의 교통사고가 접수되면 자동차보험 회사는 사고현장에 사고조사원을 출동시킨다. 현장에 도착한 사고조사원은 부상자 구호와 현장 수습을 조치하고, 피해 현황과 사고원인 조사 등 지정된 업무를 수행한다. 위급한 현장에서 극도로 위험한 노동을 감수한다.

김인식 사무금융노조 삼성화재애니카지부장은 "24시간 잠들지 않는 서비스, 제일 먼저 도착하는 삼성화재"라는 광고에 숨겨진 진실을 전한다. 사고로 흥분한 고객에게 욕설 듣고, 새벽에 술 취한 이에겐 폭행까지 당한다. 여기서 사고 나면 보상도 없이 모든 게 끝이라는 공포를 견뎌내 무사히 귀환해도 끝이 아니다. 출동대기에 이어 사고처리 상담도 밤낮없으니 불규칙한 식습관에 만성적 수면장애는 기본이다. 고객과 관리자를 상대하는 업무처리에서 사고조사원은 폭언과 모욕의 대상이다. 조합원 중 39.9%가 공황장애, 우울증과 정신질환에 시달린다는 조사 결과는 과장이 아니다.

　권리찾기유니온 실태조사에서 사고조사원들은 당장 절실한 것으로 '산재보상'을 꼽았다. 발목이 부러져도, 차량이 부서져도, 맨홀에 빠져도, 공황장애에 시달려도, 업무상 재해와 질병조차 본인이 책임져야 하는 세상을 향해 구조신호를 보낸다.

　　"병원비도 부담되고 출동 빠지면 굶어야 하니, 대충 붕대 감고 출동해 위험한 데서 버티니 더 힘들고…."

　이들이 산재보상 혜택을 누리지 못하는 이유는 무엇일까? 2심에서 뒤집혀 근로자성을 인정받지 못한 법원 판결을 꼽는다. 산업재해보상보험법의 적용 범위(6조)는 "근로자를 사용하는 모든 사업"이고, '근로자'의 정의(5조)는 근로기준법을 따른다. 근로기준법상 근로자로 인정받지 못해도 대통령령으로 정하는 이들은 별도의 기준(노무 제공자에 대한 특례)으로 산재보험에 가입할 수 있다.

　사고조사원들은 자신들이 업무상 재해로부터의 보호 필요성이 크지만, 특례 가입조차 안 되는 이유를 따져 묻는다. "사고조사원(직종)은 대통령령으로 정한 노무 제공자 명단(18개 직종)에 없기 때문"이 노동 당국의 답이다. 이 숫자를 몇 년에 두세 개씩 늘려가는 추세인데, 직종 수가 몇 개가 되어야 사고조사원도 이 명단에 낄 수 있을까? "직종 열거식 행정편의주의로는 노동 현실의 변화를 따라잡을 수 없다"는 진단은 암담하게도 타당하다.*

---

* 《매일노동뉴스》 2022년 5월 26일 자 '윤애림의 차별 없는 세상 속으로' 칼럼 「윤석열 정부 1호' 산재보험법 개정안의 진실」 참조.

법적 보호가 필요한 노동자들이 직업의 종류와 관계없이 사회적 권리를 누릴 수 있도록 산재보험법을 개혁하는 것. 근로기준에 대한 국가의 개입이 필요한 노동자일수록 근로기준법을 온전히 적용받고, 위험하게 일하는 노동자일수록 산업안전과 산재보상제도의 수혜자가 되는 것. 이것이 노동법 시대의 상식과 원칙이다.

새해에 사측과 단체교섭을 시작한 삼성화재애니카지부는 "4대 보험 가입처리 시행"을 안건으로 제시했다. 노동자 지위와 권리를 빼앗긴 이들의 절박한 외침이 이어진다. 2022년 겨울, 현대삼호중공업 블라스팅 노동자들은 물량제 폐지와 4대 보험 쟁취를 요구하며 투쟁했고, 38일 만에 타결하여 현장으로 복귀한 바 있다. 계약형식과 세금의 종류가 위장되어 근로기준법과 사회보험제도의 주어가 되지 못했던 이들이 노동조합으로 단결해 자신의 권리를 회복하고 있다. 이것이 노동법 시대의 시작이자 동력이다.

삼성과 교섭에 나선 사고조사원들을 주목하는 이유다. 사고를 당한 이들에겐 긴급한 구호와 후속처리를 담당해주는 조력자이고, 보험판매와 사고처리로 이득을 취하는 사업체에는 최일선 위험 현장에서 업무를 수행하는 담당자다. 공채로 채용한 노동자들을 '3.3 노무 제공자'로 둔갑시켰더라도 자신의 사업에 노무를 제공하는 이들에 대한 사용자 책임까지 회피할 수는 없다. 노동조합을 인정하며 준법경영을 약속했던 삼성이 응답해야 할 차례다. 수렁에 빠진 이들이 건강하게 일터로 복귀하는 세상. 답을 알고 있는 이들의 응원이 소중한 시간이다.

# '가짜 3.3 노동자의 날'
# 기념식 주인공들

**정진우(권리찾기유니온 위원장)**
《매일노동뉴스》, 2024년 3년 14일

3월 3일은 '납세자의 날'이다. 해마다 이날이 돌아오면 '납세자의 날' 기념식이 열린다. 국세청은 국민 납세의무를 독려하겠다며 각종 세금을 모범적으로 납부한 이들을 선정해 표창장을 수여한다. 권리찾기유니온과 근로기준법 입법 추진단은 3월 3일을 '가짜 3.3 노동자 날'로 정하고, 3.3의 이름을 내세운 또 다른 기념식을 개최하고 있다. 세금의 종류인 사업소득세로 위장되어 근로기준법을 빼앗긴 노동자들의 현실을 조명하는 취지다.

2024년에는 현행 근로기준법의 제정일인 3월 13일로 변경해 세 번째 기념식을 열었다. 근로기준법 없이 일하는 노동자가 근로기준법 존재 이유를 따져 묻고, 모두의 권리로 함께 나아가자는 취지를 새롭게 담았다.

자신의 사업으로 소득이 발생한 이는 사업소득세를 납부하고, 타인의 사업에 근로를 제공해 소득이 발생한 이는 이름 그대로 근로소득세를 납부하는 것이 맞다. 상식을 벗어나 노무관리와 비용처리에 유리하다는 이유로 자신의 사업에 사용하는 근로자를 사업자로 둔갑시키는 것이 바로 '가짜 3.3'이다. '삼쩜삼'은 각 회사의 사업주가 소속 직원 중 사업소득으로 신고할 이에게 원천징수하는 세율이다. '가짜 3.3'은 사업소득자로 위장된 노동자를 특수하거나 자유로운 고용형태로 취급해 노동자성이 감추어지지 않도록 스스로 지은 이름이다.

2024년 열린 세 번째 기념식에서는 그동안 힘차게 펼쳐온 노동자성 회복 투쟁의 성과를 공유하며 권리찾기운동의 사회적 연대를 더 튼튼히 확장하는 취지를 내세웠다. 이러한 의미를 담고자 추천 공모와 심사위원회 논의가 진행됐고, 다양한 부문의 주인공들이 시상식 무대에 올랐다. 먼저 호명된 이들은 가짜 3.3 공동법률구제에 참여한 당사자다. "가짜 5명 미만으로 위장된 사업장에서 가짜 3.3으로 이중의 차별을 당하던" 호텔노동자들과 "25년 일한 일터에서 퇴직금 없는 3.3으로 위장 전환된" 봉제 노동자가 권리찾기응원상의 주인이 됐다. 호텔에서 근무한 김수찬 수상자는 3.3으로 위장돼 일하다 퇴직금을 회피하는 사업주의 권고사직을 거부하다 해고당했다. 같이 해고된 동료와 함께 용기를 내 권리찾기유니온의 가짜 3.3 공동법률구제에 참여했고, 다행히 지방노동위원회에서 가짜 5명 미만 위장과 부당해고구제신청 모두 인정됐다. 봉제 사업장에서 25년 넘게 일한 박봉자 수상자는 정년을 앞두고 3.3으로 위장되는 상황에 직면했다. 4대 보험 없는 사업자로 둔갑시켰으니 퇴직금을 줄 필요도 없다는 것이다. 가족들이 힘을 합쳐 함께 싸우기로 했고, 마침내 법률지원을 통해 퇴직금과 밀린 수당을 받게 됐다. 고연령의 취약한 조건을 악용하는 사업주에게 굴복하지 않고, 빼앗긴 권리를 되찾은 주인공이 된 것이다.

권리찾기 당사자들의 든든한 동반자들도 이어서 무대에 올랐다. 가짜 3.3 실태조사를 심층 보도하고, 쿠팡의 사회보험 포기각서와 가짜 3.3 위장고용 의제를 부각시킨 조해람 기자가 언론활동상을 수상했다. "다면적 노무 제공 관계의 가짜 3.3도 노동자"라는 판결을 이끌어낸 타다 드라이버 법률대리인단이 법률활동상 수상자로 선정됐다. 최초의 배

달라이더 노동조합에서 4대 보험과 최저임금 등 모두의 권리를 선도하는 노동조합으로 도약하고 있는 라이더유니온은 노동조합활동상을 받았다. 사회연대활동상을 수상한 천주교 서울대교구 노동사목위원회의 상패에는 "가려진 노동을 비추는 연대의 빛"이라는 글자가 새겨졌다. 비정규직 없는 병원을 실천하고 있는 녹색병원은 특별상의 주인공이다. 의료기관의 가짜 3.3을 없애는 선도자가 돼 사회연대 의료운동의 특별한 시작을 더 크게 만들자는 시상위원들의 기대가 보태진 결과다.

가짜 3.3으로 위장돼 근로기준법 없이 일하는 노동자가 800만을 넘어섰다. 가짜 3.3 천만 시대를 거부하는 용기와 특별한 실천이 절실한 때다. 위장과 차별에 당당히 맞서 싸우는 이들의 소리를 제대로 듣는 것부터 실천해보자. 노동자의 이름으로 빼앗긴 권리를 찾아 나선 오늘의 주인공들에게 다시 힘차게 축하와 연대의 박수를 전한다.

# 쿠팡 캠프 전수조사,
# 물류산업 전체로 확대해야

정진우(권리찾기유니온 위원장)
《매일노동뉴스》, 2024년 4월 11일

고용노동부는 지난달 2024년 3월 25일, 쿠팡 캠프의 산재 포기각서와 사회보험 미신고 관련 보도에 답하는 언론자료를 공지했다. 위탁업체를 조사해 산재·고용보험 미신고 사실을 확인하고, 미납 보험료에 이어 과태료도 부과 예정임을 알렸다. 아울러 쿠팡의 배송 위탁 사업장에 대한 전수조사를 진행 중이며, 위법 적발 시 엄중하게 조치하겠다고 했다. 또한, 국세 소득자료를 활용해 미가입 근로자들을 발굴하는 등 적극적으로 노력하겠다는 대응방침을 내놓았다. 쿠팡 캠프의 4대 보험 미가입과 가짜 3.3 문제를 제기한 지 2년 만에 이뤄지는 전수조사 소식이다.

"분류작업에 종사하는 대다수를 4대 보험 없이 고용하는" 쿠팡의 지역캠프가 노동부에 고발된 날은 2022년 3월 28일이다. 권리찾기유니온은 전북지역 노동단체와 협력해 쿠팡 캠프의 위장고용과 위법 실태를 공개했다. 당사자 제보로 시작한 지역사회 협력 대응이 행정조치로 이어진 소중한 출발이다.

제주지역 캠프에서 산재보험 포기각서를 강요해온 사실이 공개된 시기는 2023년 9월이다. 각서에는 추후 실업급여와 산재급여를 청구하지 않을 것을 서약하는 내용이 적시돼 있었다. 1,500명이 넘는 인원의 고용·산재보험 미신고가 적발되고, 근로자명부와 임금명세서 없이 임금

"

과 휴일 같은 기본적 권리가 침해된 실상도 드러났다. 이후 다시 김포와 인천지역 캠프에서 고용·산재 미신고로 3,698건이 적발됐고, 대규모 위장고용이 전국적으로 횡행할 것이라는 우려는 더욱 커졌다.

결국, 쿠팡은 2024년 '제3회 가짜 노동자의 날 기념식'에서 '가짜 3.3 최악의 기업'으로 선정되었다. "지속적인 적발에도 불법적 노무관리를 포기하지 않는 쿠팡의 가짜 3.3 실태"를 선정 취지로 발표하고, 모든 캠프에 대한 전수조사와 전면적 근로감독을 요구했다. 행정조치가 이어지나 블랙리스트 파동에서 보이듯이 쿠팡의 대응 태도는 가관이다. '전국민 로켓배송 시대'를 열겠다며 곳곳에 물류센터를 신축한다는 보도자료에는 이를 지방 고용위기와 연결하는 홍보력을 과시한다. 직원 6만명 중 청년 비중이 2만 명 이상이라며, 수도권으로 떠난 청년층이 지방으로 유입되는 효과를 내세운다.

쿠팡이 우선 답할 것은 위장고용과 불법 노무관리에 대한 입장이다. 지방에서 일하는 청년은 4대 보험과 근로기준법 없이 일하는 것을 감수하라는 것인가? 최근 게시된 채용공고도 여전히 그대로이니 행정조치 정도는 감수한다는 신호인가? 위탁업체나 인력공급사가 책임지면 된다는 것인가?

쿠팡 캠프 전수조사에 즈음한 사회적 과제를 짚어본다. 4대 보험 미가입 실태조사를 토대로 '가짜 3.3이 만연하는 6대 산업 분야'를 발표한 바 있다. 쿠팡이 대표 기업인 물류산업도 그중 하나다. ㅇ스토어(용인센터), ㅅ커피(이천센터), ㅇ편의점(포천센터)과 같은 유명 회사들의 채용공고에는 쿠팡 캠프와 유사한 내용이 버젓이 적혀 있다. 당사자 상담으로 알려진 바로는 단일 품목(의류 등) 물류센터와 지역 유통업체의 노동조건은 더욱 취약하다.

사회보험을 회피하는 위장고용은 어떻게 가능한가? 판례에도 등장하듯이 무엇보다 '사업주의 우월한 지위' 때문이다. 각서를 거부하는 이는 쓰지 않으면 되고, 맘대로 쓰다가 걸리적거리면 버리면 된다. 취약한 조건에 처한 노동자들은 저임금에 잦은 퇴직, 위험한 일자리를 감수해야 한다. 사측은 가짜 3.3에 순응하지 못하는 이들, 결과적으로 다시 사용하지 않을 이들에 대한 체계적 관리를 시도한다. '블랙리스트'의 본질이다. 과태료 정도를 넘어 사측이 항복할 수준의 사회적 대책과 실질적 타격이 없다면 '가짜 3.3 노동체제'는 후퇴하지 않을 것이다.

가짜 3.3 800만 시대를 극복하는 사회적 대응이 절실한 이유다. 산업별 대책에서 물류산업은 특히 시급하다. 쿠팡으로 시작한 전수조사를 물류산업 전체로 확대하는 것을 미룰 수 없다. 검수·상하차·집품·피킹·포장·분류·입고·진열은 물류산업 노동자가 수행하는 업무이자 사측이 모집하는 가짜 3.3 채용의 이름이다. 이들이 노동자의 이름으로 자신의 권리를 회복해나갈 사회적 협력이 필요하다. 당사자가 손쉽게 참여하는 공동법률구제를 시작으로, 모두의 권리에 응답하는 새로운 사회적 연대를 소망한다.

# 가짜 3.3 실태조사와 집중캠페인, 근로복지공단의 5월

정진우(권리찾기유니온 위원장)
《매일노동뉴스》, 2024년 5월 9일

대정부 성명서를 작성할 때, 일단 "환영한다"는 덕담으로 시작하기도 한다. 미흡하더라도 늦게나마 전향적인 방안이 포함되면, 정부와의 사이에 기대와 불만이 엉킨 상황이 나름대로 투영된다. 권리찾기유니온이 2024년 5월 7일 발표한 성명서는 이런 분위기와 사뭇 다르게 전개된다.

지난 6일, 근로복지공단은 "가짜 3.3 사업소득 신고 근절을 위한 실태조사와 고용·산재보험 가입 촉진 집중캠페인을 실시한다"는 보도자료를 배포했다. 가짜 3.3의 확산 정황과 대표 업종의 근로감독 등을 주제로 수년간 대정부 채널이 가동되고 있지만, '4대 보험과 근로기준법 없이 일하는 노동실태'에 대해 정부 기관이 이를 '가짜 3.3' 문제로 짚어 공식 입장으로 발표한 것은 이번이 처음이다. 전향적인 태도로 충분히 환영할 만하다고 여길 수 있다. 기대와 환영 같은 단어가 채 끼어들지 못한 것은 관련 기사로 드러난 시민 반응 덕분이다.

"비일비재한 작금의 문제를 정녕 고용노동부만 몰랐단 건가?"

공감 1순위로 오른 댓글을 성명서 본문의 소제목으로 인용했다. 환영한다는 반응은 아예 없다. 노동 의제 기사에서 흔히 볼 수 있듯이 노동조직에 대한 반감이 표출되는 분위기도 아니다.

법률상담팀의 진단에 따르면, 댓글을 쓰거나 공감한 이들 다수가 3.3 당사자일 것이라는 해석이다. 취약한 노동 의제 중 그나마 '5명 미만 사업장' 문제는 간헐적으로 다루어지나, 847만 명(2022년 사업소득세 원천징수 신고현황)에 달하는 3.3 노동자의 현실은 언론 기사에서 발견하기 어렵다. 게다가 권리찾기유니온이나 법률단체가 송고한 기사가 아닌, 정부 기관의 공식 발표를 접한 것이다.

당사자들과 종일 대화하는 담당 부서 의견에 대입해본다. 가짜 3.3 문제를 늦게나마 인정하고, 나름대로 대책을 발표하기 시작한 정부의 태도에 대한 피해 당사자들의 반응으로 읽는다.

소수의 반응에 기대지 않더라도 공단의 이번 발표가 관련 당사자나 업계에 미치는 효과는 아직 확인할 수 없다. 가짜 3.3을 애용하는 사업주들에게는 어떤 신호로 전달되고 있는지도 점검해본다.

> "직원을 고용할 때 4대 보험 가입시킬지, 3.3% 적용할지 고민되실 겁니다. 3.3으로 하면 4대 보험 가입의무 없어지고, 인건비 절감할 수 있습니다. 비용만 줄이는 게 아니라, 퇴직금은 물론이고 근로시간이나 근로기준법 적용 격정 없이 사업할 수 있습니다."

오늘도 여전히 사업주들이 즐겨 찾는 커뮤니티와 노무·세무관리 업체 블로그에 버젓이 게시되고 있는 안내 문구다. 속단할 수 없지만, 이런 수준의 공개적인 불법 컨설팅은 일단 후퇴할 것으로 기대한다. '4대 보험 미가입'은 부작위에 불과하니 적발하기 어렵지만, 3.3 신고는 정부 기관이 보유하는 공적 정보로 축적된다. '정부가 공식적으로 가짜 3.3 용어를 사용하기 시작한 것'이 관련 업체와 사업주들에게 '이 정보를 활용하여 위장고용과 불법 행위를 뿌리째 뽑겠다는' 강력한 경고로 전해질 수 있다면 말이다.

'4대 보험 미가입'이 노동자성을 빼앗고 있다는 (부작위) 신호이면, '가짜 3.3'은 노동자 아닌 척 위장고용한다는 (작위) 신고라고 할 수 있다. 공단의 발표에서 주목할 부분은 실태조사나 집중캠페인 같은 사업방식은 아니다. 가짜 3.3으로 신고하는 목적이 "4대 보험과 근로기준법 적용 회피"라고 시인한 것이다. 사업주들에게 저렴하고 간편한 노무관리로 손쉽게 안내되는 상황에서 뒤늦게나마 정부의 공식 확인이 이뤄졌다.

5월은 종합소득세를 신고하는 달이다. 천만 명 넘게 가입했다는 3.3 환급대행업체가 광고를 쏟아내는 기간이다. 가짜 3.3 근절의 집중 기간으로 운영하겠다는 공단의 5월은 이렇게 시작됐다. 세금 종류로 노동권을 침해당한 노동자들에게 이번 5월은 어떤 달이 될 것인가? 많은 이들에게 환영과 불신, 기대와 불안이 교차하는 시간임에는 분명하다. 유일하게 당사자 입장을 표명한 성명서에는 기대나 환영 대신 정부의 책임과 사회적 과제가 새겨졌다. 노동부와 국세청은 가짜 3.3 전수조사 시행으로 답할 수 있다. 가짜 3.3의 역설이자 반전이다.

# 보이지 않는 이들이 권유하는 근로기준법 사회연대운동

정진우(권리찾기유니온 위원장)
《매일노동뉴스》, 2024년 7월 4일

근로기준법 없이 일하는 이들이 천만을 넘어선 것은 이제 특별한 뉴스가 아니다. 집계 기준에 따라 추정치는 다르더라도 전체 노동자 절반 이상이 기본적인 노동권조차 배제되는 현실을 부정하지 못한다. 이러한 현실에 맞서 싸워온 당사자들에게 '천만'의 숫자는 비참한 시대를 함께 견뎌내는 무게가 된다.

"여기저기 전전하다 운 좋게 권리찾기 법률구제로 보상받았지만, 동료들은 그대로 하루하루 버티고 있습니다. 저와 같은 노동자가 천만이 넘는다고 해 깜짝 놀랐는데, 이렇게 많은 이들이 당하는 문제가 해결되기는커녕 유령 취급되는지 이해할 수 없어요."

근로기준법 공동법률구제로 승소한 당사자들이 자주 전하는 말이다. 차별의 고통까지 더해진 비참한 노동을 어떻게든 견뎌낸 이들이다. 직장에서 쫓겨나는 것은 누구에게나 큰 고통이지만, 퇴직금과 사회보험 없는 이들이 당하는 것에 비할 바는 아니다. 잠이 깨 아침을 시작하는 것조차 두려운 이들이 기어이 용기를 내 세상의 벽을 두드린다. 안타깝게도 상당수는 예상하지 못한 절망에 부딪힌다. 대여섯 번 문전박대는 기본이다. 우여곡절로 전전하다 공동법률구제를 발견해 상담까지 한 자신을 '운 좋은' 사람이라 여기는 이유다. 이들에게 근로기준법 권리찾기는 온갖 연이 닿아야 도달할 수 있는 기적 같은 여정이다.

"당사자 주체가 안 보이는데 운동이 될까요?"

권리찾기유니온이 사회 각계에 근로기준법 연대운동 참여를 권유하는 글의 첫 줄이다. 근로기준법 의제에 공감은 크나, 자기 과제로 받아들이는 조직이 많지 않을 것이라는 사회단체 활동가들의 걱정이 담겼다. 이름만 올리는 연대사업은 안 하기로 했으나, 자기 분야에서 함께할 수 있는 걸 먼저 상의해보자 화답하고, 구성원들의 삶과 노동문제로 접근해보겠다는 응답도 전해진다.

"안 보이는 건 옆이나 아래가 아니라, 그들이 밖에 있다 느끼기 때문 아닐까요?"

누군가 날카롭게 되묻는다. 노동운동이든 정치권이든, 보이지 않거나 못 본 척하거나, 천만의 실체에 대해 두루 살펴보길 원하는 마음일 것이다. 언론용 제목으로 쓰기 좋은 별의별 이름의 지원법이 넘쳐나는 때이니 시의적절한 지적이다. 헌법에 따라 근로기준법을 제정해둔 나라의 대통령이 꺼내든 제목은 '노동약자 지원법'이다. 천 개의 이름으로 가릴 수 없을 정도로 유령들의 숫자가 많아졌다. 천만 넘는 이들이 법 없이 일하는데, 이 법의 이름이 근로기준법이다. 근로기준법 없는 노동의 실체를 알게 됐다는 덕담도 전해졌다. 4대 보험과 가짜 3.3 문제로 정면 돌파하는 전략이 송곳이 됐다고 한다. 당사자 주체의 힘으로 세상의 벽을 넘어서는 도전이기에 기꺼이 응원하며 작은 힘이나마 보태겠다는 마음이 소중히 연결된다.

"4대 보험 전면시행, 근로기준법 전면적용"

기대와 걱정이 섞인 채 퍼져 나가는 연대운동의 핵심의제다. 음식점부터 쿠팡 캠프에 이르기까지 모든 노동자에게 지금 당장 돌려줘야 할 것을 당당하게 제시한다. 노동시장의 비용 계산을 넘어 인간의 존엄을 회복하자는 외침이다. 5명 미만 사업장과 가짜 3.3 노동자들의 피눈물이 새겨진 근로기준법 2조와 11조 개정안은 21대 국회 종료로 자동 폐기됐다. 정치권이 이해득실로 치고받는 동안 절망의 숫자가 천만을 넘겼다. 사업장 규모와 세금의 종류 따위로 차별받는 세상에 어떻게 저항해야 하는지 깨달은 이들이 출사표를 던진다.

"음식점, 사무실, 공장, 물류센터든 가리지 않고 또 다른 나를 찾아 나섭니다."

우리가 누구인지 물으며 함께 답을 만들어내겠다는 다짐이다. 세상을 바꿔온 경험과 지혜로 더 크고 강한 힘을 함께 만들어 달라 호소한다. "업무 중 맨홀에 빠진 교통사고조사원에게 산재보상을", "쿠팡 캠프 전수조사, 물류산업 전체로 확대해야"로 제목을 붙인 칼럼들이 연대운동 제안서에 새겨졌다. 이 칼럼의 이름처럼 '차별 없는 세상 속으로' 나아가는 나름의 기획이 됐다. 소통의 시공간을 일구는 언론노동자들의

노동 덕분이다. 7월 4일 바로 오늘, 천주교의 흔쾌한 협조로 노동사목회
관에서 근로기준법 사회연대운동의 첫 준비모임을 연다. 모두의 권리로
나아가는 소중한 만남으로 이어지기를 희망한다.

# 8월의 쿠팡,
# 가짜 3.3에서 직접고용 전환으로

정진우(권리찾기유니온 위원장)
《매일노동뉴스》, 2024년 8월 1일

7월부터는 거의 출근하듯이 국회 건물로 드나들고 있다. 근로복지공단이 7월 3일에 발표한 쿠팡 캠프 전수조사 결과가 이 긴박한 대응의 시작점이다. 4대 보험 미가입 당사자들의 제보로 전북지역 쿠팡 캠프를 고발한 지 830일 만이다. 9일에는 예정대로 '가짜 3.3과 4대 보험 미가입 실태분석 및 정책과제'를 주제로 국회 토론회를 개최했다. 고용·산재보험 미가입으로 적발된 4만 948건은 물류산업에 만연한 가짜 3.3 위장의 실제 사례가 돼 생생한 토론과 대책 촉구로 이어졌다. 심각성을 인정한 고용노동부와 국세청이 이를 단속하는 임무에 대해서는 서로에게 책임을 전가하는 태도가 드러났고, 국회의 대응이 왜 시급한지 확인하는 계기가 됐다.

"쿠팡 근로감독에 쿠팡이 없다?"

토론회 현장에 참여한 각계 전문가들의 우려는 다음 날 바로 현실이 됐다. 쿠팡로지스틱스서비스(CLS)가 빠진 근로감독 시행계획이 노동부의 입장으로 전해졌다. 권리찾기유니온과 민주당 노동존중실천 국회의원단은 심야 대응 논의를 거쳐 이른 아침에 긴급 기자회견을 진행했다.

불법 파견 혐의가 제기되는 상황에서 쿠팡 사업장에 실시하는 근로감독의 1차 대상은 쿠팡(CLS)이 되어야 함을 공식 발표했다. 아울러 쿠팡을 비롯한 가짜 3.3 위장고용 대표 기업을 국회에 소환하라고 제안했다. 이번 조사발표 이후에도 대놓고 쏟아지는 가짜 3.3 채용공고와 불법적 노무컨설팅을 중단시킬 긴급 대응을 촉구한 것이다.

가짜 3.3 대응을 위한 각종 간담회와 이어지는 대책 논의에서 빠지지 않는 현안은 쿠팡이다. 폭염 재해와 과로사, 배송노동자 산재 사망이라는 비참한 뉴스가 끊이지 않는다. 쿠팡 관련 노조와 대책기구가 국회의원들과 처음으로 24일 개최한 공동대응 논의의 제목을 '쿠팡 노동자의 생명과 안전을 위한 집담회'로 잡은 이유다. 주목하는 분야에 따라 다양한 현안 이슈가 공유됐다. 긴급한 과제를 확인하고, 제도적 대안 추진을 함께 결의한 것은 소중한 결실이다.

"쿠팡 노동자 전체의 불법 파견 여부에 대한 특별근로감독"

집담회 논의 성과를 바탕으로 29일에는 첫 공동기자회견을 실행했다. 위탁업체와 대리점으로 이어지는 다단계 간접고용 시스템에서 노동자들의 대응과 사회적 대책은 분산될 수밖에 없었다. 실질적 지배력을 가진 쿠팡이 사용자 책임을 회피할 수 없도록 하는 것이야말로 쿠팡의 노동문제에 대처하는 우선적인 해법이다. 이를 위해 계약형식·고용형태 구분을 넘어 쿠팡의 모든 고용관계에 대한 실질적 조사를 공동으로 요구한 것이다.

"쿠팡은 8월 내 분류노동자 직접고용에 나설 것"

　노동자성과 사용자 책임에 관해 법률적 쟁송을 거칠 필요조차 없는 대상은 쿠팡 캠프에서 '쿠팡 헬퍼'로 불리는 노동자들이다. 가짜 3.3 위장을 확인한 전수조사가 남긴 성과다. 사측 또한 법률적 판단에 따라 이들에 대해서는 가짜 3.3을 활용한 간접고용 노무관리를 포기할 것이라는 분석이 나온다. 물론 직접고용 전환을 서둘러 발표해 전면적 근로감독에서 벗어날 명분을 만들 거라는 예측이다.

　30일 새벽 3시, 국회의원들의 과로사 현장점검을 가로막은 남양주 2캠프측은 여전히 그곳이 '쿠팡'임을 확인해줬다. 블랙리스트 피해자는 물론이고 취재 언론까지 협박하는 쿠팡식 대응은 현재 진행형이다. 새로운 시도와 더 커진 분노가 뒤엉킨 쿠팡과의 7월이 이렇게 끝나간다.


　"두 가지 요구가 이뤄지지 않을 경우, 당사자 법적 피해구제를 위한 움직임을 시작할 것이다."


　공동 회견문의 마지막 문단이다. 저들의 답은 이미 정해져 있을 것이다. 가짜 3.3은 위탁업체의 일탈로 떠넘겼으니 노무관리 시스템을 재정비하는 것은 통상적인 과정에 불과하다. 오히려 저들에게 두려운 것은 스스로 설정한 판이 깨지는 것이다. 산재 포기각서가 들통나고, 대규모로 4대 보험 누락이 적발당했지만, 직접고용 전환 계획을 회사 홍보용으로 활용할 수 있는 이들이 주어라면 판은 유지된다.

　그래서 8월은 답을 기다리는 시간이 아니다. 서로 알고 있는 정보는 '스포'가 아니다. 새로운 주어와 만나는 실행계획을 튼튼하게 준비한다. 더 많은 이들과 더 큰 힘으로 부딪히기 위해.

# 사고조사원과 쿠팡 카플렉스가 빠진 '모든 노동자 4대 보험'

정진우(권리찾기유니온 위원장)
《매일노동뉴스》, 2024년 8월 29일

현장에서 일하는 이에게 전화가 오면 다급한 경우가 많아 긴장된다. 아침 출근길, 사무금융노조 삼성화재애니카지부장이 평소보다 격앙된 목소리로 통화를 시작한다.

"우리가 빠졌는데 '모든 노동자 4대 보험'이 맞는 건가요? 우리를 빼서 새삼 화나는 건 아니에요. '모든 노동자'에 못 들어간 이들을 무시하는 토론회가 국회에서 버젓이 열립니다. 위험하게 일하는 노동자 다수가 배제된 현실을 잘 아는 이들이 이런 제목을 씁니다. 분통 터져 손이 떨리는데, 어떻게 대처할지 모르겠습니다."

그가 보내준 포스터를 확인해보니 '모든 노동자 직장 건강보험·국민연금 보장을 위한 국회 토론회'가 제목이다. 현행 고용·산재보험과 같은 특례 방식으로 직장 건강보험·국민연금을 적용하는 법안을 발의한 국회의원이 이를 '전 국민 4대 보험 첫걸음'으로 내세우는 토론회를 준비한 듯하다.

토론회에 소개된 법안과 관련해 몇몇 국회의원들로부터 자문을 의뢰받은 적이 있다. 사회보험 혜택이 절실한 이들이 배제되지 않도록 법의 적용대상을 노동자 전체로 확대해야 한다고 강조했다. 아울러 '직종 열거식' 진입장벽을 폐기하는 것이 시급하다고 강조했다.

노무 제공자 범위를 정한 고용·산재보험법 시행령에는 목차 기준으로 고용보험 17개, 산재보험 18개의 직종이 열거된다. 이런 식의 장벽을 건강보험·국민연금에도 복제할 경우, 교통사고조사원과 같이 이 목록에 포함되지 않은 3.3 노동자는 여전히 직장 사회보험에서 배제된다.

'모든 노동자'에서 빠진 이들은 어느 정도 규모일까? 노무 제공자 범위 설정에는 한국표준직업분류의 '세분류'와 '세세분류'가 주된 법적 기준으로 등장한다. 이 직업분류는 최근 8차 개정에서 각각 45개와 39개가 증가해 167개의 세분류와 1,270개의 세세분류로 나뉜다. 전체 직종 중 18개가 어느 정도 비율인지 감이 올 것이다. 실태조사로 드러난 것처럼 3.3 노동자가 거의 모든 직종에 걸쳐 종사하는 상황을 인지한다면, 시행령에서 빠진 이들을 나열하거나 셈해보는 건 별 의미 없을 정도다.

최근 고용노동부의 고용·산재 미가입 조사로 4만 건의 '가짜 3.3' 고용이 적발된 쿠팡에서는 누가 '빠진' 것일까? 직종 기준으로 쿠팡식 이름을 찾는다면 '카플렉스'다. 이들은 자신의 차로 배송업무를 수행하고, 쿠팡㈜가 설정한 지급 기준과 당일 배송 물량에 따라 수수료를 받는다. 지난 7월 경북 경산에서 폭우 중 배송에 나서 급류에 휩쓸린 카플렉스 노동자의 비참한 죽음이 알려졌다. 이들은 왜 산재보험의 가입 대상이 아닐까?

사측과 노동부의 입장을 종합하면, 이들이 산재보험법 시행령 83조의5(노무 제공자 범위) 5항에서 규정한 '택배원'이 아니라는 것이다. 택배사업자인 쿠팡로지스틱스서비스(CLS)와 계약한 '퀵플렉스'와 달리 '카플렉스'는 쿠팡㈜와 계약을 체결하지만, 쿠팡 본사가 택배사업자로 등록되어 있지 않다는 것이다. 똑같이 쿠팡의 배송업무를 수행하더라도 계약 상대방이 다르니 산재보험 가입 대상에서 제외한다는 논리다. 자회사나 위탁업체가 아닌 본사로부터 사업소득세 3.3%를 떼이는 노동자들이 황당한 논리로 배제된다.

사고조사원이 산재보험 직종에 들지 못한 이유도 터무니없다. 노조가 있는 삼성화재의 경우 다수 교통사고조사원이 사용자의 지휘·감독을 받고 노동자성이 유지되지만, 그렇지 않은 자동차보험 회사도 있다. 교통사고조사원이라도 다양한 고용형태가 존재하고, 그래서 대상 직종에 포함하기 어렵단다. 고용형태가 다양해지는 추세에 따라 모두에게 획일적으로 근로기준을 적용할 수 없으니, 노무 제공자 특례 방식을 유연하게 도입한다는 것 아니었던가? 앞뒤 없는 논리도 문제지만, 제도의 취지를 삭제하는 것에는 좌우도 없다. 국민에게 '빨간날(공휴일)'을 돌려주겠다고 홍보하고서, '5명 미만 사업장'을 국민에서 빼버린 짓거리의 연장이다.

정부와 국회가 '가짜 3.3' 위장고용에 대응하도록 만들었지만, 여전히 '모든 노동자'에서 빠진 수백만 명은 사회보험과 근로기준법 없이 일한다. 이 글의 당사자들에게 면목이 없다. 아닌 건 아니라고 말하며 다시 시작하겠다고 다짐한다. 사고조사원과 카플렉스가 빠졌으면 틀린 것이다. 단계론이나 현실론으로 설명할 시간에 평소 들리지 않던 이들의 이야기를 경청하자. 차별을 직시하는 것에서 함께 문제풀이를 시작하자고 정중히 권유한다.

# 3.3 제보센터가 연결하는 천만 개의 봉우리

정진우(권리찾기유니온 위원장)
《매일노동뉴스》, 2024년 9월 26일

지난 5일 3.3 노동자와 각계 대표자들이 기자회견을 열고 '3.3 제보센터'를 개막했다. 천 일 넘게 펼쳐진 '3.3 노동자 공동법률구제'의 주인공들이 권리찾기운동의 새로운 막을 연 것이다.

'근로기준법 바깥'에서 인간 이하 취급당하는 이들은 낯선 무대에 올라 자신이 당하는 현실을 또렷이 증언했고, "노동자인데 노동자 아닌" 가짜 3.3 위장고용을 적발하는 제보센터가 왜 개설됐는지 알리는 언론 보도가 이어졌다. 노동자성 은폐 확산을 막아내는 대안의 하나로 "노동자성 입증 책임을 전환하는" 근로기준법 2조 개정안의 취지가 거듭 소개됐다. 다양한 목소리는 근로기준법 사회연대운동을 새롭게 펼쳐내자는 제안으로 합쳐졌고, 개막 테이프를 자른 이들의 기념사진에는 "노동자의 이름으로 모두의 권리로"라는 개막 메시지가 새겨졌다.

개막 후 20일, 제보센터는 그다지 분주하지 않다. 상담실을 방문하는 3.3 노동자 수는 여전히 셀 수 있을 만큼이다. 선전 활동을 본격적으로 시작하면 분위기가 달라질 것이라는 기대도 있다. 큰 사업장의 몇몇 노동조합이 재정 연대를 실천하며 대중 광고를 실현해보겠다는 소식도 전해진다.

부천·의정부·안양·안산을 이은 '찾아가는 3.3 노동상담소'는 제법

활기가 있다. 3.3 노동자가 대규모로 출퇴근하는 경로에는 잠시 특별한 시공간이 만들어진다. "4대 보험 없이 일하시나요?"가 큼지막하게 적힌 안내문을 발견하고, 눈빛과 표정이 바뀌는 이들이 있다. 노조 뉴스나 거리에 게시된 노동상담 광고와는 다른 무언가가 닿는 듯하다. 주변에 아파트형 공장이 밀집해 있고, 숱한 직종의 노동자들이 여기에서 4대 보험이나 근로기준법 없이 일한다. 지역 현장의 법률전문가가 전해준 정보다. 교감에서 소통으로 나아갈 통로는 그곳에 없지만, 누가 어디에서 이것을 만들어나가야 하는지는 분명하다.

① "사내에 3.3 계약으로 근무하는 직원이 있어요."

② "하청업체 직원들이 3.3으로 들어와요."

③ "평소에 3.3을 사용하는 ○○업체를 알아요."

④ "○○업체가 3.3% 공제한다는 채용공고를 냈어요."

⑤ "3.3 고용을 유도하는 컨설팅 광고를 발견했어요."

⑥ "제가 3.3으로 4대 보험 없이 일합니다."

제보센터 참여를 권유하는 여섯 개의 통로다.

⑥은 3.3 노동자가 자신의 피해를 신고하는 당사자고, 나머지는 제3자의 정보제공이다. 그간의 당사자 법률구제 지원활동을 토대로 노동현장의 모든 구성원과 시민들의 협력활동으로 확장해나가자는 제안이다. ① 사업체 내 3.3 노동자와 ② 하청·도급업체의 3.3 노동자의 통로에서는 역시 노조 역할이 중요하다. 쿠팡에서 대규모 적발이 이루어져도 3.3 채용공고가 횡행하는 지경이니 시민들과 구직자들의 적극적인 참여(제보 ④)가 절실하다. 3.3 노무컨설팅 적발(⑤)은 관련 업계에 심각한 파

장을 일으킬 것이다. 이 문제를 잘 인지하고 있는 세무·법률 분야 관련 협회가 주체적으로 나서줄 것이라 기대한다. 대규모 제보 업종을 대상으로 '4대 보험 미가입 전수조사'를 실시하고, 상습적 악용 기업에는 근로감독 시행으로 대응한다. 피해 당사자에게는 상담과 법률구제를 지원한다.

문전성시가 아니라고 조급해하지는 않는다. 정부기관과 지자체가 고용·산재보험을 회피하는 위장 수법을 인정하고, 가짜 3.3 노동자를 공식 용어화하고 협력사업으로 채택하는 데 4년이 걸렸다. 가입 고객이 2,000만 명을 돌파했다는 3.3 환급대행업체의 홍보전략을 벤치마킹할 슬기로움도 필요하다. 1구좌를 3만 3,000원으로 설계해 대대적인 모금 운동을 시작하는 기획은 사회적 연대의 소중한 마중물을 채우는 것이다. 홍보영상 제작에 동참하겠다는 전문단체와 문화예술가들의 반가운 응답이 때마침 전해진다.

출발점을 짚어보며 '천만 개의 봉우리'를 제목으로 사용했다. 춘의역과 명학역, 물류센터와 식당가에서 얻은 교감을 뾰족하게 전할 재주가 부족하니, 제목이 주는 영감을 활용해본다. 3.3이 이렇게 많은데도 문제가 왜 해결되지 않는 것이냐고 한탄한 어느 3.3 노동자에 대한 화답이기도 하다.

3.3 제보센터가 무엇을 할 수 있는가? 천만 개의 봉우리를 세상 속에서 연결하는 이들이 그 답을 만들어낼 것이다. 제보센터의 여섯 개 통로가 경험과 지혜, 교감과 소통이 어우러지는 활기찬 연대의 시공간이 되기를 바란다.

# 3.3 제보센터:
## '인간의 존엄성'을 위한 첫걸음

**이종훈**(변호사, 법무법인 시민)
《매일노동뉴스》, 2024년 9월 30일

대한민국 헌법 32조 3항에는 "근로조건의 기준은 인간의 존엄성을 보장하도록 법률로 정한다"고 규정돼 있다. 이른바 '근로의 권리'를 기본권으로 보장하고 있다. 이 규정에서 도출되는 권리의 내용들에 대해 헌법재판소는 "헌법상 근로의 권리는 '일할 자리에 관한 권리'만이 아니라 '일할 환경에 관한 권리'도 의미하는데, '일할 환경에 관한 권리'는 인간의 존엄성에 대한 침해를 방어하기 위한 권리로서 건강한 작업환경, 일에 대한 정당한 보수, 합리적인 근로조건의 보장 등을 요구할 수 있는 권리 등을 포함한다"라고 판시한다(헌재 2016. 3. 31. 선고 2014헌마367 결정).

근로기준법 등 노동법령에 의해 보장된 노동자들의 여러 권리들, 즉 정당한 이유 없이 해고당하지 않을 권리, 최저임금 및 퇴직금을 보장받을 권리, 적정한 휴게시간·휴가를 향유할 권리, 산재보험 및 고용보험의 보호를 받을 권리 등은 헌법 32조 3항의 명을 받아 법률로써 구체화된 '근로의 권리'의 내용들이다. 다른 무엇도 아닌 인간의 존엄성을 지키기 위한 최소한의 권리들로서, 앗아가면 인간의 존엄성이 무너지게 되는 권리들의 묶음이다.

그런데 타인으로부터 종속적 노동을 수취하면서도, 단지 사업비용을 절감하기 위해 노동자들로부터 인간의 존엄성을 박탈하려는 사업자들이 있다. 이들은 노동관계 법령 적용을 회피하기 위해 3.3% 사업소득세 원천징수 등 근로관계를 은폐하고자 갖가지 위장된 고용형태를 창출하고 있다. 온라인 기술의 발달 및 이를 통한 사업의 매개·조직화 등으로 인해, 이러한 근로자성 은폐 현상이 점점 용이·빈번해지고 있는 것으로 보인다. 이러한 사업장에 노동을 제공하는 노동자들은 종속적인 지위에서 사용자의 지휘·명령을 받아 일을 하고 있는데도 인간의 존엄성을 지키기 위한 최소한의 권리들마저 보장받지 못하고 있다.

근로기준법상 근로자성 해당 여부에 관한 기준을 제시하고 있는 대법원 판례는 소득세 징수 형태 등 형식적인 요건이 아닌 실질적인 지휘·종속 관계 여부를 기준으로 판단하도록 하고 있다. 그러나 개별적인 근로자성 징표에 관한 사실관계를 근로자들이 모두 입증해야 하는 것이 현재의 관례다. 부당해고, 최저임금 및 퇴직금 미지급, 휴게·휴가 미보장, 산업재해 및 실업급여 미보장 등 구체적으로 당면한 권리 침해 상황을 겪고 있는 노동자들이 인간의 존엄성을 보장받기 위한 지난한 법적 절차를 개별적으로 밟기는 난망한 상황이다. 이에 '타인에게 노무를 제공하는 사람'은 근로자로 추정하고, '지휘·감독의 결여' 등 개별적인 독립성의 징표들을 사용자가 입증해야 책임에서 벗어나도록 하는 근로기준법상 근로자 정의 규정 개정안이 논의되고 있다. 이러한 개정이 이뤄지면 사용자의 편법적 위장고용은 불가능하거나 최소한 더 어려워질 것이다. 더욱 많은 노동자가 원칙적으로 법정 근로조건의 보장을 받으면서 노동을 할 수 있게 될 것으로 전망된다.

그러나 대통령이 위헌적으로 법률안 거부권을 오·남용하고 있는 작금의 현실에서, 법률 개정은 요원한 일이다. '가짜 3.3 사업소득세 원천징수' 등을 통해 근로관계를 은폐 당하고 있는 전국의 노동자 당사자들이 집단적으로 나서고 모이지 않는 한, 법률 개정은 물론이고 편법적 위장고용이 만연한 업종·사업장에 대한 노동청의 전수조사와 근로감독 등 노동자들의 인간의 존엄성 보장을 위한 근본적 대책 마련은 불가능할 것이다.

필자도 참여하고 있는 '근로기준법 사회연대운동'은 최근 "노동자의 이름으로! 모두의 권리로!"라는 슬로건을 내걸고, 4대 보험 전면시행과 근로기준법 전면적용을 위한 첫걸음을 떼고자, 근로관계를 은폐하는 사업장 등의 실태에 대한 광범위한 제보를 받는 '3.3 제보센터'의 문을 열었다.

사내에 3.3계약으로 근무하는 직원을 알고 있는 동료 노동자들(1유형), 하청업체 직원들이 3.3으로 들어오는 원청에 소속돼 근무하는 동료 노동자들(2유형), 평소 3.3을 사용하는 업체를 알고 있는 시민들(3유형), 3.3% 사업소득세를 원천징수한다는 채용공고를 본 적이 있는 시민들(4유형), 3.3 위장고용을 유도하는 노무컨설팅 광고를 발견한 시민들(5유형), 그리고 누구보다도 중요하게 스스로 3.3% 사업소득세를 원천징수 당하며 4대 보험 가입 없이 일하고 있는 노동자 본인(6유형)들로부터, 각 유형에 맞는 구체적인 사실관계들에 대해 대대적인 제보를 받는다. 이렇게 수집된 정보를 바탕으로 노동자들의 개별적 권리구제를 위한 법적 조력, 위장고용이 만연한 사업장과 업종에 대한 전면적 근로감독 추진, 근로기준법 근로자 정의 규정 개정 등 일하는 사람 모두의 '인간의 존엄성' 보장을 위한 근본적인 사회적 움직임을 만들어나가고자 한다.

일하는 사람 모두가 인간의 존엄성을 온전히 보장받을 수 있는 노동 존중 사회를 위해, 많은 현장의 목소리들이 모이기를 기원한다.

# '3.3 과세정보 연결' 개정 근로기준법 공포를 자축하며

정진우(권리찾기유니온 위원장)

《매일노동뉴스》, 2024년 10월 24일

근로기준법 일부 개정안이 지난 22일 공포됐다. 개정안에는 고용노동부 장관이 행정기관에 과세정보를 요청해 제공받을 수 있는 조항(102조의 2)이 신설됐다. 이 조항은 21대 국회에서 장혜영 정의당 의원이 권리찾기유니온과 협력해 발의했지만 회기 종료로 폐기됐다. 이번 국회에서 재발의돼 비로소 의결됐다. 새 법률의 공포에 즈음해 과세정보를 연결하는 조항이 근로기준법에 도입된 취지를 짚어본다.

특정 사업장의 고용·산재보험 미가입 실태를 확인하려면 무엇보다 사업소득세 납부자 정보를 확보해야 한다. 사업체가 신고한 보험가입자 정보는 근로복지공단이 보유하고 있지만, 미가입자에 대한 정보 같은 건 애초에 존재할 수 없다. 의무가입 대상자를 누락시킨 걸 사업주가 순순히 제공할 이유가 없고, 당사자 제보가 없으면 단속도 어렵다. 국세청이 보유한 사업소득세 자료로 이 문제를 어떻게 해결한다는 걸까?

사업소득세 납부자가 850만을 넘어선 시대에 '가짜 3.3'으로 일컬어지는 위장고용 수법이 그 열쇠다. 권리찾기유니온은 가짜 3.3에 대해 "4대 보험 대신 3.3%(사업소득세 원천징수 세율) 떼이는 노동자"로 설명한다. 당사자에게 익숙한 접근이다. 4대 보험 회피하려고 '3.3'으로 처리하거나, 3.3으로 위장하려고 4대 보험을 누락시키거나 사업주가 국세청에

3.3으로 신고한 자료는 같은 결과를 만든다. 사업소득자 명단은 4대 보험이 누락된 직원을 찾아내는 명부가 된다.

최근에 공단이 쿠팡의 물류캠프에서 고용·산재보험 미가입자로 4만 명을 적발한 전수조사는 이 과정을 잘 설명해준다. 캠프별 관리업체들이 평소에 신고한 사업소득자 자료를 국세청이 제공하지 않았다면, 이런 대규모 조사는 원천적으로 불가능했다. 사업주의 자백이나 당사자의 법률대응에 수동적으로 의존하지 않고, 각 행정기관이 어떻게 협력해 대처할지 깨닫는 기회였을 것이다. 정부가 개과천선할 역할은 4대 보험 미가입과 가짜 3.3의 연결고리를 끊어내는 것이다. 이를 위해 3.3 정보를 행정기관 사이에 연결해야 한다. 3.3 신고가 결과적으로 위법행위의 자백임을 사업주들이 인지하게 된다면, 노동현장에는 어떤 변화가 생길까?

사업주들이 즐겨 찾는 카페에는 소속 직원의 4대 보험 가입을 선택할지, 3.3으로 처리할지 묻는 게시글이 넘친다. "믿을 만한 알바면 3.3으로 하세요"라는 식의 답변이 자주 등장한다. 3.3으로 해도 괜찮다 해놓고서 나중에 근로기준법을 주장해 적발되면 오히려 손해를 당할 수 있다는 조언이다. 말 바꾸기 안 할 만큼 착하게(?) 생겼는지 관상을 봐야 하냐는 씁쓸한 자조도 섞인다. 4대 보험과 3.3의 갈림길에서의 선택을 들여다보면 사업주가 두려워하는 실체도 확인할 수 있다. 당사자가 어떻게든 제보하면 문제가 되지만, 공적 기관의 개입은 그다지 걱정할 필요 없다. 4대 보험 누락 건에 부과되는 소소한 과태료나 위법행위를 삼가라는 통지서 따위는 이를 포기할 이유로 언급되지도 않는다.

자신의 위법행위가 공적 정보로 제공되는 것은 채 상상하지 못한 공포다. '근로기준법 102조의 2'가 사업주들에게 끼칠 변화의 시작이다.

법률 시행을 1년 앞두고, 정부가 수행할 첫 과제는 친절한 안내문이다. 노동자를 3.3으로 신고하면 결국 적발될 수밖에 없다는 것부터 알려야 한다. 3.3 노동자를 직접고용으로 전환한다는 쿠팡의 발표 후에도 동종 물류산업의 대표 기업들은 3.3 채용공고를 버젓이 공지한다. 사태 파악이 안 되거나, 정부가 생색만 낼 거라는 믿음을 포기하지 않는 것이다. 《매일노동뉴스》가 경기도의 대형 물류센터에서 직접 입수한 일용 근로계약서에서도 이런 흐름이 드러난다. 근로기준법에 의거해 연장근로에 동의한다는 서명 조항이 있고, 그 밑엔 사업소득 3.3%를 징수해 세무서에 신고한다는 조항이 버젓이 병기됐다. 정부를 우롱하는 '대놓고 가짜 3.3'이다.

'가짜 3.3'으로 고용하면 호되게 당한다는 사실부터 알려야 한다. 정부에 물류산업부터 전수조사 들어가라고 지겹도록 반복했다. 이제 3.3 제보센터에 접수된 시민 제보를 상시 제공할 테니 대놓고 '가짜 3.3' 고용하는 업체들에 대해 즉시 근로감독을 실시하라. 새로 단장한 근로기준법의 공포를 자축하며 친절한 마음으로 조언한다.

# 3.3 노동자에게 근로기준법 2조 개정이 절실한 까닭

**정진우**(권리찾기유니온 위원장)
《매일노동뉴스》, 2024년 11월 21일

이달 6일, 근로기준법 2조 개정안이 발의됐다. 타인에게 노무를 제공하는 사람을 노동자로 추정하는 법안이다. 노동자 우선 추정의 원칙을 도입하고, 이러한 추정을 부정하려는 사용자가 증명할 항목이 명시됐다. 미국 캘리포니아주의 'ABC 테스트'와 같이 노동자성 부정의 책임을 사용자에 부여하는 것이 핵심이다.

가짜 3.3 노동자들이 입법을 제안하고, 강은미 전 정의당 의원이 21대 국회에서 발의한 개정안은 폐기됐다. 새 국회가 개원해 쿠팡의 대규모 가짜 3.3 적발 과정에서 제도적 대안에 대한 공감대가 커졌고, 이용우 더불어민주당 의원이 다시 개정안을 발의했다. "모든 노동자에게 근로기준법"을 내건 입법운동이 재개되도록 국회 내 응답이 이뤄졌다. 새로운 도전의 의의를 알리며 3.3 노동자들이 제안자로 나선 이유를 짚어본다. 생생한 목소리로 제안문을 인용한다.

"똑같은 근로자인데 계약서가 다르다고 노동자로서 보호받지 못한다는 게 너무 억울해 입법제안에 참여합니다."(피아노 강사)

"해고예고수당이라도 요구했지만 돌아온 답은 용역계약에는 해고

가 없다는 것이었습니다. 3.3% 제금 부과하는 용역계약서 쓰게 해
놓고, 이를 빌미로 제가 사업자이지 노동자가 아니랍니다."(백화점
위탁판매원)


"3.3% 공제자로 그만둬도 실업급여자에 해당되지 못하고 과로로
체력이 떨어져 너무 힘들고 그만두고 싶으나 생활이 걱정이라 고통
스러웠습니다."(뷔페노동자)


공통점을 요약해본다. 첫째, 이들 스스로 남들과 같은 노동자라는 인
식이다. 둘째, 같은 노동자인데 왜 근로기준법이 적용되지 않느냐는 항
의다. 사용자들이 근로기준법을 빼앗는 도구는 계약의 형식과 세금의
종류다. 법원은 근로관계 형식과 상관없이 노무 제공의 실질을 따져 노
동자성을 판정한다고 한다. 현실에서는 3.3 노동자가 급증하고, 위장 수
법이 모든 업종으로 퍼진다. 현실의 벽에 부딪힌 법률구제 당사자의 사
례로 그 이유를 찾아보자.
　ㄱ씨는 온라인 교육회사에서 10년간 교사로 재직했다. 회사가 배정
한 학생들의 학습을 원격으로 돕고, 상담과 고객관리를 하는 게 주된 업
무다. 회사의 매뉴얼에 따라 지정된 시간에 업무를 수행했다. 사내교육
에 불참하거나 지각할 경우, 정해진 기준으로 삭감된 급여내역이 명세서
에 표기됐다. 아홉 번 갱신된 계약이 갑작스레 거절당했고, 이에 불복해
부당해고 구제신청을 했다.
　그러나 노동위원회는 ㄱ씨를 이 회사의 노동자로 인정하지 않았다.
회사의 구체적인 가이드가 있었음을 인정하고도, 이런 정황은 "회원들
에게 비슷한 수준으로 상담을 유지하고 회원관리를 위한 불가피한 면"

이 있다고 한다. 당사자가 제출한 것으론 회사의 지휘·감독을 인정할 정도에 미치지 못한다는 것이다. 급여삭감에 대해서는 회사가 제재한 내용을 입증하지 못했다고 답했다. 사측이 보유한 증거자료를 판정 기관이 요구할 경우, 이에 근접할 수 없는 당사자는 자신의 주장을 입증하기 어렵다. 노동위원회가 쉽게 인정한 내용은 "이 사건 근로자는 4대 보험에 가입돼 있지 않았으며, 사업소득세를 납부한 사실"이다. 사용자가 설치한 벽이 노동자의 주장을 허문다. 우월한 지위에 있는 사업주가 얼마든지 위장할 수 있으니, 이를 이유로 노동자성을 함부로 부정하지 말라는 판례를 대놓고 뒤집는다.

피해자의 주장에 따라 시정명령이 내려져도 상당수 대기업은 무시하고 법원으로 향한다. 장기간 고비용 소송의 위험을 택할지, 아니면 포기하고 다른 생계를 찾을지를 물으며 몰아간다. 연줄과 평판에 따라 취업이 좌우되는 분야일수록 더 그렇다. 피해자들이 처한 현실의 벽과 제도적 한계를 악랄하게 활용한다.

어떤 해법이 필요한가. 벽을 뚫고 나간 주인공들과 벽에 가로막힌 이들이 함께 증언한다. 벽을 쌓은 자들이 아니라, 왜 벽에 갇힌 우리에게 벽을 허무는 책임조차 떠넘기는가. 자신의 권리를 스스로 되찾으려는 이들의 항의다. 근로기준법은 누구나 손쉽게 누릴 수 있는 권리여야 한다. 계약의 형식이나 세금의 종류 따위로 간편히 노동자성을 삭제할 수 있고, 근로기준법이 필요한 노동자들이 오히려 이를 손쉽게 빼앗기는 비참한 시대를 끝내자. 우월한 지위의 사용자에게 노동자성을 부정하려는 증명책임이나마 돌려주자. 근로기준법 2조 개정이 절실한 이유다.

# 근로기준법 없이 일하는<br>노동자가 다시 만날 세계

정진우(권리찾기유니온 위원장)

《매일노동뉴스》, 2024년 12월 19일

윤석열의 직무가 정지되고, 탄핵심판 절차가 시작됐다. 여의도와 국회로 집결했던 시민들의 함성이 광화문과 헌법재판소로 이어진다. 〈다시 만난 세계〉의 가사처럼 "이 세상 속에서 반복되는 슬픔"을 끝내기 위해 다시 더 큰 울림을 만들고 있다. 대통령을 바꾸는 것이 문제가 아니라, 윤석열을 대통령으로 만든 이 나라를 송두리째 바꾸어야 한다는 깨달음을 함께 전하는 공명이다.

국회의 탄핵소추안에는 반헌법적인 비상계엄과 내란 행위가 적시돼 있다. 윤석열이 대통령인 나라에서 고통받던 이들의 외침은 여기에서 멈추지 않는다. "내란은 매일 우리 곁에, 우리의 삶 속에 있었다"라고 말한다. 헌법에 명시된 권리조차 빼앗긴 채 하루하루를 살아온 이들의 절규다. 탄핵의 광장을 시작한 이들이 다시 만날 세계를 가리키며 붙인 이름은 '사회대개혁'이다. 헌정질서가 유린당한 비참한 시대를 극복하는 대개혁은 헌법이 사라진 세계의 슬픔과 고통을 마주하는 것으로 시작해야 한다.

헌법 32조에 의하면, 근로조건의 기준은 인간의 존엄성을 보장하도록 법률로 정하게 되어 있다. 헌법에 따라 근로조건의 기준을 정함으로써 근로자의 기본적 생활을 보장하고, 향상하는 것을 제1조 목적으로 명시한 법률이 바로 근로기준법이다. 현행 근로기준법은 상시근로자 수가 5명 미만인 사업장 노동자에게 이 법의 일부만 적용하도록 제한한다. 연차휴가, 연장근로수당, 부당해고구제와 같은 핵심 조항은 제외된다. 직장 내 괴롭힘에 더 심각하게 노출돼도 신고조차 못 한다. 모든 국민에게 '빨간날'을 돌려준다는 공휴일법의 적용대상이 아니니 휴일에 쉬지 못하거나, 대체공휴일에 공짜로 일해야 한다. 중대재해 처벌 등에 관한 법률(중대재해처벌법)도 비껴가니 일하다 죽는 것까지 차별이다. 사업장 규모로 차별당하는 이들의 숫자는 350만 명이 넘는다.

근로소득세가 아닌 사업소득세가 원천징수되는 노동자의 수는 지난 2022년 국세청 집계로 847만 명이다. 세금의 종류가 위장돼 노동자의 이름조차 빼앗긴 이들은 4대 보험에서도 배제된다. 쿠팡의 카플렉서와 교통사고조사원과 같이 위험하게 일하는 노동자들은 일하다 다쳐도 산재보상이 안 된다. 음식점과 물류센터, 아파트형 공장에서 일하는 3.3(사업소득세 3.3%) 노동자들은 실업급여와 퇴직금 없는 실직에 부딪힌다.

이렇게 헌법이 사라진 세계에서 천만이 넘는 노동자들이 근로기준법과 노동의 권리 없이 일한다. 국가의 개입과 제도적 보호가 필요한 노동자들이 오히려 법의 적용에서 배제된다. 헌법이 부여한 노동의 권리를 함부로 유린하는 이들은 누구인가. 노조 탄압을 정권 유지의 무기로 사용한 윤석열은 누구나 노동조합에 참여할 수 있는 권리를 거부했고, 노동권을 이권 다툼으로 치부해온 정치권은 근로기준법 전면적용과 4대 보험 개정안을 방치한다. 정권을 다투는 권력자들이 우리의 삶과 권리를 거래하고, 무너뜨린다.

낡은 세계를 거부하는 시공간이 열렸지만, 차별과 배제의 고통을 온몸으로 버텨온 이들은 공터를 채운 숫자의 하나로 셈해진다. 천만의 권리는 아직 광장을 대표하거나 상징하지 않는다. 광장으로 나선 청년의 절대다수가 노동의 권리를 빼앗긴 당사자임에도 마찬가지다.

광장의 주인공들은 저마다 다시 만날 세계를 상상한다. 수백만의 꿈은 어떻게 현실이 될 것인가. 한데 모여 개혁의 방향이 된 외침은 다시 흩어져 널리 퍼질 것이다. 광장의 집회를 주관하는 '사회대개혁 비상행동'은 이 집약과 확산의 매질이다. 진동을 일으키고 감지해온 수천의 단체가 동참하니, 새로운 세계를 써내려갈 줄거리는 차고 넘친다. 단결해 싸울 권리조차 빼앗겼던 이들의 소리를 어떻게 담아낼지 가늠하기 쉽지 않다.

사회대개혁은 낡은 것을 허물고, 질적으로 새로운 세상으로 나아가는 것이다. 우리의 삶과 권리를 무너뜨린 권력과 제도를 해체하지 못한 채 만나게 될 세계는 우리 것이 아니다. 광장이 정권을 바꿔내도 세상은 왜 바뀌지 않았는지 되짚어볼 시간이다. 미처 닿지 못했던 가장자리에서 답을 찾자. 반복되는 슬픔과 안녕할 수 있는 해법은 차별의 폐지와 모두의 권리다. 우리가 노동자의 이름으로 권리를 누리는 세계는 모두의 권리로 모두를 살리는 세상이다.

# 3.3 떼여도
# 퇴직금 받을 수 있어요

정진우 (권리찾기유니온 위원장)
《매일노동뉴스》, 2025년 1월 16일

타인에게 노무를 제공하지만, 근로소득세가 아닌 사업소득세를 떼이는(원천징수 세율 3.3%) 이들을 '3.3 노동자'라 이름 짓고, 노동자성을 회복하는 법률구제 활동을 시작한 지 4년이 됐다. 그새 3.3 노동자의 수는 해마다 50만 명 넘게 늘어나 847만 명(2022년)을 넘어섰고, 이 추세대로면 새해에 1천만 명에 달할 수 있다는 우려까지 나온다.

3.3 위장고용이 근로기준법을 회피하는 노무관리의 대세가 된 시대다. 이 경향이 음식점에서 물류센터에 이르기까지 모든 산업으로 확산되는 이유를 다시 짚어본다. 권리찾기유니온은 3.3을 선택하는 사용자의 시점으로 이 문제에 접근해왔다. 4대 보험 가입과 근로기준법을 준수하는 합법적 노무관리와 비교할 때, 가짜 3.3의 사용자는 자신에게 매우 유리하고 간편한 수법으로 인식한다. 직원의 고용방식을 사용자들이 임의로 선택할 수 있다는 전제가 필요하다.

채용과정에서 우월한 지위에 있는 사용자도 위험부담 없이 무조건 3.3을 선택할 수 있는 건 아니다. 가짜 3.3 유형 중 법적으로 노동자성을 부정하도록 특수한 고용형태를 도입한 C형(사장님위장형)을 제외하면, 적발된 사용자의 패소 가능성이 크다. 근로계약을 체결한 A형(무작정형)과 계약형식을 위장한 B형(이상한 계약형)은 법원에 가지 않고도 노동자성 회복이 가능한데, 최근 급증한 3.3의 대다수가 여기에 속한다. 사용자는 근로기준법 위반의 법적 책임과 금전 보상에 대한 위험을 갖게 된다.

이런 위험은 어느 정도의 부담으로 작동될까? 3.3이 급증하는 현실로 미뤄볼 때, 대체로 사용자들은 해당 직원이 법률구제에 나설 가능성을 미미하게 받아들인다. 함께 문제를 제기하지 못하는 직원들을 통해 계속해 얻는 이익도 크다. 결국, 가짜 3.3을 포기하지 않으려면 피해자가 문제를 제기할 가능성이 작고, 적발되더라도 최소한의 손실에 그치고, 이후에도 3.3을 지속 사용할 수 있도록 현재의 고용환경이 유지되는 게 필요하다.

가짜 3.3 공동법률구제는 이러한 기대를 깨뜨리려는 이들의 자구책이다. 권리찾기센터를 찾는 이들은 상담을 통해 자신의 유형에 맞는 법률구제 방법을 정한다. 노동자성 입증의 관문을 통과해야 하지만, 당사자가 짐작하는 것보다 승소율이 매우 높다. 이행 명령을 거부하는 대기업을 만나 법원 소송으로 이어지는 경우도 간혹 있지만, 승산 없음을 인지한 사측은 피해를 줄이려 법적 분쟁을 포기하고 합의로 종결하려 한다. 그럼에도 현재까지 법률구제에 나선 수백 명의 숫자는 사용자들이 경각심을 가질 정도에 미치지 못한다. 피해자가 자신의 권리를 회복하려는 의지를 갖더라도 이곳저곳 전전해 권리찾기센터에 도달할 확률은 기적에 가깝다. 하필이면 법률구제에 나설 법한 이를 직원으로 채용한 사용자는 자신이 재수가 없었던 것으로 치부할 만하다.

3.3을 사용해 발생하는 위험은 어떻게 커질 수 있는가. 법률구제 참여자가 수십만 명으로 늘어난다면, 대놓고 3.3으로 채용한다는 공고부터 사라질 것이다. 3.3의 급증 양상에 제동이 걸려도 법적 시비에 대비하는 전문적 노무관리는 성행할 것이다. 4만 명을 적발한 쿠팡 물류캠프의

전수조사에서 드러난 것처럼 중간 도급업체로 신고와 책임을 우회하는 3.3의 간접고용 전략에도 주목해야 한다. 대대적인 전수조사와 더불어 대표 업종에 대한 선제적 근로감독이 수반돼야 할 이유다. 근로기준법 2조를 통해 노동자성 부정의 입증 책임을 사용자에게 전환하는 것도 가짜 3.3의 위험부담을 크게 해 위장고용의 동력을 소멸시키려는 대안이다. 근본대책으로 국회와 정부가 시급히 화답할 것이라 기대하는 이들은 별로 없다. 847만의 숫자는 이를 반영한 지표다.

"3.3 떼여도 퇴직금 받을 수 있어요"라고 홍보성 제목을 대놓고 걸었는데, 공동법률구제로 가장 많이 회복한 권리는 퇴직금이다. 재직 중에 나서기 어렵다 보니, 해고되거나 직장을 그만둘 때 비로소 문제 해결의 길을 찾게 된다. 퇴직금조차 없이 실직으로 내몰리게 된 피해자들이 용기를 내 법률구제의 주인공이 되는 것이다. 3.3 노동자도 퇴직금을 받아낼 수 있다는 게 더 많은 이들에게 알려지길 바란다. 사용자가 위험을 감수해 얻을 이득보다 더 큰 손실과 처벌을 자각한다면? 불법을 포기하게 하는 공포가 된다. 빼앗긴 이들이 손쉽게 나설 수 있다면, 저들의 두려움은 현실이 될 것이다.

# 3.3이 대세인 파견 간접고용에서 반복되는 악연

정진우(권리찾기유니온 위원장)
《매일노동뉴스》, 2025년 2월 13일

경기도 부천의 물류센터에서 조리사로 일하다 해고당한 노동자(D 조리사)가 상담실을 찾아왔다. 근로계약서를 확인하니 파견 근로계약을 체결한 간접고용 노동자다. 물류센터의 실질적인 사업주인 C사는 이 계약서에 등장하지 않는다. 물류센터 내부의 직원식당을 운영하는 S사가 사용사업주로 표기돼 있고, D 조리사와 근로계약을 체결한 파견사업주는 A사다. C사가 직원식당의 운영을 S사에 외주화했고, S사는 이 식당에서 일할 노동자를 A사로부터 공급받는 다단계 간접고용 체계다.

A사는 홈페이지 소개에서 고용노동부로부터 '근로자 파견 우수 업체'로 선정된 바 있다고 자랑한다. A사는 쿠팡 물류센터의 '가짜 3.3' 문제에 대응해온 이들에게 익숙한 이름이다. 2022년 3월 쿠팡의 전주지역 물류센터를 4대 보험 미가입과 근로기준법 위반으로 고발한 사건에서 해당 물류센터를 운영해온 사업주가 바로 A사다. A사의 주된 사업은 대기업 사업장에서 일할 간접고용 노동자를 모집하는 것이고, 아예 본사와 도급계약을 맺어 고객사의 특정 사업장을 맡아 운영하기도 한다. 이번에는 파견허용 업종인 조리사를 파견계약 방식으로 채용해 고객사의 사업장에 투입한 경우다.

D 조리사는 자신을 고용한 사업주로부터 부당하게 해고당했다고 주

장하지만, A사는 근로계약서에 표기된 대로 계약기간이 종료된 것이라 반박한다. 계약서에 적힌 액수보다 많은 급여를 D 조리사가 실제로 받아왔고, 파견 근로계약을 체결한 법적 노동자임에도 사업소득자로 신고한 정황을 고려할 필요가 있다. 이후에도 계속 근로가 가능하다고 사측으로부터 약속받았고, 작성한 계약서는 형식에 불과한 것으로 알고 있었다는 D 조리사의 주장에 신빙성이 있어 보인다. 결국 D 조리사는 작성된 계약서의 문구와 상관없이 실제로는 A사와 계속 근로관계의 방식으로 계약했음을 입증해야 부당해고가 인정될 수 있다.

사측이 기관 제출 대비용으로 형식적인 계약서를 작성하는 사례는 흔하다. 아파트 건설공사의 마루시공현장에는 불법 하도급업체나 중간 관리자들이 터무니없이 적은 급여가 적힌 계약서를 당사자 동의 없이 대필해 보관해 두는 악습이 횡행한다. 일부만 근로소득으로 신고하고, 나머지는 사업소득으로 처리하는 것이 유리하기에 등장하는 편법이다.

근로계약을 체결한 노동자에게 4대 보험을 가입시키지 않고, 3.3으로 신고하는 못된 습관은 다양한 간접고용 현장에서 쉽게 발견된다. 온라인 채용공고에서 근로계약 고용이 분명한 사례임에도 3.3%를 공제한다고 설명하거나, 원하면 그렇게 해줄 수 있다고 홍보하는 식이다. 당사자가 어쩔 수 없이 선택했더라도 4대 보험 미가입과 사업소득자 위장 수법은 엄연히 불법이다.

온라인 커뮤니티에서 당사자들이 주고받는 정보를 통해 3.3 처리 관행과 관련한 각종 사업체들의 실상이 전해진다. 거의 모든 직원을 3.3으로 처리하는 경우는 물론이고, 4대 보험 미가입에 원활하게 협조하는 사업체의 실명도 의외로 인기다. 일용직이나 단기고용이라도 바로바로 다음 일자리를 찾아야 하는 노동자들에게 반가운 정보가 된다니 참 서글

픈 현실이다. 적발될 위험이 없다고 느끼는 사업체들은 이런 정보를 굳이 감출 이유가 없다고 여기는 듯하다. 강요된 고통이 당사자의 선택으로 뒤바뀐다.

고용방식이 무엇이든 3.3을 악용하는 사업주는 비용절감과 사용자 책임 회피를 통해 초과이익을 취할 수 있다. 계약의 상대방과 근로현장의 사업주가 원천적으로 분리된 파견과 간접고용에서 사업주들의 이익은 극대화되고 사용자 책임은 손쉽게 흐려진다. 노동자들의 근로조건은 더 열악해진다. 4대 보험 없는 3.3이 중간착취를 확대하고, 근로기준법 적용에 대한 기대조차 삭제시킨다.

불교에서 '악연'은 나쁜 일을 하도록 유혹하는 주위의 환경에서 비롯된다고 한다. 반복되는 악연을 끝내려면 대세가 된 간접고용 환경에서 3.3 위장고용의 질긴 사슬을 끊어내야 한다. 중간착취와 가짜 3.3은 근로계약의 형식과 실질을 뒤집어 위장한다는 점에서 본질적으로 같다. 갑에게 금상첨화가 을에겐 설상가상이다. 노동자의 권리가 삭제되는 거짓된 환경을 바로 잡는 입체적인 대응과 협력이 절실하다.

# 비임금 아니고
# 3.3 노동자가 862만 명

정진우(권리찾기유니온 위원장)
《매일노동뉴스》, 2025년 3월 13일

'가짜 3.3 노동자의 날'이라는 이름을 짓고, 벌써 네 번째 기념식을 13일에 개최한다. 그새 3.3 노동자 수는 공식 발표된 수를 기준으로 704만 명에서 862만 명으로 늘었다. 차규근 조국혁신당 의원이 입수한 국세청 자료를 인용해 특수고용직·플랫폼과 프리랜서 등 '비임금 노동자'의 수가 860만 명을 넘어섰다는 기사가 이어진다. 결론부터 말하면 862만 명은 비임금 노동자의 수가 아니고, 3.3(사업소득세 원천징수 세율)으로 신고된 이들의 숫자다. 국세청이 해마다 집계해 발표하는 이 자료의 정식 이름은 사업소득 원천징수 현황이다.

국립국어원 우리말샘은 '비임금'이라는 단어의 뜻으로 "근로자가 노동의 대가로 사용자에게 보수를 받는 형태가 아님"을 제시한다. 법적 용어인 '임금'은 "근로자가 노동의 대가로 사용자에게 받는 보수"를 뜻한다고 한다. 비임금과 근로자를 조합한 용어인 '비임금 근로자'도 등록돼 있다. 자신의 사업체를 직접 경영하거나 혼자 전문적인 일에 종사하는 근로자가 된다. 국회의원들과 기자들은 이 용어를 어떤 의미로 인식해 사용하는 것일까. 자신의 사업체를 직접 경영하는데 노동자가 맞는지 의문이 들 수 있다. 처음 이 용어를 사용한 이는 혼자 전문적인 일에 종사하는 근로자들이 전형적인 임금의 형식이 아닌 독특한 방식으로 대가를 받는다는 생각에서 도입한 것으로 보인다.

한편 근로기준법은 임금을 "사용자가 근로의 대가로 근로자에게 임금, 봉급, 그 밖에 어떠한 명칭으로든지 지급하는 모든 금품"으로 정의한다. 비임금과 노동자의 어색한 조합은 결과적으로 근로기준법과 판례에 견주더라도 잘못된 접근이다. 대가를 받는 형식이나 명칭은 임금의 판단 기준과 관계없다. 그것이 노동의 대가인지가 관건이다. 즉, 비임금은 노동의 대가가 아니다. 누군가에게 비임금 노동자라는 딱지를 붙이게 되면 그가 받는 보수는 노동의 대가가 아니라는 것이고, 결과적으로 법적 노동자가 아니라는 편견과 왜곡이 발생한다.

이러한 접근은 3.3 노동자에 대한 오분류와 밀접한 관련이 있다. 올해 기념식에서 권리찾기응원상을 수상하는 주인공들의 사례에 대입해본다. 실내건축 목공인 김한수 씨는 계약서 없이 일당제로 8년째 일했다. 고용노동청에 체불임금 진정을 제기해 사용자로부터 퇴직금과 주휴수당을 돌려받았다. 8년 동안 사용자에게 받은 대가는 물론이고, 법률구제를 통해 퇴직금과 주휴수당의 명목으로 되찾은 금품도 당연히 임금이다. 영어학원 강사인 김형준 씨는 근로계약서를 보유하고 있다. 사용자인 학원장은 학생 수에 비례해 지급하는 비율제 임금체계라는 이유를 내세워 김형준 씨의 노동자성을 부정하려고 한다. 노동자인 당사자가 스스로 자신의 노동자성을 입증해야 하는 관문을 아직 넘어서지 못한 상태다. 기본급이 정해져 있지 않고, 시간제가 아닌 성과에 따른 변동성 급여의 형식이더라도 노동의 실질적 대가성을 중시하는 법원 판결의 추세에 따른다면 노동자성 인정과 체불임금의 회복이 이뤄질 것으로 기대한다.

3.3 노동자의 대다수는 근로계약 여부나 노동의 대가성을 법적으로

다툴 필요도 없다. 계약의 형식조차 위장하지 않은 채 버젓이 근로계약을 체결하고, 4대 보험 대신 3.3으로 신고하는 방식이 급증한다. 이를 가짜 3.3 위장 유형 중에서 A형(무작정형)으로 분류한다. 음식점 노동자들이 거의 다 이런 경우다. 작년에 3.3 위장으로 4만 건을 적발한 쿠팡 캠프의 사례에서 보이듯이 3.3으로 처리되는 물류센터 내근직 노동자들은 대체로 일용직 근로계약서를 체결한다.

잘못된 접근은 오분류로 이어지고, 잘못된 이름의 남용은 노동자성의 실질을 가린다. 특수고용이라는 용어가 특정 업종의 노조를 합법화하는 데 시기적으로 필요했을 수 있다. 특수하게 고용된 노동자라는 호명은 근로기준법의 적용대상이 되는 보통의(?) 노동자로 인식되지 못하게 하는 장막이 된다. 노동자의 이름과 권리를 함부로 빼앗을 수 있는 시대다. 어떤 단어를 언제 어떻게 사용할 것인지에 대한 통찰이 절실한 때다. 어쨌든 분명한 건 3.3 노동자의 수가 또 늘어난 것이다. 증가 추세가 처음으로 완화됐다고 안심할 상황은 아니다. 왜 우리를 가리냐고 말릴 시간이 없다. 각설하고, STOP 3.3!

# 가짜 3.3은
# '사각지대' 아닌 '차별지대'

**이종훈**(변호사, 법무법인 시민)
《매일노동뉴스》, 2025년 3월 17일

사각지대. 사전적으로는 "어느 위치에 섬으로써 보이지 않게 되는 각도"를 의미하고 레토릭으로서는 "관심이나 영향이 미치지 못하는 구역"을 일컫는다. 노동법의 영역에서, 특수형태근로 종사자, 플랫폼노동자 혹은 3.3% 사업소득세를 원천징수하고 4대 보험에도 가입되지 않은 채로 일하거나 프리랜서 계약 등의 외관을 띠고 일하는 취약계층 노동자들이, 흔히 '노동법의 사각지대'에 놓여 있다고들 한다.

그곳에 방치된 노동자들에게도 권리가 보장돼야 한다는 선의의 문제의식에서 비롯된 것이겠으나, '노동법의 사각지대'라는 표현은 적확하지 않다. 노동법이 충분히 세련되지 않아서, 혹은 현대식 산업구조가 지나치게 새로워서, 노동법이 충분히 포괄하지 못하는 불가피한 노동 영역이 존재한다는 점을 전제로 하고 있기 때문이다. 우리의 노동법은 선배 노동자들의 투쟁과 헌신 덕에 (여전히 미비한 부분이 없지 않으나) 이미 충분히 세련되고, 자본주의의 하늘 아래 새로울 것은 없는 바, 타인의 노동을 헐값에 수취해 잉여가치를 수탈하는 자본이 하는 일이라고 해봐야 다 거기서 거기다. 취약 노동이라는 것이 '불가피하게 존재'하는 사각지대는 아니라는 거다.

인간은 존재하는지도 확신할 수 없는 외계 생명체들만이 알고 있는 법에 의해 자기도 모르게 규제받고 처벌받는 것이 아니다. 법은 그 적용 대상이 되는 사람들의 인식 너머에 있지 않다. 법의 내용을 알고서 그 규제를 피하기 위한 조치를 취하는 것은, 법의 성가심에서 벗어나고자 하는, 어쩌면 당연한 조건반사다. 가끔은 우리 노동법률가들이 노동자들을 위한 법적 조력의 맥락에서 행하는 바이기도 하다. 물론 부르주아의 주구를 자처하는 법률가들 역시 자신이 서 있는 위치에서 그러한 역할을 할 것이다. "이렇게 하면 노동법의 적용을 회피하면서 보다 편안하게 착취할 수 있습니다."

프리랜서 계약 등으로 위장된 가짜 3.3 노동은 '노동법의 사각지대'가 아니라, 노동법의 성가심으로부터 해방되고자 하는 사용자들과 (그들이 노동자들로부터 앗아간 잉여가치의 일부를 나눠 먹고서) 사용자들에게 협력하는 부르주아 법률가들이 협잡해 만들어낸, 하나의 작품이다. 시민법의 수정으로서 노동법이 태동된 이래로, 그것은 신성한 '계약의 자유'에 기초해 갑을관계에도 아랑곳하지 않고 노동자들로부터 무한정의 잉여가치를 수탈하기를 원하는 사용자들에게는 눈엣가시였을 테다. (어쩌면 그 자체로 법적 규제를 회피하며 이윤을 추구할 수 있으리라는 동기에서 개발된) 여러 물리적·사회적 기술들로 인해, 마치 노동법이 담아내지 못하는 것처럼 보이는 이른바 '사각지대'를 작위적으로 창출할 수 있게 됐을 따름이고, 이곳은 사용자들의 놀이터가 됐다. 노동법의 질곡에서 해방되면서도 노동자들로부터 부불(不拂) 노동을 온전히 수취할 수 있게 된 것이다.

그러므로 취약노동자들의 공간을 우연히 드러난 '노동법의 사각지대'라고 불러서는 안 된다. 그것은 필연적으로 준비된 '차별지대'다. 종속적 지위에서 타인의 이윤을 위해 자신의 피땀으로 사회적으로 유용한 재화와 용역을 생산해내는 노동자들은 모두 인간의 존엄성을 보장하도록 법률로 규정된 근로조건의 기준을 적용받아야 한다. 마치 '근로자'가 아닌 것처럼 사용자에 의해 의도적으로 위장된 가짜 3.3 노동자라고 해도 마찬가지이다.

"착취를 할 거야~ 착취를 할 거야~ 아무도 모르게~ 나만을 위하여~"라고 노래 부르는 '차별지대'의 입안자들에게, 철저한 근로감독으로 노동법의 준엄함을 상기시켜야 한다. "나를 지켜봐 줘~ 나를 지켜봐 줘~~"라며 관심을 갈구하고 있지 않은가. 또한 '노무 제공자' '일하는 사람' 같은 회색 개념을 입법화해 차별지대를 사각지대로 인가하기 전에, 어떻게 하면 차별지대로 내몰린 노동자들이 다시 노동법의 테두리로 돌아와 보호될 수 있을지(예컨대 근로자성 입증 책임 전환 등)를 먼저 고민해야 한다. 자본주의 사회에 노동법의 사각지대는 없다.

# 3.3 제보센터를 여는 6개의 문

**정진우 (권리찾기유니온 위원장)**
웹진 《노동연찬》, 2025년 3월 27일

## 가짜 3.3'이란 무엇인가?

'가짜 3.3'은 특정 사업장에 노무를 제공하는 이에게 근로소득세가 아닌 사업소득세를 원천징수하는 위장고용 수법을 일컫는다. '3.3'은 사업소득세의 원천징수 세율인 3.3%에서 빌어온 용어다. 3.3으로 위장된 노동자들은 4대 보험(고용·산재·건강·연금)의 혜택을 받지 못하고, 연차휴가와 퇴직금과 같은 근로기준법의 기본적인 보장 없이 일하게 된다. 세금의 종류 따위로 노동자의 이름과 권리를 송두리째 빼앗긴다. 이들의 숫자는 2022년 국세청 집계로 847만 명에 달한다. 전년에 비해 60만 명이 늘었다. 이 추세대로면 올해 이 숫자는 천만을 넘어섰을지도 모른다. 쿠팡에서만 4만 건이 적발되고, 국회도 대응을 시작했지만, 3.3 노동자의 수가 급증하는 이유는 무엇일까? 사업주들이 간편하게 위장해 법적 책임을 회피하며 비용도 절감할 수 있지만, 적발될 우려가 크지 않은 현실의 노동행정을 믿기 때문일 것이다.

## 3.3 제보센터의 탄생

그래서 '가짜 3.3'으로 피해당하다 용기를 내 법률구제에 나선 노동자들이 새로운 해법을 직접 내놓게 되었다. 법률구제로 승소해 금전적인 회복을 하게 되었지만, 동료들은 여전히 불이익을 감수하며 일해야 하는 현실을 사회적 연대의 힘으로 바꿔내자는 제안이다. 이에 법률단체와 시민사회가 기꺼이 화답하였고, 시민들의 직접 참여로 3.3 위장고용을 적발해낼 수 있는 3.3 제보센터를 만들어냈다. 3.3 피해 당사자는 물론이고, 3.3 위장고용을 접하는 모든 이들이 참여할 수 있는 공간이 생긴 것이다. 3.3 노동자와 각계 대표자들이 기자회견을 열고, 3.3 제보센터를 개막한 지 백일이 되었다. 그 사이 3.3 과세정보를 연결하는 근로기준법 개정안(102조의 2 신설)이 국회를 통과해 법률 공포가 이루어졌다. 1년 뒤로 법률 시행을 미루었으니, 당분간 3.3 제보센터가 수행할 과제는 오히려 막중해졌다.

3.3 제보센터에는 누구나 손쉽게 온라인으로 방문할 수 있다. 제보자들이 입력한 내용은 3.3 문제의 해결을 위한 사회적 정보로 축적된다. 집계 결과에 따라 대규모로 위장고용이 횡행하는 업종은 시급하게 전수조사를 시행할 분야로 발표한다. 상습적으로 악용하는 기업은 근로감독에 착수할 대상으로 정부에 요구한다. 이외에 제보자들의 참여로 이루어낸 각종 정보를 활용하여 노동자성과 노동권 회복을 위한 다양한 과제를 수행해나갈 것이다.

### 3.3 제보센터의 여섯 개의 문

제보자들마다 각자 지위와 상황에 맞춰 참여할 수 있도록 3.3 제보센터에는 6개의 문이 설치됐다. 6개의 문은 제보에 참여하는 6개의 경로이자 제보센터가 취합하는 정보의 6대 분야이다.

① 첫 번째 '문'에는 "사내에 3.3 계약으로 근무하는 직원이 있어요"

를 입석처럼 내걸었다. 이는 제보센터의 화두가 무엇인지 생생히 일러준다. 자기 직장에서 3.3으로 일하는 직원이 있는지부터 살펴보자는 취지다. 차별지대 노동자와 함께하는 사회적 연대는 내 옆의 '유령'을 발견하는 것에서 시작된다.

② 다음 '문'에는 "하청업체 직원들이 3.3으로 들어와요"라는 식으로 근무현장의 용어를 사용했다. 제조업은 물론이고, 대다수 중·대규모 업체들은 합법적인 용역·도급에서 불법 파견에 이르기까지 다양한 명칭의 간접고용을 활용한다. 빌딩의 청소용역 노동자들처럼 간접고용 대부분은 3.3이라 해도 과언이 아니다. 노동자를 노동자 아니게 만드는 걸 내부에서 고발하는 것이야말로 노동자 연대의 새로운 시작이다.

③ 세 번째로 내건 "평소에 3.3을 사용하는 ○○업체를 알아요"는 일반적인 제보 방식을 요약했다. 다니는 직장 외에도 수많은 사회적 관계에서 3.3의 존재를 확인할 수 있다. 종교나 사회단체에서 만나는 사람들, 친구나 가족을 포함한 지인 중에 대략 절반은 3.3이라고 생각해보자. 소중한 관계일수록 일차적인 관심과 연대의 대상이지 않겠는가.

④ 넷째 '문'에 제시한 "○○업체가 3.3% 공제한다는 채용공고를 냈어요"는 제보센터의 특별한 사용법을 안내한다. 알바몬 같은 구인·구직 사이트에는 3.3 채용공고가 실시간으로 올라온다. 쿠팡 캠프에 실시한 전수조사로 4만 건의 가짜 3.3이 적발된 후에도 대형 물류센터의 3.3 채용은 멈추지 않는다. 거의 모든 산업에 횡행하는 걸 반영하듯 3.3 채용공고도 특정 분야를 가리지 않고 게시된다. 대놓고 위장고용을 모집하는 행태에 제동을 걸자. 시

간 지나면 사라지는 정보이니 체계적인 취합 과정이 필요하다. 지역별로 꾸준하게 위장고용 정보를 기록해 저장하는 활동은 지역사회에서 연대를 실천하는 소중한 거름이 될 것이다.

⑤ 이어서 "3.3 고용을 유도하는 컨설팅 광고를 발견했어요"로 나아간다. 사업주들이 즐겨 찾는 온라인 카페에 얻은 아이디어다. 새로 들어온 직원에게 근로기준법을 선택할지, 아니면 3.3으로 처리할지 묻고 답하는 글을 쉽게 발견할 수 있다. 나중에 법적으로 고발하지 않게 생겼으면 3.3으로 처리하는 게 효율적이라는 조언이 대세다. 사업주들의 이런 위장고용 선택에는 전문적인 노무 컨설팅이 밀접하게 개입된다. 비용도 절감되고, 노동법도 비켜 가고, 간편하고 유익한 3.3이라며 불법적인 노무관리를 유도한다. 다수 노동자의 삶과 권리를 대놓고 파괴하는 폭력의 판매다.

⑥ 마지막 '문'에서 드디어 "제가 3.3으로 4대 보험 없이 일합니다"가 등장한다. 3.3 노동자가 자신이 처한 상황을 제보하는 공간이다. 당사자가 원하면 상담과 법률구제비를 지원한다. 더 많은 이들이 권리찾기에 나서 승리할 수 있도록 현재의 공동법률구제 시스템을 더욱 튼튼하게 확장해나갈 것이다.

**bit.ly/삼쩜삼제보센터**

3.3 제보센터를 찾아가는 인터넷 주소다. 리모델링 중이어도 언제든지 이용할 수 있다. 소중한 정보를 원활하게 기입하도록 지속적으로 개편한다. 직접 이용한 후에 사이트 개선 아이디어도 전해주면 금상첨화다.

6개의 문 앞은 아직 붐비지 않는다. 3.3 당사자들이 소통할 수 있는

'오픈채팅방'이 개통되면 문전으로 연결되는 길도 수월해질 것이다. 세상 속에서 노동자의 권리를 함께 찾아 나가려는 이들과 어떻게 통할 수 있을까? 독자들에게 먼저 권유해본다. 제보센터에 들어가 스스로 제보자가 되어주시라. 다음에는 주변의 지인들에게 제보센터로 통하는 길을 친절히 안내하자. 더 많은 우리가 노동자의 이름으로, 모두의 권리로 함께 나아갈 수 있도록.

# 3.3% 세금 떼이는 노동자가 돌려받아야 할 것

정진우(권리찾기유니온 위원장)
《매일노동뉴스》, 2025년 4월 10일

"우리 이야기잖아"

평일 오후 6시, 부천 춘의역 2번 출구에 잰걸음으로 퇴근하는 노동자들이 쏟아져 들어오는 시간이다. 법률상담 부스에 들르거나, 선전물을 건네받을 여유가 없는 때다. 인근 아파트형 공장에서 함께 퇴근하던 이들이 관심을 보이거나, 한마디씩 남기는 경우가 간혹 있다. 입구에 설치한 대형 배너의 큼지막한 문구 덕분이다. '찾아가는 노동상담소'를 운영하며 "4대 보험 없이 일하시나요?"를 부각한 이유다. 보통의 노동자용이 아닌, 자신에게 해당하는 이야기를 접하니 반갑다. 부당해고 상담이나 떼인 임금 받아준다는 식의 통상적인 현수막 글귀가 오히려 남들 이야기인 사람들이 넘쳐난다. '통상'은 특별하지 않고 예사인 경우를 일컫는데, 통상적이지 않은 노동자들을 만나는 게 특별히 어렵지 않은 시대가 됐다. 4대 보험 없이 사업소득자로 위장된 채 일하는 3.3 노동자들의 이야기다.

한편, 이들의 이야기를 상업적으로 써먹는 광고는 TV나 인터넷포털에서 쉽게 접할 수 있다. 삼쩜삼의 이름을 내건 어느 환급대행업체는 사업소득자인 우리도 남들처럼 소득세를 환급받을 수 있다고 홍보한다.

가입 고객이 2,000만 명을 넘었고, 평균 20여만 원을 신청해 누적 환급액이 1조 원을 돌파했다고 내세운다. 정보 접근성이 취약한 이들에게 20%까지 수수료를 떼가니 현대판 '봉이 김선달'이라는 지적이 나온다. 그래서 지난달 개통한 국세청 종합소득세 환급서비스 '원클릭'은 시작부터 대박 조짐을 보인다고 한다. 민간 서비스와 달리 수수료가 없고, 개인정보 유출 가능성도 없는 게 강점이란다. 국세청은 311만 명이 세금 2,916억 원을 돌려받을 수 있다고 설명한다.

이렇게 사업체는 떼돈을 벌고, 정부는 대박을 터뜨린다. 어쨌든 이게 다 누군가에게 잘못 떼어간 세금을 놓고 벌어지는 이야기다. 그런데 이들의 대대적인 선전에서 굳이 언급하지 않는 게 있다. 일한 대가로 급여를 받는데 근로소득세를 내지 않고, 사업소득세 3.3%를 떼는 게 맞는 것인가. 직원을 사업소득자로 둔갑시켜 근로기준법을 위반하는 사업주는 어떤 처벌을 받는가. 소득세의 종류와 상관없이 퇴직금을 받을 수 있고, 산재보험 보상을 받을 수 있다는 안내도 보이지 않는다.

3.3 위장고용 문제를 인식하기 시작한 학계는 이에 대해 노동자로 인정받아야 할 이들이 노동자 아닌 존재로 '오분류'가 됐다고 설명한다. 이런 대규모 위장이 시정되기는커녕 갈수록 확대되는 상황은 어떻게 설명해야 할까. 환급 대상자와 환급액이 급증하는 것은 3.3 위장고용이 모든 산업과 업종에서 판을 치기 때문이다. 3.3 노동자 862만 명의 절박한 삶과 노동이 떼돈과 대박의 아이템으로 연결되는 무책임한 행태를 방치할 수 없는 이유다.

세금환급 대행으로 떼돈을 버는 사업체들이 속출하니, 국세청이 대놓은 대안이 수수료 없는 공공 서비스다. 노동자가 사업자로 오분류됐든 세금의 종류가 잘못됐든 많이 걷고 원활하게 돌려주니 문제없다는 메시지가 될 수 있다. 4대 보험 누락과 3.3 위장고용을 적발하는 전수조사에서 사업소득세 원천징수자 명단의 제공이 필수적으로 요구된다. 이를 근로기준법에 명시한 개정안이 지난해 국회에서 의결돼 시행을 앞두고 있다. 고용노동부와 국세청이 서로 책임을 떠넘기지 않고 협업해 문제를 해결하도록 어렵게 만든 제도적 장치다. 정부가 시급히 착수해야 할 것은 불법의 금지와 적발이다. 정부와 지방자치단체를 포함해 사회적 협력으로 새롭게 시작해야 할 공공서비스는 모든 3.3 노동자가 손쉽게 참여할 수 있는 권리찾기 안내다.

"받을 건 받아야 하니까."

어느 환급대행업체가 우리에게 전하는 광고의 카피다. 3.3% 세금 떼이는 노동자들이 고스란히 돌려받아야 할 게 있다. 사용자 책임이 숨겨져 수백만에서 수천만 원 넘게 빼앗긴 급여는 모두 우리가 힘들게 일한 노동의 대가다. 모든 노동자는 근로기준법과 노동의 권리를 갖는다. 헌법의 가치가 더욱 소중해진 시대에 무엇보다 우선해 돌려줘야 할 것은 노동자의 이름과 권리다. 잘못 떼간 세금의 무료 환급이 아니라, 빼앗긴 권리의 온전한 회복이다.

# 노동권을 빼앗긴 노동자들과 대통령선거의 끝

**정진우**(권리찾기유니온 위원장)
《매일노동뉴스》, 2025년 5월 8일

"대선이 잘 끝나면 우리도 노동권이 보장될까요?"

공동법률구제에 참여한 당사자와 대화하다 보면 편히 답하기 어려운 질문을 접하게 된다. 선거와 결부된 건 특히 그렇다. 후보 시절의 약속이 당선 후에 실종되거나 뒤집히는 흑역사가 반복되니 선거 이후를 전망해 답하는 게 불편할 수밖에 없다. 평소에 지지하는 후보를 되묻지 못했는데, 자신의 빼앗긴 권리와 '대선이 잘 끝나는 것'을 연결해 따져보는 물음은 그 자체로 반갑다. 미처 즉답하지 못했으나, 우리의 삶과 노동이 바뀔 수 있도록 함께 힘을 모아내는 것이 '잘 끝내는 대선'이라 생각한다고 전해주련다.

후보 등록을 앞둔 언론의 메인 기사는 후보별 지지율 등락과 단일화 여부가 차지하고, 공식 선거운동이 시작되기 전에 험지부터 찾는 후보 동정이 뒤를 잇는다. 내란과 파면이 빚어낸 대선 국면에서 사회 구성원들이 처한 삶의 고통은 드러나지 않는다. 투표 참여자의 절대다수인 노동자들을 위한 정책이 쟁점으로 잡히지 못하는데, 노동자의 이름과 권리조차 빼앗긴 이들의 문제는 어떻게 무대에 오를 수 있을까.

함께 어려운 답을 풀어내려는 이들의 움직임이 소중한 시기다. 4대 보험 전면시행과 근로기준법 전면적용에 동의하는 제 종교·정당·사회단체·당사자 조직은 '사회연대운동 준비모임'을 구성하고, 노동자의 이름과 권리를 찾는 새로운 사회연대운동을 제안하고 있다. 계약의 형식과 세금의 종류로 노동권을 빼앗긴 이들은 자신들을 '3.3 프리랜서'로 호명하고, '3.3 프리랜서 노동권 보장 네트워크'를 구성해 대선 시기 공동활동을 추진한다. 발표 내용에 대한 논의와 참여 단위 모집이 활발히 진행 중이다. 대선의 시작과 끝을 잇는 두 번의 공동기자회견을 소개해본다.

먼저 공식 선거운동 기간인 14일에는 '3.3 프리랜서'의 노동권 보장을 위한 정책요구 기자회견을 개최한다. 정책요구안에는 근본적인 입법 방향과 당면한 행정개혁 방안이 망라돼 있다. 노동자성을 함부로 부정하지 못하도록 노동자 추정제도를 도입하고, 노동자성을 부정하는 입증 책임을 사용자에게 전환하는 방향으로 근로기준법 2조를 개정하는 것이 제도개혁의 기본 전제다. 아울러 일하는 모두를 위한 사회보험 개편을 주장하며 고용·산재보험의 직종 제한을 시급히 폐기하는 과제를 강조한다. 근로계약서가 없거나, 사업소득세를 떼이면 문전박대당하는 낙후된 노동행정을 고발하고, 노동부 및 공단과 협력해 노동자성 오분류를 시정하는 국세청의 책임 과제도 제시할 예정이다.

대선 투표가 종료된 후에는 근로기준법 전면적용 공동기자회견을 개최해 새로 선출된 대통령에게 요구서를 전달하는 활동을 추진한다. 근로기준법을 빼앗긴 노동자들이 참여해 자신의 요구를 직접 발표할 예정이다. 계약의 형식과 세금의 종류가 위장돼 근로기준법을 빼앗긴 '3.3 프리랜서' 노동자들에게는 근로기준법 2조 개정이 필수다. 근로기준법 11조의 차별 조항 폐지는 사업장 규모로 근로기준법의 핵심 조항이 적용되지 않는 5명 미만 사업장 노동자에게 더 이상 미룰 수 없는 긴급한 과제다. 여론조사에 등장하는 후보 중에 이 문제를 명시적으로 반대하는 이는 없다. 헌법이 명시한 근로기준법의 도입 취지를 대놓고 부정하지 못하니, 흔히 후보자에게 행해지는 공개 질의는 어감 차이를 드러내는 정도가 될 것이다. 그래서 21대 대통령이 입법과 행정개혁을 온전히 실행하게 할 사회적 힘을 모아내는 것이 중요하다.

언론 발표와 공동의 활동으로 우리의 요구가 온전히 실현될 것이라고 자신 있게 답하기는 어렵다. 유력 후보들의 근본적 인식이 바뀌는 걸 기대하는 이는 거의 없다. 천만 넘는 차별 피해 당사자는 저마다 한 표 찍는 유권자로 치부된다. 대선 이후, 차별의 장벽을 더욱 악용해 기득권을 유지 강화할 거라는 우려도 많다. 어떻게 대선을 잘 끝낼 것인지 제대로 답하는 것이 절실한 상황이다. 사회적 힘을 모아내는 주인공으로 우리의 존재와 가치를 바꾸어내는 것. 소중한 몸짓이 널리 전해져 당당하게 현실의 무대를 바꿔내는 주어가 되는 것. 더 많은 이들이 답을 만드는 주인공으로 반갑게 만날 것을 소망한다.

# 근로기준법 없이 일하는
# 노동자를 위한 나라

정진우(권리찾기유니온 위원장)
《매일노동뉴스》, 2025년 6월 9일

"이제는 대통령이든 국회든 별로 기대되지 않아요. 사건 터지고 언론이 관심 가질 때마다 이런저런 약속도 많이 받아 기대도 해봤지만, 불법이 난무하는 마루판은 갈수록 최악입니다. 어렵게 산재도 인정받고, 노동자 인정도 받기 시작했는데, 문제를 시정해달라고 나섰던 이들이 오히려 시공현장에서 쫓겨나고 있습니다."

3년 만에 대통령이 바뀐 날, 아파트 건설현장에서 새벽부터 마루를 시공하던 최우영 실내건설노조 위원장이 전화를 걸어왔다. 투표일에 쉬지 못한 채 늦게까지 작업하고, 다음날 다시 망치질하다 손목시계에 속보로 뜬 개표 결과를 보고 잠시 멈추었다고 한다. 숨쉬기 어려운 작업장에서 가쁜 숨을 참아가며 마루판 노동현장에 불어닥치는 비참한 뉴스를 쏟아낸다.

"도대체 이 나라가 누구를 위한 나라인지 모르겠습니다. 있던 화장실도 철거되니 온갖 오물이 뒤엉킨 인분 아파트가 지어진다고 고발했습니다. 4대 보험 신고와 사업소득세 처리를 섞어 사용하는 수법으로 보름은 사업자, 보름은 노동자로 만들어 교묘하게 이득을 취

하는 위장고용도 알렸습니다. 부실시공을 고발할 수 있는 당사자
는 우리밖에 없으니 노조를 응원해달라는 호소도 전했습니다. 조
합원들이 누락된 퇴직공제금을 신고해 회복하기 시작하니, 불법 하
도급업체의 현장 관리자가 우리를 다음 현장에서 빼겠다고 대놓고
협박합니다."

건설현장의 마지막 공정인 마루판의 불법과 부조리를 고발한 이들이
현재까지 이뤄 낸 것은 4대 보험 가입과 퇴직공제금 적립, 그리고 산재
인정이다. 시공자들 모두가 온전하게 피해를 회복한 게 아니라, 노동자로
서 어떤 권리를 누릴 수 있는지를 확인한 정도다. 노조를 통해 따지고 신
고해야 그나마 들여다보는 실정이니, 초과이익과 불법 영업을 포기할 수
없는 사측은 아예 법 적용이 이뤄지지 않도록 싹을 자르는 방식으로 대
응한다. 조합원들의 대대적 참여로 정부에 제공한 불법 하도급 신고자
료는 불법을 바로잡는 증거가 아니라, 불법을 들춰내려는 불순한 이들
의 명단이 돼버렸다.

"저번 정부는 민주노총에 들어가지 않은 노조라 이리저리 활용할
가치가 있었던 것 같아요. 대통령이 주최한 민생토론회에서 증언한
후, 우리가 장시간·저임금 노동에서 벗어날 거라는 언론보도가 쏟
아졌을 때는 다들 희망에 찼습니다. 법적으로 노동자인 것은 인정
받았는데, 노동자로서 권리를 주장하면 일자리를 잃고, 더 이상 노
동자가 아니게 돼버립니다. 우리는 다 걸고 싸우는데 정부가 불법을
방치하니, 우리만 희생당하게 된 것입니다. 무엇을 적발해야 하는
지 우리가 알려줄 테니 그냥 모조리 전수조사하면 되는 것 아닙니

까. 쿠팡 캠프에서 4만 건을 적발했는데, 실내건설에서 이름난 업종만으로도 더 나올 겁니다."

사측과 불법 하도급이 일자리를 두고 위협하니 노조에서 탈퇴하는 조합원이 속출하는 상황이다. 노조가 무너지면 위장고용과 불법 하도급의 탄탄대로가 열릴 것이다. 이를 막아낼 가장 강력한 해법은 역시 전수조사다. 노동자 추정제도 도입이 새 대통령의 대선공약에 들어가 있으나, 입법적 해결에 앞서 정부가 긴급하게 시행할 과제는 보이지 않는다.

그동안 근로기준법 없이 일하는 노동자들의 현실을 비추며 사회적 대안 모색에 일조하려는 글을 연재해왔다. 그 사이 대통령이 파면돼 새 정부가 들어선 날 아침에 여전히 근로기준법 없이 일하는 노동자는 이 나라가 무엇을 할 수 있느냐고 묻는다. 나라에 답이 없는 것이 아니라, 답을 원하지 않는 이들이 일터를 장악하고 있는 현실을 성토한다. 용기를 내 답을 말했다는 이유로 쫓겨나는 이들에게, 더 열심히 싸우면 나라가 바뀔 거라며 마냥 응원할 여유가 없다.

이들이 자신의 일자리와 삶을 걸고 전하려는 답을 뚜렷하게 새겨본다. 국회는 노동자 차별제도를 폐지하고, 근로기준법 전면적용을 입법하는 것이다. 정부는 노동자들의 희생에 의존하지 않고, 불법과 부조리가 판치는 현장에 전수조사로 응답하는 것이다. 답이 실현되길 원하는 이들은 알고 있을 것이다. 근로기준법 없이 일하는 노동자를 위한 나라는 아직 없다.

# 노동행정 개혁 시작은 '3.3 전수조사'

**정진우**(권리찾기유니온 위원장)
《매일노동뉴스》, 2025년 7월 3일

지난 26일 김영훈 고용노동부 장관 후보자가 청년 근로감독관과의 간담회에서 '가짜 3.3 계약'과 사업장 쪼개기 관행을 언급하며 근로감독의 중요성을 강조했다는 내용이 언론에 공개됐다. 실제로 노동자인데도 3.3 계약에 따라 사업자로 오분류되지 않도록 이들을 일단 노동자로 추정하는 제도를 도입하겠다는 대통령의 공약도 함께 소개됐다. 언론은 이 후보자의 이날 발언이 제도 개선 이전이라도 잘못된 고용관행에 대해선 노동행정이 적극적으로 개입하겠다는 취지라고 분석한다.

후보자가 산적한 노동 현실에서 당면한 현안 의제를 뾰족하게 짚어낸 건 꽤 긍정적이다. 3.3 위장고용의 확산에 대응하려면 국회 입법을 기다릴 상황이 아님을 확인한 것도 다행이다. 권리찾기유니온이 '가짜 5인 미만'과 '가짜 3.3'의 이름으로 공동법률구제와 사회적 투쟁을 시작한 지 5년을 넘겨 이제야 정부의 핵심과제로 채택되는 것에 대한 아쉬움과 기대도 섞인다.

지난 19일 국정기획위원회의 노동부 업무보고에는 가짜 3.3 방지와 노동자 추정제도 도입이 핵심과제로 포함돼 이에 관한 개요와 이행계획이 요약돼 있다. 올해 하반기에 기획감독 실시와 관련법 개정안을 마련하고, 내년에 입법 추진과 더불어 '업종별 근로자 판단 매뉴얼'을 신설하겠다는 것이 연도별 계획의 줄기다. 후보자가 하필 근로감독관과의 간담회 자리에서 위장고용에 대처하는 정부의 태도를 제기한 이유는 분명하다. 근로감독을 포함해 노동행정 전반의 개혁이 선행되어야 함을 모를 리 없다. 업무보고는 이와 관련해 기획감독 추진을 강조한다. 또한, 사전에 방송산업과 물류산업 등 오분류 우려 업종을 대상으로 관계부처와 합동 실태 점검이 필요한 것을 특이사항으로 꼽는다. 기획감독으로 이어져 실태가 확인되면 이를 업종별 근로자 판단 매뉴얼의 근거로 삼겠다는 시나리오다.

이러한 정부의 실행방안을 마침 같은 날 대통령실에 전달된 당사자들의 요구와 연관된 줄거리로 받아들일 수 있을까. 당사자 조직과 80개 사회단체가 공동기자회견을 개최해 대통령에게 전한 촉구서에는 근로기준법 없이 일하는 노동자들의 핵심요구가 새겨졌다. 모든 노동자에게 근로기준법을 적용하는 과제는 노동자 추정제도를 도입하는 근로기준법 2조 개정과 더불어 위장고용에 대한 전수조사를 즉각 실시할 것을 특별과제로 강조한다. 후보자의 개혁 의지를 의심하지 않더라도 현재 알려진 정보만으로 3.3 전수조사가 시행될 것이라 확신하기는 어렵다.

정부 스스로 부인할 수 없는 것은 행정 능력 부족과 불신이다. 이와 관련해 대표적으로 언급해온 사례가 이번 기자회견에도 포함됐다. 쿠팡 캠프에서 4대 보험 누락과 가짜 3.3으로 4만 건이 적발돼 근로감독이 추진됐지만, 동종 물류산업의 대표 기업들은 여전히 이 시간에도 유사한 방식으로 3.3 채용공고를 게시한다. 전수조사로 이어져 자신들에게도 타격이 될 것이라 우려하지 않기 때문이다. 상징적인 기획감독의 수를 늘린다고 달라질 상황이 아니다. 위장고용을 활용하는 사업주들은 정부의 의지와 능력을 믿고, 불법과 악습의 피해 노동자들은 노동부를 가장 불신한다.

오는 10월 23일부터 '근로기준법 제102조의 2' 법률이 시행되면, 노동부가 국세청의 과세정보를 노동행정에 안정적으로 활용할 수 있다. 쿠팡에서 4만 건 적발이 가능했던 것도 이 3.3 과세정보를 사용했기 때문이다. 4대 보험 미가입자는 사업주만이 아는 유령 같은 존재였지만, 4대 보험 대신 3.3으로 신고하는 가짜 3.3 천만 시대는 역설적으로 위장고용의 정보를 정부기관이 공적으로 수집하는 세상이다. 노동부와 국세청, 근로복지공단 등 범정부적 행정력을 투입해 모든 산업으로 퍼지는 위장고용에 정면으로 대처할 수 있는 토대가 만들어진 것이다.

당사자 조직과 전문단체들은 '3.3 전수조사 추진단'을 구성하는 논의를 시작했다. 실태를 가장 잘 아는 주체들이 사회적 협력으로 해결의 기반을 만들려는 움직임이다. 전시행정은 효용성을 고려하지 않고 사람들에게 드러내 보이는 데 치중하는 것이고, 개혁은 새롭게 뜯어고치는 것이다. 정부가 노동행정을 개혁하려 나선다면 그 시작은 3.3 전수조사가 될 것이다. 법률 시행을 앞두고, 당사자들과 사회 각계의 동참에 이어 남은 것은 대통령과 정부의 실행이다.

# 폭염과 폭우,
# 위험한 노동에서 벗어날 권리

정진우 (권리찾기유니온 위원장)
《매일노동뉴스》, 2025년 7월 31일

쿠팡 카플렉스, 교통사고조사원, 마루시공 노동자의 사례를 자주 소개한다. 노동자의 이름과 권리를 빼앗긴 3.3 노동자가 겪는 비참한 현실을 생생하게 증언해왔다. 최악의 폭우에 이어 폭염 경보가 계속 울리는 오늘도 이들은 위험한 노동을 멈추지 못하는 당사자가 된다.

혹독한 기상 환경으로 피해가 속출하자 위험한 환경에 방치된 노동자를 조명하는 언론보도가 간혹 나온다. 실효성이 부족하다는 평가가 뒤따르지만, 산업안전 조치를 담은 법령이 없는 건 아니다. 산업안전보건법에 의하면, 사업주는 산업재해가 발생할 급박한 위험이 발생할 우려가 있으면 즉시 작업을 중지시키고 노동자를 작업장소로부터 대피시키는 등 필요한 조치를 해야 한다. '고열작업에 따른 건강장해 예방 조치', '호우 등 악천후 시 작업 제한' 등의 조항을 통해 구체적인 위험 상황에서의 의무도 명시돼 있다.

사업주들이 이런 의무를 성실히 이행하지 않으려는 핑계도 있다. 비용절감의 이익을 따져 노동자에게 닥칠 위험을 어느 정도 감수할 것인지 계산하는 경영술이 노동경제학의 합리적 적용으로 치부된다. 그래서 공익적 가치로 산업안전을 확보하려면 국가의 개입이 요구된다. 피해가 늘수록 강력한 사회적 통제를 주장하는 목소리도 커진다. 이런 관심이 사각지대를 비추는 것 같지만, 차별지대 노동자들이 왜 위험한 노동에서 벗어나지 못하는지 정확히 짚어내진 못한다.

2020년 8월, 집중호우로 수해가 발생한 경북의 소하천 인근에서 급류에 휩쓸려 사망한 카플렉스 노동자 사례가 대표적이다. 당시 인근 주민들이 안전한 곳에 머물러야 하는 급박한 상황이었음에도 고인은 배송 업무를 강행해야 했다. 위험을 인지하고도 노동자들에게 업무를 중단시키지 않은 사측에 대한 비판이 드셌다. 사측은 배송업무를 담당하는 일부와 개인사업자 형식의 계약을 체결해왔는데, 이러한 위장고용이 산업안전의 책임을 회피하는 무기가 됐다. 할당받은 물량을 정해진 시간 내수행해야 하는 부담은 고스란히 노동자의 것이 된다. 사용자 책임이 사라진 장소에서 노동자의 위험은 극대화된다.

교통사고조사원이 일하는 공간은 평소에도 가장 위험한 일터라 할 수 있다. 2차 사고의 위험에 노출된 공간인 데다 구호 조치까지 병행해야 하는 긴박한 장소다. 폭우·폭설·심야에 출동하면 시야 확보가 어렵다. '건당 수당'과 출동 시 보상 체계가 바뀌지 않는 한, 안전이 확보되지 않은 위험 작업을 거부하는 것은 생계에 대한 포기나 다름없다. 팔이 부러져도 붕대 감고 출근해 더 불안하게 일하는 악순환에 빠진다.

악천후에 실외에서 일하는 노동자들만의 문제는 아니다. 건설현장의 마루시공 노동자들은 온갖 위해 물질과 분진이 난무하는 밀폐된 실내 공간에서 일한다. 기계 사용과 마찰로 인해 발생하는 고열이 외부로 배출되지 않으니 숨쉬기 어려운 찜통 이상이다. 폭염 기간에 여기서 작업하는 것은 글자 그대로 살인적 노동이다. 보호장비조차 지급하지 않는 불법 하도급업체와 준공 일시만 맞추면 되는 건설사에게 산업안전 규정은 의미 없는 공(空)문구다. 시중노임단가로 일당을 계산하지 않고, 시공면적으로 보수를 받는 노동자가 이 위험천만한 작업에서 벗어날 길이 있을까. 불법을 제보했다고 다음 현장에서 제외되면 생계가 끊기는데 말이다.

칠십이 넘는 초장시간 노동을 사용해서라도 물량과 공사 기간을 맞추려면 근로기준법이 비껴가게 하면 된다. 산업안전의 최저 수준을 지키지 않는 것도 덩달아 가능하다. 노동자가 아니게 위장하면, 알아서 초과 근로하며 위험한 업무도 마다하지 못하는 이들을 때와 장소에 부담 없이 사용할 수 있다.

모든 노동자에게는 산업안전 대책 없는 위험한 노동에서 벗어날 권리가 있다. 당연한 이 문장에서 주어를 정확하게 따져보자. 노동자가 아니게 위장된 이들은 주어에 포함되는가. 작업 중지와 휴식 보장을 내세운 산업안전 법령의 개정은 어디까지 미치는가. 쿠팡 카플렉스, 교통사고 조사원, 마루시공 노동자를 포함해 오늘도 폭염 속에서 일하는 노동자들에게 속 시원하게 답해보라. 이들에게는 왜 죽지 않고 다치지 않고 일할 권리가 없는가.

# 마루시공업계 부당노동행위 엄벌해야

**이종훈**(변호사, 법무법인 시민)
《매일노동뉴스》, 2025년 8월 18일

노사관계에서 노동자 개인이 사용자와 일대일로 고용 및 근로조건에 관한 협상을 하게 하면, 가진 것이라고는 자신의 노동력밖에 없는 노동자 개인은 생산수단을 소유한 사용자와의 관계에서 현저하게 불리한 처지에 놓일 수밖에 없다. 따라서 노동자들이 한데 뭉쳐 자주적으로 단체를 조직하고 그 단체의 이름으로 사용자와 대등하게 협상을 할 수 있도록, 근대법은 이른바 노동 3권을 정초했다. 우리는 이 단체를 '노동조합'이라고 부른다. 사용자들에게는 단결된 노조의 힘으로 보다 인간다운 근로조건을 요구하는 노동자들이 당연히 눈엣가시일 것이다. 따라서 사용자는 노조의 단결을 해쳐 다시 '개인 노동자' 수준으로 협상력을 약화시키려는 유인에 빠지게 된다. 사용자들의 이러한 갖가지 술책들을 우리 노동조합 및 노동관계조정법(노조법)은 '부당노동행위'라고 부르며 규제한다. 노동 3권의 온전한 보장을 위한 제도다.

마루시공업계에서 노동자들은 업체에 상시적으로 고용돼 있는 것이 아니고, 공사가 있는 기간에 한해 고용관계를 형성한다. 이 경우 노동자들이 업체와의 사이에서 명시적으로 근로계약서를 작성하지 않는 경우가 대부분이고, 흔히 '현장소장' 혹은 '오야지'라고 불리는 중간관리자들을 통해 고용관계가 형성된다. 즉 중간관리자들이 특정 마루시공업체의 특정 공사현장에 근로를 제공할 마루시공 노동자들을 모집해 일을 따냄으로써 고용관계가 형성·유지된다(이는 건설산업기본법이 금지하고 있는 불법 재하도급에 해당하기도 한다).

마루시공 노동자들로 조직된 노조의 경우, 각 마루시공업체가 공사를 진행하는 현장에 소속 조합원이 근로를 제공하고 있을 때 그 조합원 수를 특정해 업체에 단체교섭을 요구한다. 해당 사업장에 복수의 노조가 조직돼 있는 경우 마루시공업체는 교섭창구 단일화 절차에 의거해 교섭대표 노조를 결정하게 되는데, 이때 여러 노조 중 어떤 노조가 과반수 노조가 되는지가 결정적으로 중요해진다. 과반수 노조에 공정대표 의무가 부과되기는 하지만, 사실상 과반수 노조가 교섭권을 단독으로 행사하는 것이나 마찬가지이기 때문이다.

이처럼 개별적 근로관계와 집단적 노사관계의 단기적·산발적 특수성이 결합해 각 마루시공업체가 교섭대표 노조를 결정하는 과정에서 복수의 노조가 과반수 노조가 되기 위해 조합원 수를 증가시키려는 경쟁이 자연스럽게 형성된다. 이는 부당노동행위가 번식하기 위한 최적의 토양이 된다. 건강한 경쟁관계를 벗어나, 상대방 노조의 조합원 수를 줄이기 위해 온갖 편법과 탈법이 동원될 수 있다. 이것이 현재 대한민국 마루시공업계에서 일어나고 있는 일이다.

우리나라의 대표적인 마루시공업체들은 복수노조 교섭창구 단일화 절차를 악용해 어용노조와 담합해 자주적인 노조의 단결력을 와해시키고 있다. 이들 업체는 어용노조의 위원장과 긴밀히 소통해 정체가 불분명한 협회까지 설립했고, 해당 협회의 가면 뒤에 숨은 어용노조 조합원들만을 고용하는 파렴치한 부당노동행위를 계획하고 자행했다. 자주적인 노조 조합원으로 남아 있는 한 고용을 유지시켜 주지 않음으로써 노동자들이 노조를 탈퇴하도록 유도하고 있기까지 하다. 불안정한 고용관행하에서 어떻게든 사용자와의 고용관계를 유지해야만 먹고살 수 있는 마루시공 노동자들 개개인의 열악한 처지를 악용해 자주적인 노조의 단결을 와해시키고 있는 것이다. 이로 인해 자주적인 노조는 하나씩 둘씩 조합원을 잃어 가고 있다.

마루시공업계처럼 불법 재하도급이 횡행해 노동자들의 고용 상태가 안정적이지 못한 산업 영역에서는, 근로조건은 고사하고 고용 유지 자체에 대한 노동자 개개인의 협상력이 매우 열악할 수밖에 없다. 노동 3권은 바로 이들 취약 노동자들을 위해 태어난 것 아니었던가. 무기대등의 원칙을 현실화하려면 자주적인 노조의 노동 3권이 확실하게 보장돼야 한다. 이를 위해서는 부당노동행위를 철저하게 규제해야 하는바, 노동청 등 수사기관의 엄중한 수사와 처벌이 그 시작이다.

마루시공업계 취약 노동자들이 스스로의 열악한 현실을 개선하고자 분연히 떨쳐 일어나 조직한 자주적 노조, 한국마루노조는 최근 노동청에 부당노동행위 고소장을 접수하였다. 한국마루노조가 마루회사와 어용노조의 담합형 부당노동행위를 뚫어내고 노동 3권의 당당한 담지자로 우뚝 서기를 응원한다.

# 방송·물류·조선·건설·교육·스포츠·IT산업과 3.3

**정진우(권리찾기유니온 위원장)**
《매일노동뉴스》, 2025년 8월 28일

'3.3 전수조사 추진단'은 전수조사가 시급한 업종 명단을 고용노동부에 전달했다. 사업소득자로 위장해 근로기준법과 4대 보험을 회피하는 '3.3 위장고용' 문제를 바로잡는 변곡점이 될 것으로 기대한다. 직원 관리만 잘하면 단속을 피할 것이라 믿는 사업주가 3.3 채용공고를 공공연히 올리는 상황이다. 추진단은 '어디부터 어떻게 조사할 것인가'를 투명하게 공론화하는 활동방식을 택했다. 전시성 행정에 머무르지 않고, 노동현장을 근본적으로 개혁하는 사회운동으로 나아가려는 의도다.

방송과 물류는 정부가 노동자성 오분류 근절을 위해 실태점검과 기획감독을 추진하겠다고 점찍은 업종이다. 현재 방송산업에 실시하려는 근로감독 계획은 지상파와 종편 일부에 한정돼 실효성이 부족하다. 업계 전반에 영향을 끼치려면 외주제작사를 핵심 대상으로 포함해야 한다. 드라마 제작과 같이 단기고용이 대규모로 사용되는 현장일수록 위장고용이 판친다.

빠르게 종사자가 늘어나는 물류산업은 '가짜 3.3 천만 시대'를 주도하는 분야다. 4만 건이 적발돼 전수조사의 효능을 보여준 쿠팡CLS가 대표주자다. 3.3 채용공고를 버젓이 올리는 업계 경쟁사는 퇴직금 포기각서 종용 등 불법적 행태를 일삼는다. 다음 달에 국회에서 진행할 '물류업계 3.3 전수조사 요구 기자회견'에서는 이들의 실명을 공개해 경종을 울릴 것이다. 실상이 채 알려지지 않은 중소형 단지와 지역형 업체들에 대해서는 지역사회와 협력해 대응할 계획이다.

전통적 산업도 빠지지 않는다. 조선업에서는 하도급 구조의 바닥 노동자들을 물량팀이라 부르며, 단기로 대량의 인력을 손쉽게 충원해왔다. 정부는 '프로젝트팀'이라는 대안을 제시했으나, 상당수는 3.3 고용방식이 유지돼 불안정 노동의 사슬에 묶인다. 건설현장의 3.3 위장고용은 불법 하도급과 결탁된 중간착취 카르텔의 생존전략이다. 합법적 틀의 안과 밖에 걸쳐 유령처럼 인력을 사용하려면 '보름은 근로자, 보름은 사업자'와 같이 이중 처리하는 방식이 유용하다. 마루시공자가 노조를 만들며 투쟁하는 과정에서 실내공정 분야에 만연한 위장수법이 알려졌다. 공동법률구제와 지역별 실태조사에는 형틀목공을 비롯해 불법 하도급이 판치는 다양한 공정의 노동자가 참여하고 있다.

이런 사회활동의 단골 분야는 교육과 스포츠다. 노동자로 인정돼 퇴직금을 되찾는 학원 강사의 사례는 흔하다. 최근에는 온라인 교육업체와 다양한 분야의 전문 강사들로 참여 폭이 확대된다. 헬스트레이너와 골프 강사처럼 교육과 스포츠가 결합된 직종에서 법률구제 참여가 부쩍 많아지는 상황에 주목하고 있다.

IT는 3.3 고용을 널리 사용해온 오래된 분야다. 개발자, 디자이너, 프로젝트 매니저 등 대다수 직종이 해당한다. 개인과 팀별로 업무수행 성과를 측정하기 편한 분야일수록 계약방식과 급여기준을 3.3으로 대체하기 쉽다. 이들의 장시간 노동이 주목받으며 근로시간 제한에 대한 사회적 논쟁을 야기한 바 있다. 노동자성이 배제돼 근로시간 규정이 비켜가니 이런 접근은 부질없다. 원천적으로 노동자성 회복과 근로기준법

적용이 노동문제 해결의 시작이 되는 사례다.

이외에 텔레마케터와 미용사는 3.3 비중이 높은 직종이다. 편의점, 음식점, 카페는 노동자성을 따지는 게 민망한 보통의 노동자를 3.3으로 처리하는 주된 사업장이다. 교통사고조사원은 산재보상 적용이 시급한 현안 분야다.

이들을 시작으로 어떻게 조사해나갈 것인가. 기본 모델은 2024년 쿠팡 캠프식이다. 국세청은 위탁업체 명의로 원천징수된 사업소득세 정보를 노동부에 제공한다. 사측에 소명자료를 요구해 고용·산재보험 누락자 명단을 확정한다. 적발 상황에 따라 행정조치와 근로감독을 실시한다. 법률구제와 사회적 연대로 빼앗긴 권리를 함께 되찾아나간다.

노동부에서 3.3 문제를 가장 잘 이해하는 이가 장관이라는 말이 나온다. 그래서 오히려 벽에 부딪혀 전시행정에 그칠 것 같다는 우려도 커진다. '어디부터 어떻게'가 문제가 아니라, 절실한 물음은 따로 있었다. 누가 실행할 것인가. 문제는 '주어'다.

# 마루노동자 최우영이 승리하는 노동운동

**정진우(권리찾기유니온 위원장)**
《매일노동뉴스》, 2025년 9월 25일

아파트 건설현장에서 마루를 시공하는 노동자 예닐곱 명이 처음으로 권리찾기유니온 사무실을 찾아온 날은 2022년의 어느 봄날이다. 노조는 물론이고, 각종 단체와 기관을 열 군데 넘게 거쳐서인지 지친 기색에 경계심이 가득했다.

합법과 무면허 하도급이 복잡하게 얽힌 상황을 흐름도로 그려낸 도면이 펼쳐지자 상담실 분위기가 바뀐다. 고용·산재보험과 퇴직공제금을 넣다 뺐다 하고, 시공기간 동안 '절반은 근로자, 나머지는 사업자'로 일하는 현실에 대한 설명이 이어진다. 피해 당사자들이 분석한 건설현장의 위장고용이 3.3 운동의 주제로 설파되는 순간이다. 자신의 현실을 이해하는 이들과 대화를 나눠 반갑다는 인사와 함께 그렇게 의기투합이 시작됐다.

현장으로 돌아가 먼저 온라인 공간을 열었다. 같이 일해온 마루시공 노동자가 속속 모여들었다. 대구의 음식점에 모여 총회를 진행해 노조를 설립했다. 일하며 겪는 숱한 문제들이 모이며 노조의 방향과 계획으로 새겨졌다. 사회적 공감과 연대를 위해 감춰진 현실을 파헤쳐 알리기로 했다.

이들의 소리가 언론으로 전해진 첫 제목은 '인분 아파트'다. 새 아파트에 입주한 주민들의 생활공간에서 온갖 오물이 쏟아져 나오는 실상을 고발한 것이다. 마루를 시공하는 공정은 아파트 준공을 바로 앞두고 진행된다. 건설사에 의해 그나마 있던 화장실마저 사라져버린 시기다. 공사 완료 압박을 당하는 실내공정의 시공자에게 일터 곳곳이 화장실이 돼버리는 이유다. 이런 압박과 불법 하도급 관행이 더해져 '땜빵 아파트'를 만들어낸다. 부실시공의 원인을 파헤친 방송이 나가자 해당 주민들은 거세게 분노했다. 사무실로 찾아와 설명을 들은 입주자대표위원회 대표자들은 노동자들을 오히려 응원하게 된다. 진실의 열쇠를 움켜쥔 이들을 함께 지켜내야 잘못을 고칠 희망이 있음을 깨닫는 기회다.

지난여름 '발암 아파트'를 현수막에 내건 기자회견장은 마루노동자의 분노로 가득했다. 이들은 유리규산, 포름알데히드 등 발암 위해물질과 분진이 난무하는 밀폐공간에서 산안법상 조치와 보호구 없이 초장시간 작업을 수행한다. 개선을 요구하면 연장 빼라고 위협당하니 따지지도 못한다. 동료를 먼저 떠나보내던 이들이 28년차 마루노동자의 폐암 산재신청을 접수하며 실상을 전했다. "떠나지 않으면 끝은 과로사 아니면 폐암"이라고 한탄해온 이들의 절박한 몸짓이다.

불법 하도급을 일삼는 56개 업체에 대한 수사를 요구하는 회견 제목에는 '비리 아파트'가 적혔다. 불법 하도급은 부실시공, 안전사고, 임금체불 등 다양한 문제가 발생하는 주된 원인으로 지목된다. 불법 다단계 하도급이 여전히 횡행하는 것은 잘 알려진 사실이지만, 관계 당국은 단속이 어렵다며 문제해결을 회피해왔다. 불법 하도급이 3.3 위장고용과 긴밀하게 연계돼 있음을 간파한 마루노동자들은 국세청으로부터 3.3 신고자료를 입수해 경찰로 넘겼다. 3.3 위장고용이 불법 하도급의 증거가 되는 반전이다.

마루노동자가 단결하며 투쟁해온 과정을 간추려봤다. 노동자의 권리가 왜 소중한지 우리 사회에 선한 영향력을 만들어온 여정이다. 마루노동자들이 온갖 탄압에 맞서며 일궈온 한국마루노동조합은 현재 위기에 빠졌다. 조합원 수가 절반으로 줄었다. 노조를 파괴하려는 사측의 노골적인 부당노동행위가 자행되기 때문이다. 사측은 불법 하도급업체로 구성한 유령 협회를 만들었고, 노조를 탈퇴해 이 협회에 가입해야 고용할 수 있다고 협박한다.

마루노동자들의 험난한 투쟁을 이끌어온 최우영 위원장은 큰 수술을 치러내고, 암 투병 중이다. 포기하지 않고 끝까지 싸우자는 동료 조합원들의 메시지로 하루하루를 버텨낸다. 자신들마저 떠나면 건설현장에 더 이상 희망이 없다고 다짐한다. 이종훈 변호사와 이미소 공인노무사와 같이 열정을 다해 연대하는 이들이 큰 힘이 된다.

승리를 만들어낼 주어로 '노동운동'을 내세웠다. 운동을 접한 지 3년이 지났는데도 최우영 위원장은 이해 못 하는 게 많다고 한다. 3.3 노동자의 현실에 더 관심을 가졌으면 하는 바람도 전한다. 마루노동자가 승리할 수 있는 마지막 열쇠는 투쟁의 주어를 바꿔내는 것임을 깨닫는다. 함께 주어가 되겠다는 약속이 소중한 힘으로 전해지길 바라며.

# 노동자 추정제도의
# 필요성과 추진 방향

정진우(권리찾기유니온 위원장)
월간《노동법률》, 2025년 10월호

## 국정과제에 포함된 노동자 추정제도

2025년 8월 14일, 국정기획위원회가 발표한 123대 국정과제 중에 노동 분야는 모두 5개다. 노동권이 제대로 보장되지 못하는 노동자들을 위한 대책은 '차별과 배제 없는 일터'(93번 과제)에 제시돼 있다. '노동조합법 2·3조 개정(노란봉투법 입법)'을 집단적 노사관계에 대한 대표적 해법으로 분류하다면, 개별적 근로관계에 관한 제도적 대안은 '노동자 추정제도의 도입'이라 할 수 있다.

노동자 추정제도란 노동법상의 노동자 여부를 판단함에 있어 타인에게 노무를 제공하는 사람을 노동자로 추정하는 제도라 정의할 수 있다. 이러한 추정을 부정하려는 사용자에게는 그 반대 사실을 증명하는 책임을 부여한다. 스페인의 '라이더법'과 미국 캘리포니아주의 'AB5'가 이 제도의 취지에 의해 법제화된 해외 사례로 자주 인용된다.

고용노동부가 국정기획위에 제출한 보고서에 의하면, 제도 도입의 취지를 요약해 "가짜 3.3계약 등 무늬만 프리랜서로 만드는 위장 도급 및 오분류 방지 위해, 근로자 추정제도로 노동관계법상 보호 대상 명확화"라고 기술한다. 이어서 근로기준법 및 노동위원회법을 개정하는 입법과제 추진과 더불어 기획감독과 업종별 판단 매뉴얼 신설 등 노동부의 단계별 계획을 제시한다.

이 글에서는 국회에 발의된 법안과 정부가 밝힌 추진 방안을 중심으로 향후 과제를 짚어보되, 제도의 직접 수혜자이자 현실의 피해 당사자 입장에서 그 필요성과 바람직한 실행방안을 제시해보고자 한다.

## 노동자 추정 원칙의 입법화: 근로기준법 2조 개정

현행 근로기준법은 적용 대상인 '근로자'와 '사용자'를 제2조에서 정의한다. 노동자 추정의 원칙을 반영한 첫 번째 2조 개정안은 2021년 9월에 강은미 의원이 대표발의한 법안(강은미 의원 안)이다. 권리찾기유니온의 공동법률구제에 참여한 가짜 3.3 피해 당사자들이 제안자로 나서 다양한 입법운동을 전개했으나, 이 법안은 21대 국회 회기 종료로 폐기됐다.

22대 국회에서는 2024년 9월에 정혜경 의원이 대표발의한 개정안(정혜경 의원 안)에 이어 2024년 11월에 이용우 의원이 대표발의한 개정안(이용우 의원 안)이 현재 계류돼 있다. 정혜경 의원 안은 강은미 의원 안과 동일한 구성으로 근로자와 사용자의 정의를 모두 수정하는 법안이고, 이용우 의원 안에는 사용자의 정의를 바꾸는 조항이 빠져 있다.

노동자 추정을 복멸하기 위해 사용자가 증명해야 할 요건은 다음과 같이 동일하다. 노무 제공자가 업무수행에 관하여 사용자의 지휘·감독을 받지 아니하는 경우, 노무 제공이 사용자의 통상적인 사업 범위 밖에서 이루어진 경우, 노무 제공자가 사용자가 영위하는 사업과 동종 분야에서 본인의 이름과 계산으로 독립하여 사업을 영위하는 경우다.

**노동자 추정제도의 필요성: 위장고용의 만연과 오분류의 시정**

근로기준법 개정안의 제안 이유를 살펴보면, 노동관계를 함부로 위장하는 현실을 강조하며 노동자 추정제도를 도입하는 것이 피해 노동자들에 대한 법적 보호 방안이 될 수 있다고 설명한다. 정혜경 의원 안은 "사용자에게 종속되어 있어 법의 보호를 받아야 함에도 증명자료의 부족으로 근로자로 인정받지 못하거나, 잘못 분류되어 다양한 형태의 노무 제공자가 법의 보호에서 제외되고 있는" 현실을 짚는다. 이용우 의원 안은 "현행 근로기준법상 근로자 개념이 산업화 시대의 전형적 공장노동을 기준으로 형성된 개념이고, 최근에는 사용자가 근로기준법상 책임을 회피하기 위해 의도적으로 노동관계를 도급, 위탁, 프리랜서 계약 등으로 위장하는 사례가 빈발하고 있음"을 지적한다.

발표된 공적 문서에서 제도 도입의 필요성을 간추려 보면, 공통의 키워드는 '위장고용의 만연'과 '오분류의 시정'이다. '위장고용'이란 노동관계로 고용한 직원을 노동자가 아닌 것처럼(노동자성이 없는 것으로) 위장해 사용하는 것이다. '오분류를 시정한다는 것'은 노동자가 아닌 것처럼 위장고용된 이에게 노동자의 지위와 권리를 회복시켜주는 것이라 할 수 있다.

**노동자성을 회복하는 법률구제의 재구성**

위장고용으로 권리를 침해당하는 노동자가 자신의 권리를 궁극적으로 회복하려면 노동자성을 인정하는 판결을 받아내야 한다. 노동청에 진정을 제기하는 방법이 있지만, 이를 통해 법적 지위를 바로 회복하게 되는 것은 아니다. 2022년에 부산아이파크축구단의 유소년팀 지도자가 제기한 퇴직금 미지급 진정 사건에서 부산지방노동청은 진정인의 노동자성을 받아들여 퇴직금 지급 결정을 내린 바 있다. 사측이 이를 거부해 해당 사건은 법률 소송으로 이어지게 되었고, 1심에서 승소해 사측이 항소한 상태다. 피해 당사자가 대기업의 소송전략에 굴복하지 않은 매우 드문 사례다. 불안정한 일자리를 감수하더라도 업계를 떠날 수 없는 동료 후배들의 실상을 알리며 변화를 만들겠다는 의지다.

사측에 저항한 이력이 노출되면 재취업이 힘든 업계일수록 피해 당사자가 사측에 공개적으로 맞서 장기 고비용 소송을 감당할 가능성은 낮다. 사측이 작성한 근무내역과 유리한 증거자료에 접근하지 못하는 노동자가 노동자성에 대한 증명 책임을 짊어지니 패소할 위험도 커진다. 소송으로 갈 테니 끝까지 버텨보라는 사측의 엄포가 당사자에게는 포기를 종용하는 협박이 되는 이유다.

노동자 추정의 원칙이 위장고용의 확산에 대응하는 정책적 응답이라면, 노동자성을 입증할 책임을 노동자에게 전가하지 않는 것은 위장고용된 노동자가 노동자성을 법적으로 회복할 가능성을 높이도록 법률구제를 재구성하는 것이라 할 수 있다. 특정인이 노동자인지 아닌지를 제3자가 파헤쳐 판정하는 방식이 아니라, 자신에게 제공된 노무 제공이 고용관계가 아님을 사용자 스스로 증명하지 못하면 해당 노무 제공자에게 노동자성을 인정하게 된다. 노동자 추정을 복멸할 수 있는 조건에 따라 차이가 있겠지만, 패소 가능성이 커진 사측이 소송 위주 전략으로 대처할 확률은 낮아질 것이다.

사측과 법적 소송에 직면하는 것이 커다란 부담일 수밖에 없는 노동자의 처지를 감안할 때, 증명의 책임과 승소율이 조정되는 것만으로 공평한 법률환경이 조성되었다고 평가하기에는 아직 이르다. 이러한 문제의식에 따라 기존 발표자료에서 애써 다루지 않는 쟁점과 개선방안을 구체적으로 살펴본다.

### 제1종 오류의 방지: 반증권 제도화

정부는 '노동자 추정'에 붙여 '반증권 제도화'를 제목(근로자 추정 및 반증권 제도화)으로 사용한다. 노동자 아닌 자가 노동자로 잘못 분류되는 문제(제1종 오류)에 대한 대책이 있음을 강조하려는 뜻으로 보인다. 제도적 장치로 소개된 것은 노동위원회에 설치하는 '근로자성판단위원회'다. 신고 사건에서 노동자성이 쟁점이 될 경우, 노동위에서 노동자성을 추정하되 사용자에게 반증권을 보장하고, 반증 실패 시 노동자성을 인정하는 방식이다.

근로기준법의 개정 방향이나 소송 사건의 처리방식 변화에 대한 언급은 아직 없다. 발의된 개정안에 비해 사용자가 반증할 수 있는 요건을 완화하려 시도할 것이라는 예측이 나온다. 위장고용을 실제 폐지하도록 제도를 설계하지 않으면, 위장고용을 선택하는 사용자들의 동기를 없애지 못할 것이라는 우려다.

'가짜 프리랜서' 고용이 근로감독으로 적발되니 앞으로는 '진짜 프리랜서'로 바꾸겠다고 으름장을 놓았다는 모 방송사의 입장은 허튼소리가 아니다. 사용자가 위험부담을 적게 느낄수록 더욱 세련된 위장고용이 판을 칠 것이다. 노동자로 잘못 인정되는 오류의 방지를 우선할수록 노동자가 노동자 아닌 것으로 잘못 분류되는 오분류는 줄지 않는다.

### 위장고용 시대에 오분류된 노동자: 4대 보험 미가입 노동자

위장고용 시대에 노동자성이 은폐돼 노동자로서의 기본적인 권리를 빼앗기게 된 이들은 누구인가. 특수고용, 프리랜서, 플랫폼노동자 등 다양한 명칭이 사용되나, 이런 기준에 포함되지 않은 다수의 노동자를 감추는 효과가 발생한다.

법적으로 보장된 연차휴가, 퇴직금 등을 실제로 지급받지 못한다고 해서 이들이 모두 위장고용되었거나 노동자가 아닌 것으로 오분류되었다고 할 수는 없다. 사용자가 법적으로 준수해야 할 의무를 해태하며 이행하지 않는 것과 자신이 고용한 직원을 노동자가 아니게 위장해 법적 책임을 일상적으로 회피하는 것은 구분해야 한다.

사용자가 자신이 고용한 직원에게 노동관계법을 적용하지 않으려는 행위는 '4대 보험 미가입'으로 시작된다. 대법원 판례에 의하면, 사회보험 가입과 근로소득세 원천징수 여부는 사용자가 경제적으로 우월한 지위를 이용해 임의로 정할 여지가 크다는 점에서, 그러한 점들이 인정되지 않는다는 것만으로 노동자성을 쉽게 부정하여서는 안 된다고 판시하고 있다. 법원 판결의 취지가 무시되는 것도 문제지만, 우월한 지위의 사용자가 4대 보험 미가입과 사업소득세 원천징수를 노동자성 위장의 유력한 장치로 사용하는 것에 주목할 필요가 있다.

현실에 대한 인식과 통계적 접근을 망라해 노동자가 아니게 오분류된 이들을 통칭하려면, '4대 보험 미가입 노동자'가 가장 정확하다. 사업주가 부담할 보험료를 절감하려 보험 가입을 회피한다고 알려져 있지만, 더욱 본질적으로는 법적 사용자 책임을 부담하지 않는 노무관리 수법을 선택한 결과다. 최근에는 자신이 고용한 직원에게 근로소득세가 아닌 사업소득세를 원천징수(3.3%)하는 사업주들이 급격하게 늘고 있다. 무자료(세금 미신고)에 비해 비용처리에 유리하다고 알려지며 거의 모든 산업으로 퍼지고 있다. 사업주와 당사자들은 흔히 "4대 보험 대신 3.3으로 처리했다"고 표현한다. 국세청 발표(2023년)에 의하면, 사업소득세가 원천징수된 대상자(3.3 노동자) 수는 862만 명이다. 무자료를 포함하면 4대 보험 미가입 노동자 천만 시대는 이미 시작된 것으로 보인다.

**제2종 오류의 봉쇄: 4대 보험 가입과 소득세 신고**

4대 보험 가입자는 정부기관에서 명단을 보유하고 있지만, 미가입자는 해당 사업주 외에 실체를 파악할 수 없는 유령 같은 존재다. 단속 자체가 쉽지 않다. 그런데, 4대 보험 가입 대신 사업소득세를 원천징수한다고 신고하면, 3.3 노동자의 명단(4대 보험 미가입자 명단)을 정부기관이 입수하게 된다. 3.3 신고가 4대 보험에 가입시키지 않은 채 위장고용을 하고 있다는 신호가 된다. 3.3 시대의 반전이다.

노동자가 노동자 아니게 오분류되는 것(제2종 오류)을 방지하는 1차적인 해법은 입구를 '봉쇄'하는 것이다. 3.3으로 신고하는 사업주에게 근소세가 아닌 사업소득세로 처리해야 할 사유를 제출하게 하는 방안이다. 노동자 추정의 원칙에 의해 해당 직원에 대해 자신이 고용한 노동자가 아님을 사용자가 증명하지 못하면 신고를 받아들이지 않는 것이다.

탈법적 조세회피와 연결해 소득세법을 개정하려는 논의도 시작됐다. 직업상의 인적용역 제공에 대해 특정 사업자로부터 계속적·반복적으로 소득을 지급받는 경우는 고용관계가 있는 것으로 보고 이를 근로소득으로 신고하도록 하며, 일시적·일회적으로 인적 용역을 제공하는 경우에만 사업소득 신고를 제한적으로 허용하는 방안이다.

**추정제도 도입을 준비하는 필수조건: 4대 보험 미가입 및 3.3 전수조사**

노동부는 오분류 근절을 위해 주요 업종 대상으로 현장 실태점검 및 기획감독을 추진하겠다는 이행계획을 제시한다. 입법 과정에 의존하지 않고, 행정단계의 준비가 시급함을 인식한 것이다. 전문단체와 당사자 조직이 함께 구성한 '3.3 전수조사 추진단'은 오분류(제2종 오류)에 선제적으로 대응하기 위해 전수조사가 시급한 업종과 단계별 조사 방안을 정부에 제안했다. 물류, 교육, IT 산업 등 7개 산업을 포함해 13개 분야를 1차 집중분야로 선정했다.

2024년 상반기에 쿠팡 물류캠프에서 고용·산재보험 미가입으로 4만 건을 적발한 조사방식이 3.3 전수조사의 기본 모델이다. 국세청에 사업소득자로 신고된 명단을 노동자로 추정하고, 사측에게 '노동자 아님'(4대 보험 가입대상이 아님)을 반증하게 하는 방식이다. 국세청의 과세정보 제공을 제도화한 법률(근로기준법 102조의 2)이 시행(2025년 10.23)되면, 본격적인 대규모 전수조사와 근로감독이 시행될 것으로 기대한다.

노동자 추정제도가 도입되면 임금체불을 당해 노동청을 찾는 3.3 노동자가 문전박대를 당하지 않을 수 있을까. 건설현장의 마루시공 노동자에게 '평떼기'(시공평당 보수)로 일하니 법원을 찾아가라는 식의 오고지가 버젓이 발생해왔다. 제도개혁을 제대로 준비하려면 현실의 문제부터 정확히 인식해야 한다. 노동하며 살아가는 이들을 노동자로 바라볼 수 있도록 사회적 환경을 바꾸는 것. 우리 사회가 직면한 절박한 과제다.

# 10월 23일,
# 오늘 이후가 두려운 3.3 사업주에게

정진우(권리찾기유니온 위원장)
《매일노동뉴스》, 2025년 10월 23일

"3.3 계약, 이젠 정말 위험해졌습니다"

"가짜 3.3 계약, 이제는 끝! 노동부·국세청 전면 단속 돌입"

세무사무소와 노무법인의 홍보 블로그에 내걸린 게시글 제목이다. "터질 게 터졌으니 제대로 대처 못 하면 큰일 난다"라고 알리는 유튜브 영상에는 댓글이 폭증한다. 알고 지내던 공인노무사에 의하면, 23일을 앞두고 자신이 고용한 직원들에 대해 사업소득자(원천징수세율 3.3%)로 처리하려는 사업주들의 문의가 쇄도한다고 한다. 10월 23일에 무슨 일이 있기에 사업주들이 불안한 걸까.

23일은 근로기준법 102조의2 개정안이 시행되는 날이다. 지난해 이맘때, 이 법률안의 공포를 자축하는 칼럼을 썼다(《매일노동뉴스》, 2024년 10월 24일, 「'3.3 과세정보 연결' 개정 근로기준법 공포를 자축하며」). 개정법에는 고용노동부 장관이 행정기관에 과세정보를 요청해 제공받을 수 있는 조항이 신설됐다.

1년이 지난 후, 법률 시행일이 다가오자 사업주들에게 대응 서비스를 제공하는 업체들은 언론보도를 인용해 긴급 정보라며 알린다. 국세청으로부터 소득세 자료를 제공받게 된 노동부가 대대적인 단속을 시작할 것이라는 내용이다. IT·건설·물류산업을 비롯해 '3.3 전수조사 추진단'이 1단계 전수조사 분야로 노동부에 전달한 13개 업종의 명단도 굵은 글씨로 공유된다.

업종별 리스크 대응 전략을 안내하는 어느 노무컨설팅 전문가의 메시지가 인상적이다. "지금이 바로 노무 리스크를 정비할 마지막 기회"라며, '편의의 계약'이 아닌 '법에 부합하는 계약'을 당부한다. 3.3 사업주들의 불안이 커질수록 사측을 상대로 한 업체들은 경쟁적으로 대응 매뉴얼과 예측을 쏟아낸다.

3.3 고용은 비용절감과 노동 유연성을 추구하려는 사용자들에게 매우 편리한 세무처리·노무관리 수단이었다. 과세정보를 연결해 전수조사를 시행할 수 있는 제도가 시행되면, 3.3 고용이 대세로 자리 잡은 노동시장에는 어떤 변화가 일어날까.

사업주의 불안을 누그러뜨릴 이야기부터 해보자. 위장고용이 종말을 고할 것이란 예측은 섣부르다. 노동운동의 역사가 최저 근로기준을 상향하며 노동자의 권리를 확대한 투쟁의 역사라면, 이들을 고용해야 사업을 영위할 수 있는 사업주의 대응은 노동력의 효율적 사용을 통한 이윤 추구의 역사라 할 수 있다.

노사관계의 영향력과 법·제도 변화에 따라 다양한 노무관리 수법이 등장했으나, 가장 강력한 해법은 사업에 종사하는 직원을 아예 '노동자 아니게 만드는' 위장고용이었다. 4대 보험 가입 대신 사업소득자로 신고하는 가짜 3.3 고용은 한동안 위축되겠지만, 법적 책임을 회피하려는 위장고용 수법이 완전히 사라지긴 어려울 것이라는 전망이다.

사업주들에게 여전히 가장 큰 불안 요소는 '변화된 정부의 입장'이다. 노동자 추정제도가 국정과제에 포함되고, 노동부가 나서 가짜 3.3 문제해결을 천명했다. 전수조사와 근로감독이 실제로 광범위하게 시행될 것으로 보인다. 사측 기관들의 예상대로, 위장고용의 외관을 제대로 갖추지 못한 채 대놓고 3.3을 활용해온 업종일수록 적발 위험에 노출될 가능성이 크다.

근로기준법상 노동자가 아닌 '법적 노무 제공자'로 분류되는 당사자 조직들은 다른 전망을 내놓는다. 노동자와 사용자를 정의하는 근로기준법 2조 개정이 미뤄지고 '일터 권리보장 기본법'이 우선 시행되면, 이른바 회색지대 노동자들의 '노동자성 회복' 가능성이 사실상 사라질 것이라는 우려다.

직업의 종류와 관계없이 노동자가 아니라고 오분류된 가짜 3.3 노동자들의 고용환경에도 중대한 변화가 예상된다. 근로기준법상 고용이 아닌 '일하는 시민의 근로관계'로 대체하면, 위장고용으로 적발될 위험에서 합법적으로 벗어날 수 있기 때문이다. 결과적으로 근로기준법의 보호 없이 일하는 노동자가 오히려 늘어날 수 있다는 것이 현장의 진단이다.

마침 오늘(23일)은 노동부에 3.3 전수조사를 위한 산업별 자료를 전달하는 날이다. 3.3 사업주들의 불안을 덜 유력한 방법도 제안할 예정이다.

시급한 것은 정확한 정보다. 사업주 입장에서 위장고용을 끝장낼 계획이 명확하지 않다고 느끼니 혼란만 커진다. '가짜 3.3을 포기하라'는 메시지가 3.3 사업주들에게 하루빨리 전해지기를 바란다.

# 근로기준법 없이 직장 다니는 '김 반장' 이야기

정진우(권리찾기유니온 위원장)
《매일노동뉴스》, 2025년 11월 20일

〈서울 자가에 대기업 다니는 김 부장 이야기〉가 높은 시청률을 기록하며 현실 공감형 드라마로 화제를 모으고 있다. 미디어에서 조명받지 않던 '김 부장'이 드라마의 중심에 서자 언론의 주목도 이어진다. '김 부장'은 그동안 드라마에서 주연을 도맡아 온 '2030 청년'이거나 중년 여성이 아니다. 통신사 대기업에서 25년을 재직한 50대 남성 정규직 노동자다.

'서울 자가에 대기업'이라는 조건은 아닐지라도, 김 부장의 이야기가 남의 일 같지 않다고 느끼는 직장인들이 많다고 한다. '중산층의 위기' 같은 식상한 접근을 떠올릴 수 있지만, 힘겨운 직장생활을 버텨낸 뒤 맞이하는 그 '끝'은 누구에게나 예사롭지 않은 이야기다.

임원 승진에서 누락되는 순간 김 부장의 직장 내 역할과 가치는 급격히 하락한다. 회사는 직접적인 해고 대신 희망과 명예 같은 단어로 치장한 조기퇴직 프로그램을 가동한다. 대기업들이 이를 도입한 것은 오래된 일이고, 이제는 뉴스거리도 되지 않을 만큼 흔한 수법이다.

극 중 김 부장은 "대기업 25년차 부장으로 살아남아서 서울에 아파트 사고 애 대학까지 보낸 인생은 위대한 거야"라고 자평한다. 이는 허세가 아니라 사실 최상위급 스펙이다. 김 부장에 미치지 못하는 이들에게 직장생활의 '끝'은 어떨까. 김 부장과 입사 동기로 만년 과장인 허 과장의 이야기는 더 충격적이다.

회사는 허 과장을 울릉도로 발령해 평소 업무와 무관한 위험한 맨홀 작업에 투입한다. 쓸모없는 사람이라는 낙인을 찍고 모멸감을 유도하는 것은 '저성과자 괴롭힘 해고'의 전형적 방식이다. 극단적 선택을 시도했다 살아난 허 과장을 두고, 부정적 평판을 막으려 급급한 사측의 행태 또한 소름 끼치게 전형적이다.

김 부장이 좌천돼 안전관리팀장으로 배치된 공장에는 생산직 노동자들이 근무한다. 이들에게는 애초에 승진 사다리 같은 게 없으니 퇴직 프로그램도 전체를 대상으로 일방적으로 진행된다. 공장을 폐쇄할 때 한 번에 모두 처리하지 않고, 회사는 순차적으로 구조조정 프로그램을 가동한다. 아침 체조 시간에 잡담했다고 벌점을 주거나, 각티슈에 이름을 넣어 뽑힌 사람을 자르는 방식은 맥락도 기준도 형편없다. 누가 먼저 잘릴지 모르는 불확실성은 직원 간 불신을 키우고 집단 저항의 힘을 꺾는다.

"회사는 늘 회사 편"이라는 대사처럼, 회사를 위해 희생할 사람을 정하는 일조차 회사 '일'이 된다. 인사팀은 회사 전략에 따라 기준을 짜내려 고심한다. 근로기준법을 지키거나 지킨 척이라도 하려면 탈 나지 않는 절차가 필요하기 때문이다. 퇴직 대상으로 설정된 이들은 처지가 다르더라도 모두 근로기준법을 적용받는 노동자이기 때문이다.

그렇다면 근로기준법 없이 직장에 다니는 사람이 주인공으로 등장한다면 어떤 이야기가 펼쳐질까. 4대 보험 대신 사업소득세가 원천징수되는 처지라면 법정 퇴직금은커녕 실업급여도 없다. 퇴직 프로그램이나 특별한 구조조정 전략을 강행할 필요도 없으니 위로금 같은 것도 없다. 비

인간적이고 충격적인 수법으로 무리할 필요조차 없다. 이야기가 단순해져 재미없으니 원작과 드라마 각본에서 일부러 뺀 것일까.

그러나 이런 인물들은 거의 모든 드라마에 단골로 등장한다. 김 부장이 본사와 공장에서 대면한 청소노동자, 구내식당 조리사는 용역업체로 고용된 3.3 노동자일 확률이 높다. 퇴직한 김 부장이 급여액을 따져본 배송기사·퀵서비스·대리기사는 말할 것도 없다. 마지막에 등장한 골프 강사는 최근 3.3 노동자 법률구제에 참여 중이다.

이들을 대표해 마루시공현장에서 '김 반장'이라고 불리는 존재를 제목에 올렸다. 호칭은 달라도 이들의 수는 직장 다니는 전체 인구의 절반을 넘어선다. 직장 이야기가 아니더라도 인물들의 삶을 실제처럼 다루려면 이들을 아예 보이지 않게 감출 수는 없다. 노동자가 아니게 감춰진 위장고용의 실체를 모르거나, 혹은 바닥 노동자의 현실을 민감하게 드러내고 싶지 않더라도 말이다.

김 부장과 달리 김 반장은 지금 어떤 드라마든 시청할 여유가 없다. 김 반장이 주인공인 드라마가 제작될 가능성도 희박하다. 잘 알면서도 인기 드라마에 편승해 김 반장 이야기를 꺼내본 이유다. 세상 속 주인공들이 진짜 자기 이야기를 대놓고 할 수 있는 세상을 꿈꿔본다.

# 4대 보험 미가입 문제 해결을
# 노동정책 기본과제로

정진우 (권리찾기유니온 위원장)

《매일노동뉴스》, 2025년 12월 18일

"4대 보험과 근로기준법 없이 일하는 위장고용 문제 해결을 노동정책의 기본과제로 채택해야 한다는 것이네요."

지난 11일, 경기도 수원에서 열린 '4대 보험 미가입 노동자 실태조사 발표회'에서 좌장을 맡은 김봉원 수원시비정규직노동자복지센터 운영위원장이 당일 발표 내용을 요약한 한마디다. 실태조사 결과를 활용해 해당 지역과 우리 사회가 새롭게 착수할 대책에 관한 토론이 이어졌고, 공개적인 당사자 권리찾기에서 행정대책과 조례제정에 이르기까지 여러 방면으로 해법이 제시됐다.

무엇을 시작할 것인지, 다양한 시도에 공감하더라도 근본적인 인식 변화를 이루는 것은 쉽지 않다. 시급히 대처해야 할 노동문제가 산적한 시대에 특정 의제를 기본과제로 채택하는 것은 이례적인 결단이다. 노동정책의 기본 틀을 바꿔야 할 만큼 위장고용에 주목해야 할 이유는 무엇일까.

토론자로 나선 이찬우 한국비정규노동센터 정책국장은 '가짜 3.3'으로 명명되는 위장 자영업자 양산은 더 이상 특수고용직이나 플랫폼노동자만의 문제가 아님을 역설한다. 위장고용은 제조업, 서비스업, 사무직 등 전통적인 임금노동의 영역까지 깊숙이 침투해 노동법의 근간을 흔들고 사회안전망의 거대한 사각지대를 형성한다는 것이다. 이번 실태조사에 대해 "이러한 거시적 노동시장 왜곡이 특정 지역에서 어떻게 구체화되고 있는지를 실증적으로 드러낸 기록"으로서 "보이지 않는 노동의 가시화"라고 의미를 부여한다.

통계상 천만 명에 달하는 다수의 노동은 어떻게 숨겨질 수 있을까. 다양한 제목의 실태조사와 연구활동이 시도되고 있고, 이를 통해 조사대상으로 선택되는 이들은 저마다 기준으로 제각각 헤아려져왔다. 실체에 접근하지 못하면 그것의 기본적 성질을 추출할 수 없고, 특성에 따라 분류하지 못하니 실질적인 해법에 닿지 못한다.

위장고용은 "노무 제공의 실질은 근로계약이지만, 고용된 노동자를 독립된 사업자인 것으로 위장하는 것"을 일컫는다. 노동자를 노동자 아니게 만드는 수법은 나날이 진화해왔고, 현재는 '4대 보험 대신 3.3 처리'가 대세다.

사회보험 가입과 근로소득세 원천징수 여부는 사용자가 경제적으로 우월한 지위를 이용해 임의로 정할 여지가 크다는 점에서, 그러한 점들이 인정되지 않는다는 것만으로 노동자성을 쉽게 부정해서는 안 된다. 노동자성 인정 기준에 관한 법원의 대표 판례가 이렇게 정립돼 있지만, 뒤집힌 현실을 바로잡기에는 역부족이다. 4대 보험에 가입되지 않고 사업소득세 납부자가 된다는 사실을 사전에 인지한 비율은 이번 조사에서 36.5%에 불과한 것으로 집계됐다. 우월한 지위의 사업주가 언제 어떻게 가짜 3.3을 정하고 활용하는지 파헤쳐 분석해야 위장고용이 작동되는 실상을 제대로 바라볼 수 있다.

가짜 3.3의 확산을 연구조사의 배경으로 설정하고서 '4대 보험 미가입'을 제목과 대상으로 정했다. '4대 보험 미가입'은 사업주가 보험료 부담을 절감하는 수준을 넘어 본질적으로는 법적 사용자 책임을 회피하는 노무관리 수법을 선택한 결과다. 자신의 직원을 4대 보험에 가입시키는 것은, 사업주가 그를 근로기준법과 노동법이 적용되는 노동자로 고용함을 확인하는 행위다. 이를 행하지 않는 '4대 보험 미가입'은 위장고용의 신호가 된다. 아울러 계약형식과 소득세 종류는 '4대 보험 미가입 노동자'에게 노동자성이 없는 척 숨기려는 장치로 활용된다.

비용절감 등에 유리한 3.3 고용이 늘어나지만, 단기고용일수록 어떤 소득세든 납부하지 않는 '무자료' 고용도 여전히 적지 않다. 그래서 위장고용 실태를 파악하려는 조사에서 모든 대상을 포함하려면 '4대 보험 미가입 노동자'가 정확한 기준이다. 이들을 망라해 살펴야 비로소 권리회복 주체가 온전히 실체를 드러낸다.

노동자의 이름과 권리를 함부로 빼앗을 수 있는 위장고용이 이미 거의 모든 산업에서 거리낌 없이 판을 친다. 비참한 시대의 진실에 도달해야 기본에서 시작할 수 있다. 기본과제는 어떤 것을 이루는 밑바탕으로서 가장 먼저, 반드시 해결해야 할 과제다. 노동자를 노동자 아니게 만들 수 있는데 근로기준법이 무슨 소용인가. 노동정책의 기본과제는 무엇이어야 하는가.

# 3.3 노동자와 '일하는 사람 기본법'

**정진우(권리찾기유니온 위원장)**
《매일노동뉴스》, 2026년 1월 15일

비정규직 노동자들이 서울고용노동청 본청 3층에 자리를 잡고 농성하는 벽면에는 "원청 교섭 가로막는 노조법 개정안 시행령 폐기하라"는 구호가 붙어 있다. 교섭창구 단일화 제도가 원·하청 관계에 악용돼 교섭이 가로막힐 것이라는 우려를 담은, 비정규직 노조의 절박한 요구다.

"일하는 사람 기본법 말고, 근로기준법 전면적용"

이들의 투쟁 소식을 전하는 웹자보와 집회 현수막에도 새겨진 문구다. 농성단을 응원하는 이들은 집단적 노사관계와 개별적 근로관계를 대표하는 구호를 연이어 외친다. 각기 중요한 과제이지만, 이를 연결해 내세우는 의미도 크다. 실질적 지배력을 가진 진짜 사장이 노조법상 책임을 져야 하듯, 실질적인 사업주는 근로기준법상 책임을 져야 한다. 사용자 책임과 노동자의 권리가 행방불명된 이들에게 이는 절박한 기본권이다.

농성단의 상당수는 근로기준법 없이 일하는 플랫폼·특수고용·프리랜서 노동자다. 이들은 '일하는 사람 기본법'에 대한 당사자 입장과 사회적 대응을 논의하는 자리를 갖자고 제안해왔다. 특수한 고용형태로 분류되지 않더라도 근로기준법 없이 일하는 노동자가 많은 현실을 감안해 '플랫폼·특수고용·프리랜서 가짜 3.3 간담회'라는 긴 이름을 정했다. 대다수가 근로소득세가 아닌 사업소득세(세율 3.3%)를 납부하는 만큼, 피해 당사자들을 '3.3 노동자'로 지칭한다.

윤석열 정부의 '노동 약자 지원법' 시즌2에 불과하다는 노동계의 비판은 간담회 현장에서도 이어졌다. 노동법이 적용되지 않는 제3지대를 설정해 현재의 차별을 고착시킬 것이라는 우려다.

3.3 노동자에게는 어떤 변화가 생길까. 정부 관계자에 따르면 오분류된 '가짜 3.3'의 경우 병행 실시하는 노동자 추정제도의 영향으로 노동자성 인정이 용이해질 것이라고 낙관한다. 노동자로 보기 어려운 '진짜 3.3'은 기본법 적용대상에 포함돼 일정한 법적 보호를 받을 수 있을 것이라고 덧붙인다. 가짜와 진짜를 가르니 양쪽 모두에 긍정적 효과가 생긴다는 설명이다.

물론 법안을 준비한 관계자들도 보완 필요성에는 공감한다. 그래서 정부는 노동자 추정제가 반영된 근로기준법 개정안을 패키지로 발의했다며 적극 홍보한다. 정의 규정(2조)을 개정해 노동자성 인정 가능성을 확장하는 법안들이 다수 발의돼 있으나, 분쟁 해결 시 근로자로 추정하는 문구를 법 조항 말미(104조의 2)에 넣는 방식이 채택됐다. 여야 합의로 통과시키려면 '톤다운'할 수밖에 없지 않으냐는 솔직한 고백이 씁쓸하다.

노동자 추정제가 제대로 작동하지 않는다면 어떤 상황이 펼쳐질까. 무엇보다 노동자성 위장술의 전이가 이뤄질 가능성이 크다. 현재 근로계약을 체결한 3.3 노동자(A형)에게는 근로계약이 아닌 다른 계약형식이 도입될 수 있다. 이미 프리랜서 계약형식을 사용하는 3.3 노동자(B형)에게는 기본법이 권하는 표준계약서를 작성하는 것이 '안전한 선택'이 된다. 특수고용으로 분류되는 3.3 노동자(C형)는 노동자성을 부정당하는 현실이 고착된다. A형이 B형이 되고, B형은 C형이 된다. 가짜 3.3의 합법화다.

어차피 근로기준법 없이 일해야 하는 노동자들에게는 그래도 긍정적 효과를 만들어 낼 수 있지 않겠느냐. 법안 관계자들이 최후의 보루로 되묻는 명제다. 실효성 있게 보완된다면 가능하다는 기대도 적지 않다.

결론적으로 근로기준법 없이 일하는 노동자의 수는 어떻게 될까. 정부의 기대대로 근로기준법을 적용하기 어려웠던 이들 대부분이 기본법 적용대상이 된다고 가정해보자. 근로기준법을 적용해야 함에도 오분류된 3.3 노동자 상당수는 기본법에 따른 계약을 체결하게 될 것이다. 근로계약으로 고용하던 일자리를 기본법상 계약 관계로 대체하는 노무관리가 유행할 가능성도 크다. 근로기준법 없이 일하는 노동자가 얼마나 더 늘어나야 위장고용 시대의 폭주가 멈출까.

노동계와 당사자 조직의 비판 성명이 거세지자, 법안을 설계한 관계자들이 격한 반응을 보였다는 전언도 나온다. 노사가 충돌하는 노동법이 누구에게나 좋은 법일 수는 없다. 노동자의 이름과 권리를 되찾기 위해 싸워온 이들의 편에 설 것인지, 노동자의 권리를 삭제해온 이들에게 '좋은 법'을 만들어줄 것인지. 뒤엉킨 것은 선과 악이 아니다. 당신은 누구의 편인가.

# '가짜 3.3 근절 방안' 마련한다는 노동부에게

정진우 (권리찾기유니온 위원장)
《매일노동뉴스》, 2026년 2월 12일

"근로자 38명을 사업소득자로 위장한 대형 음식점의

'꼼수 경영' 엄단"

지난달 28일, 고용노동부가 배포한 보도자료의 제목이다. 지난해 12월부터 전국 '가짜 3.3' 위장고용 의심 사업장 100여 개소에 대한 집중 기획감독을 실시 중이던 노동부가 첫 감독 사례를 발표한 것이다.

해당 사업장은 유명 맛집으로 알려지면서 급성장한 기업으로 주요 지역에서 6개 매장을 운영하는 대형 음식점이라고 소개한다. 주로 20~30대 청년 노동자를 고용해 '가짜 3.3 계약'을 통해 대다수 근로자인 38명(73%)에 대해 사업소득세(3.3%)를 납부하면서, 4대 보험에 가입하지 않고, 노동관계법령도 제대로 적용하지 않았다고 밝혔다.

김영훈 노동부 장관은 사회에 첫발을 딛는 청년도 피해 근로자라는 점에 무거운 책임감을 피력하고, 가짜 3.3 계약 근절을 위한 보다 근본적인 방안을 모색하여 상반기 중 가짜 3.3 근절 방안을 마련하겠다고 밝혔다.

입장 발표를 환영하며 이제라도 근본적인 방안이 시행되기를 기대한다. 이에 정부가 가짜 3.3 근절 방안을 마련함에 있어 꼭 풀어야 할 문제를 노동부 책임자들에게 전하고자 한다.

첫째, 가짜 3.3의 피해를 당하는 이들이 누구인지 제대로 인식해야 한다. 근로기준법의 보호 없이 일하는 이들을 지칭해 습관적으로 '특수고용직'과 '플랫폼노동자'로 부르는 관행부터 벗어나자. 대다수 가짜 3.3 노동자는 그런 식의 분류에 포함되지 않는다. 가짜 3.3이 대세가 된 것은 신종 직업이나 특수한 산업에서 출몰하는 수준이 아니기 때문이다. 보통 사람들이 일하는 평범한 직종의 노동자들이 위장고용의 피해를 당한다.

정부가 시범 케이스로 내세운 음식점이 대표적이다. 이번 발표에 포함된 노동자들은 홀 서빙, 음식 조리 등의 업무를 담당했다. 2025년 상반기 기준으로 '조리 및 음식서비스' 취업자 수는 176만 명에 달한다. 이와 더불어 다수의 노동자들이 취업 중인 '청소 및 건물관리직'의 숫자는 156만 명이다. 이들은 가짜 3.3 실태조사에 가장 많이 응답하는 대표 직종이다. 노동부 직원들이 식당과 건물에서 자주 만나는 이들이다.

왜 가까운 곳의 다수가 여전히 가짜 3.3일까. 사업주가 자기 직원을 3.3으로 처리하더라도 나중에 적발돼 탈이 날 위험이 거의 없다고 느끼기 때문이다. 과거에 정부가 이를 방조했거나, 현재까지의 대응이 실패한 결과다.

근절한다는 것은 '다시 살아날 수 없도록 아주 뿌리째 없애버린다'는 뜻이다. 보다 근본적인 방안을 모색하는 시작은 가짜 3.3의 뿌리가 무엇인지부터 찾는 것이다. 근로기준법과 노동법상의 책임과 비용이 경감되는 것에 비해 사업주에게 발생할 위험은 실제로 매우 작다. 가짜 3.3은 대다수 사업주가 경쟁적으로 도입할 만한 효율적이고 현명한 노무관리 전략이 된다.

뿌리째 뽑아내려면 이를 뒤집어야 한다. 가짜 3.3을 하면 사업주에게 실제로 더 큰 손실이 생겨야 가능한 일이다. 현재 노동행정의 재정과 인력으로 모든 사업장을 조사할 수 없으니 불가능한 일일까.

입구부터 봉쇄하자. 버젓이 3.3으로 고용한다는 채용공고는 정부가 바로 단속할 수 있다. 노동부가 운영하는 워크넷은 기본이다. 민간 채용 포털은 운영업체가 이를 제한하도록 하되, 위반 시 행정조치를 시행한다. 채용공고를 통해 취득한 정보를 근로감독의 대상 선정에 활용한다는 계획도 널리 알린다. 정부행정이 효과를 발휘할 수 있는 영역에서 대응하지 않을 이유가 없다.

1차 기획근로감독을 시행한 후, 다음 계획은 분야별 전수조사의 착수다. 감독 대상 사업장 수를 조금 늘리는 수준으로 해결될 상황이 아니다. 대표 업종에 대한 선제적 전수조사가 이루어져야 산업현장에 파급효과가 미친다.

피해 당사자가 쉽게 참여할 수 있는 법률구제도 시급한 과제다. 지자체, 민간기관과 협력해 정부 주관으로 가짜 3.3 법률구제사업을 전면 시행하자. 당사자가 나서는 것이야말로 사업주에게 가장 위험한 상황이다. 출구는 위장고용을 스스로 포기하는 것이다. 문제 풀이가 도움이 되었기를 바란다.

# '가짜 3.3 기념식'이
# 노동청 앞에서 열린 이유

정진우(권리찾기유니온 위원장)
《매일노동뉴스》, 2026년 3월 12일

매년 3월 3일, 정부가 '납세자의 날'을 축하하며 성실 납세를 독려할 때, 한쪽에서는 원치 않는 세금을 떼이며 '성실 납세자'가 되어버린 이들이 모인다. 바로 사업소득세 3.3%가 원천징수되며 노동자로서의 권리를 박탈당한 '가짜 3.3' 노동자들이다.

올해로 5회를 맞이한 '가짜 3.3 노동자의 날' 기념식은 번듯한 강당을 벗어나 서울고용노동청 앞 차가운 길 위에서 열렸다. 투쟁 구호가 울려 퍼지는 정부 기관 앞에 무대를 펼친 이유는 명확하다.

올해 '최악의 기업'으로 선정된 ㈜아산제화의 사례는 현행 노동행정의 한계를 여실히 보여준다. 30년 넘게 재직한 노동자들에게 사측은 퇴직금조차 지급하지 않았고, 노동청의 시정명령마저 거부하며 이들을 기약 없는 소송의 늪으로 내몰았다. 회사 대표가 "제화업계는 다 똑같이 4대 보험이 없고 퇴직금도 지급하지 않는다"라며 둘러댄 변명에서 사건을 풀어나갈 단초가 드러난다. 전수조사를 실시해 업계 전반에 만연한 위장고용을 들춰내고, 불법적 관행을 뿌리 뽑아야 할 국가의 책무를 일깨운다.

결국 오만한 사측에 맞서는 것은 당사자들의 몫이었다. 올해의 모범 판정 원고인 부산아이파크 유소년팀 지도자들이 그 주인공이다. 이들

"

은 시정명령을 거부한 사측이 유도한 소송전에서 기어이 사법적 단죄를 끌어내며 스스로 노동자성을 증명해내고 있다.

'권리찾기응원상' 수상자들은 법률구제에 나선 3.3 노동자들이 곧바로 부딪히는 상황을 생생히 증언한다. 텔레마케터 노동자들이 직장 내 갑질로 진정을 제기했으나, 해당 지청은 충분한 조사 없이 이들이 근로자가 아니라며 종결했다. 권리찾기유니온과 함께 투쟁해 노동자성을 인정받는 데 무려 1년여의 시간이 필요했다. 이들에게는 노동부 자체가 커다란 장벽이었다.

아파트 공사현장에서 마루를 시공하는 노동자들의 사례는 노동부가 밑바닥 노동을 대하는 표본이다. 법률구제에 나서면 일자리를 빼앗겠다는 협박이 자행되는 현실에서, 피해 당사자들은 생계 위험을 무릅쓰고 절박한 기대로 노동청 문을 두드린다. 그러나 노동청은 근로관계의 실질을 따지라는 판례는 고사하고, "평당 실적으로 급여를 받으니 노동자가 아니다"라는 황당한 답변으로 이들을 문전박대한다. 사측조차 시공자들을 노동자로 대우하며 근로기준법을 준수하고 있다는 공식 입장을 내놓는 데도 말이다.

특별상과 사회연대활동상을 수상한 고 오요안나 기상캐스터 유족과 엔딩크레딧은 방송산업 3.3 노동자들이 어떤 장벽에 둘러싸여 있는지 치열한 투쟁으로 확인해주었다. 노동부는 고인에 대한 직장 내 괴롭힘이 확인되었으나 근로기준법상 근로관계가 인정되지 않으니 사측을 처벌할 수 없다는 입장을 내세웠다. 노동부의 안일한 행태를 비난하는 여론이 빗발치고, 방송사의 열악한 노동환경이 사회 현안으로 부각됐다. 재발 방지 대책에서 법 개정 모색에 이르기까지 희망의 빛을 비춘 것은 당사자들의 특별한 투쟁과 사회적 연대의 힘이었다.

결의마당 무대에 오른 대리운전과 마루시공노동자는 노동부의 존재 이유를 따져 물었다. 노동자의 이름과 권리를 함부로 빼앗을 수 있는 가짜 3.3 천국을 누가 지탱하고 있는가. 비참한 노동의 가장자리로 내몰린 이들이 다다른 장벽은 결국 노동부다. 정권이 교체돼도 노동자들의 끝장투쟁 대상은 왜 바뀌지 않는지 겸허히 돌아봐야 한다.

마지막 순서로 당사자 조직과 사회단체들의 논의로 모아낸 '근로기준법과 노동법 없이 일하는 노동자 권리찾기'를 올해의 공동활동으로 제안했다. 근기법 외에도 최저임금, 산업안전, 산재신청 등 노동자로서 당연히 누려야 할 권리를 사회적 투쟁으로 만들어나가자는 취지다. 정부가 1호 노동법안으로 추진하는 '일하는 사람 기본법' 제정 시도에 맞대응해 다양한 직종의 3.3 노동자들이 참여하는 집단적 법률구제를 제기할 예정이다. 노동자의 이름으로 우리의 권리를 함께 찾아나가는 가짜 3.3 노동자들의 반격이다.

이렇게 노동청 앞에서 반격의 5막을 열었다. 이제 가짜 3.3 폐지는 행사장의 메아리가 아니다. 겹겹이 쌓인 장벽을 허무는 힘은 또 다른 우리를 연결하는 사회적 연대다. 노동청을 휘감은 외침이 수백만 '3.3 노동자'들에게 희망의 울림으로 전해지길 기대한다.

# 2부

# '가려진 노동'의
# 삶과 노동 이야기

# 왜 '권리'에 주목하는가

장귀연(전국불안정노동철폐연대 부설 노동권연구소장)
'권유하다' 창립 준비 1차 토론회, 2019년 9월 20일

## 사회적인 것으로서의 권리

'권리'라는 것은 어떤 실체가 아니라 추상적인 관념으로서, '사회 속에서 내가 당연히 누려야 할 것'에 대한 생각이다. 권리가 추상적인 관념이라는 점은 다음과 같은 성격들을 가지고 있다는 것을 의미한다.

우선, 일반적으로 사람들의 마음과 생각에 권리의 개념이 형성되어야 한다. 권리는 사회적인 것이다. 천재지변으로 손해를 입거나 몹쓸 병에 걸려도 이것을 시정하라고 하늘에 요구하지는 않는다. 그것은 운명의 영역이다. 다만 사회적으로 안전하게 살 수 있는 환경이나 가능한 치료를 받을 수 있는 권리를 요구할 수는 있다.

결국, 권리는 일종의 사회적인 관념이기 때문에 시대와 지역에 따라서 그 범위는 천차만별이다. 근대 이전 일본의 군인 귀족계급인 사무라이는 평민이 무례하게 굴면 즉석에서 칼로 목을 베어 죽일 '권리'를 가지고 있었다. 모두 잘 알다시피, 인류 역사의 오랜 기간 동안 성별과 계급, 종족에 따라 권리가 차별적으로 적용되는 사회가 대부분이었고, 모든 사람들이 적어도 특정한 권리는 평등하게 누려야 한다는 이른바 천부인권의 개념이 서유럽에서 나타나기 시작한 것은 300년쯤 전이다. 이때도 사회 속의 모든 사람들이 누려야 할 권리란 지금 보기에는 매우 범위가

좁은 것이었다. 다른 사람에게 함부로 죽임당하거나 폭행당하지 않을 수 있다든지, 마음대로 거리를 다니고 이사를 할 수 있다든지 하는 정도랄까(이른바 자유권). 그리고 이때 '모든 사람'의 범위도 제각각 달라서, 여자나 어린아이 또는 유색인은 '사람'의 범주에 들어가지 않는다고 생각하는 사람들도 있었다.

말하자면, 권리는 그 시대 그 사회 사람들의 관념에 달려 있는 것이다. 실체가 아닌 만큼 정해진 것도 아니다. 어떤 것이 사회적인 권리라고 누군가가 생각하고 주장해서 그것이 정당하여 많은 사람들의 공감을 얻으면 사회적으로 보장받아야 할 권리로 편입될 수 있는 것이다.

동시에 권리가 실체가 아니라 개념인 한, 실제로 권리를 보장받기 위해서는 사회적 제도로 확립되어야 한다. 법이든 정책이든 심지어 명시화되지 않은 관례나 불문율일 수도 있다. 예를 들어 고아가 된 아이들이 살아갈 권리, 반대로 말하면 사회가 고아를 보살펴야 할 의무에 대해서 마을 촌장 회의에서 결정하기도 했다. 일반적으로 국가가 한 사회의 단위가 된 현대에는 주로 법과 그것을 집행하는 정부가 권리를 실질적으로 보장하는 책임을 맡는다. 따라서 권리를 이야기하는 것은 그것을 보장할 수 있는 제도 수립을 요구하는 것이기도 하다.

잘 알다시피 근대에 들어와 보편적인 시민권이라는 개념이 수립된 이후에도 그 범위와 내용은 확장되었다. 마샬(Thomas Humphrey Marshall) 등의 논의를 따르면, 단지 소극적으로 누구나 자유를 침해받지 않을 권리가 있음을 뜻하는 자유권에서 적극적으로 정치에 참여할 수 있는 참정권(정치적 시민권)으로, 그리고 자본주의에서 약자인 노동자들이 최소한 보호받을 수 있는 노동권(산업적 시민권)에서 기본적인 삶의 질을 보장하는 복지의 권리(사회적 시민권)까지 발전했다.

중요한 것은 이렇게 권리가 확장된 것은 사람들이 권리의 범위와 내용을 확장시키고 그것을 보장받기 위해 노력하고 투쟁해왔기 때문이라는 점이다. 즉 다시 말하지만, 권리는 고정된 실체가 아니라 사회적으로 구성하는 개념이다. 우리가 사회에서 정당하게 누려야 할 것으로서 권리의 내용을 만들고 주장할 수 있다.

### 소유권과 노동권

사실 근대적인 권리, 즉 보편적인 시민권의 개념은 노동권이 아니라 오히려 재산권에서 시작되었다. 자본주의의 발달과 함께 소유권이 신성불가침의 것으로 선언되어서, 자기가 소유하고 있는 것을 높은 신분의 사람들에게 강탈당하지 않고 낮은 신분의 사람들에게 베풀어야 할 전통적인 의무로부터도 해방되는 것이다. 근대 시민권의 최초의 뿌리인 자유권은 사실 많은 부분 이 재산권에 대한 관심에서 비롯되었다.

물론 재산이 없는 사람들은 관심을 가질 일이 없는 부분이다. 재산을 가지고 있지만 전근대적 신분제 위계에서 높은 사람들에게 강탈당할 위험이 있었던 부르주아지의 관심사였던 것이다. 함부로 인신 구속당하지 않고 자유롭게 말하고 이동할 수 있는 자유권을 보장받는 것은 이 재산권을 지키기 위해서도 필수적인 요소들이다.

그런데 재산권을 정당화하는 것도 노동과 관련이 없는 것은 아니었다. 17세기 근대 철학의 태두(泰斗)격인 로크(John Lock)는 개인의 생명·자유·재산은 침해받을 수 없는 보편적인 권리라는 점을 설파함으로써 시민권 이론의 초석을 놓았는데, 재산권이 침해받을 수 없는 이유는 개인이 노동하여 얻은 결과이기 때문이다. 로크에 따르면, 재산은 개인이 열심히 일해서 모은 결과물이므로 생명이나 자유처럼 개인이 소유한 불가침의 권리이며 그것을 자손에게 물려주고 싶은 마음 또한 인지상정이자 그의 권리이다. 로크는 또한 노동가치설을 최초로 주장한 사람으로도 알려져 있다.

로크의 이론은 어쩌면 그 시대에 일하지 않고 기생하는 신분들을 비판하는 것으로 쓰였을 수도 있다. 그러나 그 시대뿐 아니라 자본주의가 발전하면서 더더욱, 재산의 축적은 노동의 결과가 아니라 생산수단 소유의 결과로 이루어졌다. 설사 열심히 일해서 모은 재산도 시간이 지나고 세대가 지나면 생산수단의 소유로 귀결되어 더 많은 축적을 가져왔다. 경험적으로 자본주의에서 노동소득률은 재산소득률을 따라갈 수 없다. 따라서 시민권의 기초로서 재산권은 원리적으로는 노동의 결과라는 이유로 정당화되었지만 실제로는 노동을 전혀 하지 않고 생산수단(토지, 건물, 주식, 기타 금융자본 등)으로 축적한 부(副)를 방어하는 데 사용되었다.

현실적으로 이러한 재산권이 100% 신성불가침이라고 할 수는 없다. 지금 헌법에서는 공공의 필요에 따라 재산권을 제한할 수 있다고 하고 있고, 재산이 많으면 상속세도 적지 않게 낸다. 그러나 원칙적으로 소유권은 자본주의에서 가장 기본적인 권리의 하나로 인정된다.

게다가 단순히 재산의 보호만이 아니다. 노동현장에서 이른바 경영권과 노동권의 대립도 이 재산 소유권과 관련이 있다. 노동자들의 임금 결정, 배치와 승진, 노동환경, 생산방식이나 근무조건 등을 결정하는 것은 경영권의 영역인가? 즉 이것은 기업을 소유한 자나 그 위임을 받은 경영자의 권리인가? 실정 노동법을 지키기만 하면 나머지는 침해할 수 없는 소유권이라서, 자기 소유 재산인 생산수단을 어떻게 운영하든 처분하든 마음대로 할 수 있는 권리가 원칙적으로 존재하는 것인가? 17세기

로크가 주장한바 기본적인 권리로서 재산권의 개념은 면면히 이어지고 있다. 당연하다면 당연한 것이, 그때부터 지금까지 자본주의 사회인 것이다.

로크는 노동(가치론)과 재산권을 연결시킴으로써 사실상 혼란을 초래했지만, 로크의 노동에 대한 개념을 끝까지 밀고 나간 것이 마르크스(Karl Marx)라고 할 수 있다. 인간은 육체와 정신과 마음을 작동하여 사회를 건설하고 유지하고 발전시킨다. 역으로 (순전히 개인의 즐거움을 위한 것을 제외하고) 사회를 건설하고 유지하고 발전시키는 데 기여하는 육체와 정신과 마음의 작동을 노동이라고 정의할 수 있다. 그리하여 마르크스는 세상을 창조하는 것이 노동이라고 했다.

이에 근거하면 사회에 대해서 자신의 삶을 보장하라고 당당하게 요구할 수 있는 것은 바로 노동자들이다. 생산수단을 가진 사람들이 아니다. 그 생산수단이라는 것은 노동자들이 건설하고 유지하고 발전시켜온 사회의 산물인 것이다. 그러므로 마르크스가 말한 것처럼 생산수단은 사회의 것이지 사적으로 소유할 수 있는 것이 아닌데도 불구하고, 자본주의는 생산수단의 사적 소유를 가장 극단화한 체제이다.

물론 로크의 말대로 자신의 노동을 통해 획득한 재산으로 자신의 삶을 풍요롭게 하는 데 사용하는 것은 보호받아야 할 개인의 권리라고 할 수 있다. 그러나 노동을 하지 않고 단지 돈을 벌어다 주는 자본을 소유함으로써 획득한 재산에 대해서 불가침의 권리를 주장할 수 있을까? 게다가 그 재산으로 단지 자신의 삶을 풍요롭게 하는 것에 그치는 것이 아니라 다른 사람들에게 권력을 행사한다면 과연 그것이 정당한 권리 행사인가?

소유권의 변종인 경영권을 생각해보자. 기업의 결정에 대해서 가장 크게 영향을 받는 사람들은 그 기업에서 일하고 있는 노동자들이다. 미국 정치학자 달(Robert Dahl)의 민주주의 정의에 따르면 민주주의는 어떤 결정에 영향을 받는 사람들이 그 결정에 참여하는 권리를 부여하는 것이다. 그러므로 기업의 경영권을 부여받아야 하는 것은 바로 그 기업의 노동자들이지 그 기업의 자본을 소유한 사람들이나 그의 위임을 받은 경영자들이 아니라는 것이다.

결론적으로 얘기하면, 노동을 통해서 사회를 만들고 유지하고 확장하는 데 기여하기 때문에 노동자들은 사회가 제공할 수 있는 수준의 삶을 보편적으로 누릴 권리가 있다. 소유권에 대해서 말하자면, 로크가 말했듯이 노동을 통해서 획득한 재산을 자기 삶을 풍요롭게 하는 데 사용하는 것은 보호받아야 할 개인의 권리라고 할 수 있지만, 생산수단이란 노동자들이 집단적으로 건설한 사회적 산물이므로 개인이 사적으로 소유할 권리가 있다는 것에 관해서는 정당성이 의심스럽다. 더군다나 그러한 사적 소유를 통해서 타인의 삶에 일방적인 영향을 주는 권력을 행사하는 것은 권리가 아니라 문제점이라고 할 수 있다. 적어도 보편적인 권리 그리고 보편적이고 평등한 권리라는 관념과 함께 발생하여 발전해온 민주주의 개념에 의하면 이러한 귀결에 다다른다.

### '노동권'의 전개 과정

그러나 불행하게도 지금은 자본주의 사회다. 노동자의 권리라는 관념은 세상의 주인으로서 사회가 제공할 수 있는 수준의 삶을 요구하고 보장한다는 적극적인 의미라기보다는, 오히려 자본주의 세상의 약자로서 최소한의 보호를 요구하는 개념으로 형성되어왔다.

잘 알다시피 현재 노동권은 두 가지 부분으로 구성되어 있다. 하나는 임금, 노동시간, 노동환경, 해고 사유 등 노동조건의 최소기준을 보장하는 것이고, 다른 하나는 이른바 노동 3권으로 노동자들의 집단결성과 집단교섭 및 집단행동을 보장하는 것이다. 현대 사회에서 이것은 법으로 규정되어 있어서, 전자를 개별적 노사관계법이라고 부르고 후자를 집단적 노사관계법이라고 부른다.

이조차도 역사적으로 노동자들이 엄청난 희생을 치른 투쟁 끝에 획득한 것이다. 19세기와 20세기 초 당시 자본주의가 발달했던 서유럽과 미국의 노동자 투쟁사를 보면 글자 그대로 피로 얼룩져 있다. 메이데이의 기원이 된 헤이마켓 사건은 수많은 유사한 사례들 중에서 단지 하나일 뿐이다.

제한 없는 개인의 자유로운 행위가 경제적 자본주의와 정치적 민주주의의 기반이라고 믿었던 고전적 자유주의 시대에, 노동자들의 권리 요구는 오히려 개인의 자유라는 권리를 침해하는 것으로 간주되었다. 물론 현실적으로는 노동자들을 착취하려는 자본가들의 이해가 핵심적이었지만, 이들의 대변자들이 노동자 착취와 노동자 투쟁에 대한 탄압을 정당화한 형식은 바로 개인의 자유권 침해라는 점이었던 것이다. 이것만 봐도 권리의 개념은 그 내용과 형식이 고정된 것이라기보다 계급투쟁의 일환이라는 점을 알 수 있다.

노동자들이 요구하는 권리는 다른 것이었다. 노동현장에서 최소한의 인간적 기준을 보장하는 것이었다. 개인의 형식적 자유권을 신성불가침의 것으로 놓게 되면 자본가 개인과 노동자 개인 사이의 관계는 비교도 할 수 없을 만큼 자원과 권력에서 차이가 나게 되며, 이 관계에서 노동자는 현실적으로 전혀 자유로울 수가 없기 때문에, 적어도 집단을 결성하여 관계를 맺어야 그나마 차이를 좁힐 수 있었다.

이와 같은 치열한 투쟁의 결과 앞에서 말한 노동권의 형식이 확립되었다. 법으로 노동조건의 최소기준을 규정하고 노동자들이 고용주와의 관계에서 개인이 아니라 집단적으로 행동할 수 있는 권리.

한국도 예외는 아니다. 1948년 정부 수립 시기에 이미 앞선 자본주의 나라들에서는 노동권의 형식이 확립된 이후였기 때문에 그것을 그대로 법으로 모방했다. 실제로는 지켜지지 않았다. 권리는 설사 법으로 명시되어 있더라도 그 권리를 찾아가려는 사람이 없으면 무시당할 뿐이다. 1970년대 이전까지 한국에서는, 관념적인 측면에서 보면 사람들 사이에 노동권에 대한 개념이 없었고, 제도적인 측면에서는 오직 법조문에서만 있을 뿐 그것을 정책과 기구에서 집행해야 할 국가가 실행하지 않았기 때문에 존재하지 않는 것이나 마찬가지였다. 1970년 우연히 노동권이 법에 명시되어 있다는 것을 알게 된 노동자 전태일이 이런 현실에 좌절하여 자기 몸을 태우는 희생으로써 널리 알린 후에야 노동권의 개념이 대중적으로 퍼지기 시작했다. 제도적으로는 1987년 노동자 대투쟁 이후부터 현실화되기 시작했다고 할 수 있다. 결국, 한국에서도 노동자들의 희생적인 투쟁 끝에야 노동권을 획득할 수가 있었던 것이다.

그러나 이렇게 되자 자본 측에서도 노동권을 회피할 방법을 찾기 시작했다. 대표적인 것이 비정규직의 사용이다. 비정규직의 사용은 무엇보다도 기존에 수립된 노동권의 두 가지 형식을 무력화시킨다는 점에서 중요하다.

기간제 직접고용 비정규직이라면, 노동의 최소기준 적용이나 노동조합의 권리라는 면에서 법으로 규정된 것을 적용받지 않는 것은 아니다. 하지만 고용계약 기간을 정해놓음으로써 사실상 주기적으로 해고를 할 수 있게 되었는데, 해고 문제는 단지 노동자의 생활 안정에 관련된 것만은 아니다. 해고를 할 수 있고 해고를 당할 수 있다는 것은 고용주와 노동자의 관계에서 권력 불균형을 일으키는 가장 큰 요소이므로, 노동권 보장의 측면에서도 해고의 제한이 가장 핵심적인 열쇠이다. 해고의 위협이 있다면 개별적 노사관계에서나 집단적 노사관계에서나 노동자들이 법에 명시된 권리조차 적극적으로 행사하기가 어려워지기 때문이다. 그런 점에서 기간제 비정규직은 노동자들을 노동권의 행사에 소극적으로 만들 가능성이 있다.

간접고용 비정규직의 경우에 문제는 더 실제적이다. 사용자와 노동자가 다르기 때문에 노동의 최소기준을 지켜야 할 의무의 책임자도 모호해진다. 회사에서 예상 밖의 일이 생겨 정규직 노동자들과 함께 야근을 한 파견 노동자는 연장근로수당을 받아가기가 그렇게 쉽지 않다. 직접고용 정규직들은 회사에서 받으면 되지만 파견 노동자는 현장에서 어떤 일이 생겼는지도 모르고 실제로 일을 시키지도 않은 고용주에게 임금을 청구해야 하기 때문이다. 사내 하청 노동자들이 작업하는 곳의 안전과 환경 기준을 지켜야 할 의무를 지닌 사람은 법적으로 그들을 고용한 사내 하청업체이지만, 실제로 노동하는 장소는 그들에게 직접 그런 의무를 지지 않은 원청업체의 사업장이다. 물론 어떤 경우든 굳이 법적으로 다툰다면 책임성의 주체가 가려질 수는 있겠지만, 어쨌든 그럴 정도로 고용주와 사용주의 분리는 노동조건의 최소기준을 지켜야 할 책임자를 모호하게 만드는 것이다.

노동권의 두 번째 형식인 노동조합의 권리에 관해서도 간접고용은 이를 실질적으로 무력화하는 경향이 있다. 실제로 노동조건을 결정하는 원청은 법적으로 노동조합의 교섭 상대가 아니다. 노동조합의 직접적인 교섭 상대인 용역·하청 도급업체는 단지 원청이 정한 한도 내에서만 결정할 수 있을 뿐이다. 결국, 간접고용 노동자들의 노동조합은 실제로 노동조건을 결정할 수 있는 상대와 집단교섭을 할 권리를 보장받지 못하는 셈이다.

마지막으로 기업의 일을 직접 노동을 하는 개인에게 외주화하는 방식, 한국에서는 특수고용이라고도 불리는 독립계약 노동에서 노동권은 확실하게 무력화된다. 이들은 법적으로 고용된 노동자가 아니라 이른바 개인 '사업자'로 간주되기 때문에 현행 노동권의 두 가지 형식은 적용되지 않는다. 즉 노동조건의 최소기준도 적용되지 않고, 노동조합을 만들고 협상할 권리도 보장받지 못한다.

결론적으로 말하자면 역사적으로 노동자들의 피어린 투쟁을 통해 수립한 노동권이 다시 다양한 형태의 비정규직 사용 등 자본의 역공으로 점점 더 실효성을 잃어가고 있는 중이라고 할 수 있다.

**비정규직 형태와 현행 노동권 형식의 잠식 과정**

|  | 노동조건의 최소기준 | 노동조합의 권리(노동 3권) |
| --- | --- | --- |
| 기간제 비정규직 | 권리 행사에 소극적으로 만듦 | 권리 행사에 소극적으로 만듦 |
| 간접고용 | 책임성을 모호하게 만듦 | 실질적인 효과가 없게 만듦 |
| 독립계약 노동(특수고용) | 비적용 | 비적용 |

## 노동권의 확장을 위한 전략

현재 노동권이 이처럼 실질적으로 무력해지고 있다면 노동권을 재확립하기 위해서는 어떻게 해야 할까를 생각해볼 차례다.

우선 지적하고 싶은 것은, 기존에 보장된 노동권의 법과 제도 내에 사고와 투쟁을 가두어서는 안 된다는 점이다. 예를 들어 사내 하청 노동자들이 전개한 불법 파견 인정 투쟁이나 특수고용노동자들의 사용 종속성 인정 투쟁은, 물론 일정 부분 상당히 성공을 거둔 부분도 있지만, 전체적으로 볼 때 정말 올바른 방향일까 하는 점은 약간 의심의 여지가 있다. 불법 파견 투쟁을 통해 법원에서 불법 파견 인정을 받아 일부 노동자들은 정규직화될 수도 있었다. 그러나 사내 하청의 불법 파견이 문제되자 기업의 전형적인 대응은 사내 하청 노동자들을 정규직화하는 것이 아니라 이른바 '진성도급'화하는 것이었다. 특수고용노동자들의 사용 종속성 인정 투쟁도 더 사례는 적지만 법원에서 사용 종속성 인정 판결을 받은 경우도 없지 않았다. 역시 이에 대해 기업은 기본급이나 출근부를 없애는 등 법원이 인정한 사용 종속성 지표들을 제거하는 것으로 대처하였다. 두 경우 모두 현행법을 일단 인정하고 그것을 이용해서 법원에 소송을 내는 방식으로 진행되었다. 위에서 말한 대로 일부 노동자들은 현행법 내에서도 권리를 되찾을 수 있었지만, 전체적으로 보면 기업들에게 노동권을 보장하는 법들을 교묘히 빠져나가는 방법을 제시하였다는 점에서 한계를 가지고 있다. 즉 현행법과 제도를 이용하는 전략은 일시적으로는 성공을 거둘 수도 있으나, 장기적인 관점에서 보면 지속되기 어려운 전략이다.

그러므로 법과 제도 자체를 더욱 확장하는 데 집중할 필요가 있다. 현행법에서 '불법' 파견이기 때문에 문제라기보다는 현행법 자체가 원청의 사용자성을 인정하지 않는다는 점이 문제인 것이다.

이때에도 기존 법과 제도의 체계를 넘어 더욱 유연하게 사고를 확대해야 한다. 예를 들어 사내 하청이 아닌 대기업 원청과 중소기업 하청 관계는 보통 간접고용으로 간주되지 않고, 고용 문제라기보다는 소위 '공정거래'와 관련한 법과 제도 문제로 취급되지만, 이런 경우에도 하청 중소기업 노동자들에 대한 대기업 원청의 사용자 책임을 물을 수 있도록 노동권의 적용을 확장할 수 있다. 특수고용에서도 사용 종속성이라는 기존 개념에 집착할 이유는 없다. 사용 종속성 지표를 넓히는 것도 단기적으로는 필요하겠지만, 실제로 특정한 사용자에게 종속되어 있지 않은 노동자들도 점점 더 많아지고 있다. 예를 들어 이른바 프리랜서 노동자들은 사용 종속성 지표를 아무리 넓히더라도 현재의 개념으로는 포괄이 어려울 것이고 사실 특정 사용주를 찾는 것조차 쉽지 않을 때가 많다. 그러나 사실 한국의 산업 생태계를 보면 개인 프리랜서와 작은 사업장들에서부터 시작하여 무수히 많은 단계로 얽혀 있지만 결국 가치사슬의 정점에서 지배하고 있는 대자본까지 거슬러 올라가기 마련이다. 이러한 연쇄 고리의 최정점에 있는 대자본에게 가치사슬의 연쇄상에 있는 모든 노동자들에 대한 책임을 부과할 수 있는 방법을 찾아낼 수도 있다.

물론 여기까지 나아가기 위해서는 많은 단계들이 필요하고 기존의 법과 제도의 개념 및 체계를 크게 바꾸어야 할 것이다. 그러나 앞서 들어가면서 말하였듯이, 권리는 사회적으로 개념을 구성하고 제도를 만드는 데 달린 것이다. 현재의 개념과 제도에 얽매일 필요는 없다. 노동권 보장을 더욱 확장하기 위한 개념을 만들어내고 사회적으로 공유하고 계급투쟁으로써 제도를 확립하는 과정까지 장기적이고 넓은 전략적 시야를 가져야 할 것이다.

또한, 이와 더불어 노동자 권리의 내용을 더욱 촘촘히 다지는 것도 병행되어야 할 것이다. 예를 들어 감정노동의 문제가 제기되면서 노동안전이나 산업재해 제도에 육체적인 위험성뿐 아니라 정신적·감정적 위험성 문제도 포함되게 되었다. 직장갑질119의 실천 투쟁은 '직장 내 괴롭힘 방지법'으로 이어졌다. 노동시간을 더 줄일 수도 있고, 고용관계에서 자기

계발이나 가정을 돌보기 위해 필요한 시간을 보장해주도록 할 수도 있다. 노동강도나 업무량를 엄격하게 규제하는 것도 가능한 내용이다. 노동자들이 경영에 참여할 권리를 요구할 수도 있다. 노동력이 상품이 된 자본주의 사회에서 어쩔 수 없이 자신의 노동력을 사용하도록 시간을 팔았다고 해서 노동자들이 더 행복한 상황에서 일할 권리를 포기해야 하는 것은 아니다.

가장 궁극적으로는 노동권의 개념 자체를 근본적으로 재고할 필요도 존재한다. 앞에서 논의했듯이 현재 노동권의 개념은 자본주의 사회에서 약자인 노동자를 보호한다는 관념 위에 수립된 것이다. 어떻게 보면 상대적으로 방어적이고 소극적인 관념이기도 하다. 그러나 노동권이라는 개념을 적극적으로 생각하면, 이 사회를 건설하고 유지하고 발전시키는 것이 바로 노동자이기 때문에 노동자는 그 사회가 제공할 수 있는 수준의 삶을 보편적으로 누릴 권리를 당당하게 사회에 요구할 수 있다는 것이다. 어떤 사용주에게 고용되어 있든 고용형태가 어떠하든 또는 고용이 되어 있지 않더라도, 일을 하여 사회에 기여하는 사람의 보편적인 권리인 것이다.

노동권의 개념을 이렇게 역전시키려면 사회 전체적인 변화가 크게 요구될 수도 있다. 하지만 포기하지는 말자. 높은 신분의 사람에게 함부로 죽임당하지 않을 권리라는, 자유권의 가장 초보적인 개념이 생겨나고 정착되는 데도 한 백 년은 걸렸다.

# 계급 없는 노동자들에게 유니온을 '권유하다'

**정진우**('권유하다' 집행위원장)

《질라라비》, 2019년 7월호

## 계급 없는 노동자들의 계급전쟁

계급전쟁이라는 용어를 최근에 자주 접한다. 노동운동 진영보다는 언론과 제도권에서. 미국의 경우, 2009년 초, 당시 집권한 오바마 대통령이 부자 증세정책을 발표하자 미국 언론들이 내건 제목이 "계급전쟁의 시작"이다. 일상에서 잘 쓰지 않던 살벌한 용어를 그들이 즐겨 써먹는 데는 다 이유가 있겠지만, 당연하게도 계급 간의 전쟁이 그럴 때마다 갑자기 시작되는 것은 아닐 것이다.

전쟁이라는 끔찍한 용어가 낯설지 않을 때가 있다. 수많은 노동자들이 일터에서 쫓겨나고, 가족들까지 죽음으로 내몰리기 시작한 때. 어제까지 공장에서 같이 일하던 이들 중 살아남을 자들의 명단에 들어간 이들은 글자 그대로 '산 자'로 불렸고, 그렇지 못한 2,646명은 '죽은 자'가 되어야 했던 곳. 2009년 여름, 한국의 평택이야말로 전쟁터였다.

때로는 국가가 직접 지휘하는 폭력에 의해, 때로는 사법부와 권력자들의 부당거래에 의해, 저들은 그렇게 전쟁을 벌인다. 뉴스에 나올 정도의 전쟁은 대체로 저들이 시작하고, 저들이 일단은 승리한 전쟁이다. 물러설 곳도 없이 절박한 상황에 몰린 이들은 소리 없이 해산당하기도 하고, 때로는 굴복하지 않고 저항의 목소리를 만들며 맞서 싸운다. 저들이 시작한 전쟁에서 우리는 피해자가 되고, 때로는 투쟁의 당사자가 된다.

저들이 지휘하는 계급전쟁은 지금도 곳곳에서 진행 중이다. 최저임금, 노동시간, 직접고용, 단결권과 같은 노동법의 핵심어들이 이 전쟁터의 고지에 걸린 이름들이다. 사회 구성원 대다수의 노동과 삶에 직접 영향을 끼치는 주제이기에 노동과 자본의 공방은 거세질 수밖에 없고, 정치권과 언론도 주목한다. 한편, 이러한 뉴스가 다른 세계의 이야기로 들리는 사람들도 많다. 휴가도 없고, 초과근로수당도 받지 못하는 사람들, 근로기준법이 근로의 기준이 되지 못하는 노동자들에게 이 전쟁은 어떤 의미인가?

산업 전반이 수직계열화되면서 대기업 정규직에서 하청 노동자, 노동법조차 적용되지 못하는 노동자들에 이르기까지 피라미드 구조로 등급이 매겨지고 있다고 한다. 노동자 내부의 서열과 갈등을 드러내는 분석은 이미 익숙해졌지만, 조금 더 들어가 생애주기 전체로 말해보자.

노동자 내부의 분열은 '산 자'와 '죽은 자'의 분리이기도 하지만, 살아남은 자들이 다시 죽은 자가 되어 추락하는 역사이기도 하다. 분리와 추락은 필연적으로 해체의 연속이 된다. 노동자들의 단결을 불가능하게 하는 것은 법과 제도이기도 하지만, 일상적으로는 자본이 노동을 부리는(쓰고 버리는) 경영의 지침이다. 계급전쟁에 임하는 자본가들의 기본 전략은 계급의 해체다.

권리 없는 노동자, 단결조차 할 수 없는 노동자들은 결국 계급 없는 노동자가 된다. 등급조차 무의미해지고, 단결할 계급도 없다. 무등급과 무계급의 의미로서 '계급 없는'은 중의법이다. 우리의 권리 없음과 단결 못 함은 각각에 대한 원인이자 결과로 연결된다. 계급전쟁으로 내몰린 노동자들, 대다수의 계급 없는 노동자들에게 이 전쟁은 이름조차 없다.

끝없이 빼앗기고 있지만, 찾아와야 할 것이 무엇인지, 고지에 걸려 있는 저 깃발이 나의 것인지조차 분명하지 않다. 우리는 지금 무엇을 어떻게 되찾아야 하는가?

## 계급 없는 노동자들에게 '유니온'이란?

'유니온'은 본래의 뜻을 제대로 전달하기 위한 유행어다. '노동조합'을 영어로 번역하면 '(labor) union'이 일반적이지만, 'union'의 한국어 뜻은 노동조합만이 아니라 협회, (동업)조합, 조직에 이르기까지 다양하다. 근래에 노동조합(한자어)을 명칭으로 사용하지 않고, 유니온(외래어)을 쓰는 경우가 늘고 있다. 우리 사회에서 노동조합이라는 단어가 갖는 거리감이나 부정적인 편견 때문일 수도 있다. 노동조합 본연의 의미를 제대로 전달하기 위해 노동조합이라는 언어를 다른 것으로 대체한 사례다.

'유니온'은 새로운 뜻이 더해진 다의어다. 현행 노조법은 노조법의 규정에 의해 승인된 노동조합이 아니면 노동조합이라는 명칭을 사용하지 못하게 한다. 반면에 법외노조 또는 노조법의 보호를 받지 못하는 헌법상 단결체를 '유니온'으로 칭하는 데 법적 제재는 없다. 한국어로서 '유니온'은 노동조합으로서 형식적 (법적) 요건을 갖추지 못하였지만, 실질적인 의미에서 노동자들의 자주적 단결체인 조직을 부르는 이름이 될 수도 있다. 유니온은 (형식적 요건으로) 노동조합이 아닐 수 있고, (실질적 의미에서) 노동조합 그 이상이 될 수도 있다.

'유니온'은 여전히 뜻을 만들어가고 있는 신조어다. 이 신조어는 언어의 역사성과 사회성이 갖는 긴장 관계를 여실히 드러낸다. 언어는 사회적 약속이고, 이러한 약속은 시간의 흐름에 따라 변한다. 어떤 이들은 노동조합을 직역했던 언어를 이용해 노동조합 본연의 뜻을 되찾고, 확장해나간다.

여전히 혼란스러운 것은 언어의 선택이 아니라 오히려 현실의 상황이다. 노동조합을 노동조합이라 부르지 못하게 하고, 노동조합이라는 단어조차 법전에 가두고 금지하는 나라. 노동조합이 가장 필요한 이들일수록 노동조합 자체가 불가능한 사회. '유니온'은 노동조합을 대체하는 언어가 아니라 노동조합을 되찾는 언어여야 한다. 물론, 이것은 언어를 사용하는 언중들의 약속과 의지에 의해서 가능하다. 노동조합이 없는 이들, 계급 없는 노동자들에게 노동조합은 빼앗긴 언어다.

'유니온'은 빼앗긴 이들이 만나는 장소의 이름이다. 노동자로 살아갈 권리, 계급으로 단결할 권리 그리고 스스로를 자유롭게 부를 언어조차 빼앗긴 이들. 우리가 되찾아야 할 것들에 대해 말하고, 따지는 곳. 또 다른 우리를 만나 우리의 이름을 스스로 정할 수 있는 곳.

## 권유한다는 것

우리는 주변의 사람들에게 때때로 무언가를 권유하곤 한다. 자신이 소중하게 여기는 것을 소중한 사람들에게 권할 때, 이럴 때야말로 '권유하다'는 말은 제대로 어울린다. 이 글을 읽을 누군가에게 이 글의 제목을 내세워 무언가를 권유하는 것도 이런 의미이다. 권유한다는 것은 결국 소중한 사람들에게 자신을 연결하는 것이기도 하다. 나에게 무언가를 권유한 그도 내게는 너무 소중한 사람이었다.

이천 일 넘게 감옥에 갇혔던 그는 이렇게 권유한다. 계급 없는 노동자들의 단결과 투쟁으로 더 크고 강한 우리들의 계급을 만들어내자고. 쪼개져 일하기에 분노마저 쪼개진 노동자들이 또 다른 자신을 만나 희망을 돛을 올릴 수 있도록. 같이 뱃길을 정하며 운전해 나아갈 수 있도록. 더 많은 우리가 탑승할 우주선을 함께 만들자고 호소한다.

권리 없는 노동자, 작은 사업장 노동자들이 소통하고 참여하는 공간을 만들자는 것이다. 죄송하지만, 수만 일 넘게 하던 이야기여서 술깃하지 않았다. 권리행동 플랫폼이라고 신조어도 만들어보았으나 역시 허전하다. 그래도 그의 이야기가 들리기 시작한 이유는 다른 이들과 비슷하다. 소중한 사람의 이야기이고, 글자 그대로 권유하는 것이기에.

자신의 권리를 찾으려는 노동자 누구나 쉽게 접속하고 참여할 수 있는 플랫폼. 권리를 행사하기 어려운 노동자들이 자신의 문제를 소통하고 함께 해결해나가는 협력 네트워크. 사회적 대안과 우선 과제를 직접 선정하며 함께 실현해나가는 권리행동과 단결의 장. 계급 없는 노동자들이 만나는 장소에 대한 고전적인 설명문이다.

그는 오히려 이렇게 솔직히 말한다. 패배할 기회조차 갖지 못한 노동자들, 권리라는 걸 꺼내기 힘든 이들이 모이는 것. 누구나 상상할 수 있지만, 계획으로 정하고, 돈을 모으고, 사람을 모아서 이 판을 뒤집어볼 진짜 판은 만들지 못하고 있다고.

권리도 없고, 계급도 없는 우리가 다시 무언가를 시작해야 한다면, 그것은 이제야말로 진짜 '판'이어야 한다. "죽기 전에 단결투쟁 조끼 입고 '우리도 노동자다' 외쳐볼 수는 있을까요?" 어쩌면 그가 갇혀 있던 감옥으로 전해진 이 절규에 답이 있을 것이다. 그것이 유니온이든, 노동조합이든, 또 어떤 새로운 언어를 발명하는 것이든.

권유한다는 것은 함께하자는 것이다. 진짜로 만들어내자는 것이다. 빼앗긴 것들을 되찾으며 다시 시작하자는 것이다. 우리의 길을 우리가 정하며 나아가자는 것이다. 소중한 사람들의 손을 잡고.

나의 소중한 사람들에게 용기를 내어 권유한다. 계급 없는 노동자들의 계급전쟁에 함께 나서자고. 우리를 더 크고 강하게 연결하자고. 진짜로 판을 만들자고.

# '권유하다'의 이름으로
# 권유하는 사람들

정진우('권유하다' 집행위원장)

《삶이 보이는 창》, 2019년 가을호

## '권유하다'라는 이름

"대체 무엇을 권유하는 곳인가요?"

'권유하다'의 창립을 준비하며 가장 많이 들은 질문이다. '권유하다'는 '권리찾기유니온 권유하다'의 약칭이니, '권유하다'가 이름으로까지 내세워 권유하는 것은 '권리찾기유니온'임이 분명하다. 그런데도 '권유하다'가 권유하는 그 무엇은 종종 '뜬구름'이라는 애칭으로 불렸다. '권리찾기유니온'에 대해 분명히 말하지 못하였거나, 무엇을 말하는지 잘 들리지 않아서일 것이다. 어쨌든 '권유하다'가 권유하는 것의 실체가 분명하지 않았다. 그래서 창립을 준비하는 사람들의 임무는 자신들이 만들려는 것의 실체를 따져보고, 그것들에 걸맞은 이름을 짓는 것으로 그렇게 시작되었다.

창립 발기인대회를 마치고, 가장 많이 듣는 칭찬은 이름을 잘 지었다는 것이다. 이름처럼 잘 권유하고 있는지 모르나, 무언가 소중한 것을 권유하는 단체로 인식되는 것은 이름 덕이 크다. '권유하다'는 말이 잘 어울릴 때는 자신이 소중하게 여기는 것을 주위의 소중한 사람들에게 권할 때이다. 권유한다는 것은 결국 자신의 소중한 것을 통해 소중한 사람들과 연결해나가는 것이다. '권유하다'라는 이름이 그렇게 또 다른 나와 연결하며 세상을 바꾸어나가는 운동의 소중한 이름이 되기를 소망한다.

## 유니온이라는 이름

"왜 또 '유니온'을? 노동조합도 아니고…."

현재까지 꾸준히 나오는 질문은 '유니온'이다. 노동조합으로 정확하게 대놓고 쓰면 안 되냐는 지적성 물음이다. 노동조합(법내) 아닌 노동조합(헌법상)을 의미하는 것이라고 선뜻 해석해주는 분들도 많다.

'유니온'은 본래 뜻을 제대로 전달할 수 있는 유행어다. 노동조합에 해당하는 영어 표기는 '(labor) union'이 대표적이지만, 영어의 'union'은 노동조합만이 아니라 협회, (동업)조합, 조직 등으로 다양하게 사용된다. 최근, 초사업장 단위의 노동조합들이 유니온을 이름으로 짓는 경우가 늘고 있는데, 우리 사회에서 노동조합이라는 단어가 갖는 거리감이나 부정적인 편견 때문일 수도 있다. 노동조합 본연의 의미를 제대로 전달하기 위해 노동조합이라는 언어를 다른 것으로 대체한 역설적인 사례다.

'유니온'은 새로운 뜻이 더해진 다의어다. 현행 노조법은 법적 설립 신고를 거친 노동조합이 아니면 노동조합이라는 명칭을 사용하지 못하게 한다. 물론, 법적 승인과 무관하게 노동자들의 결사체, 즉 헌법상 단결체를 '유니온'으로 칭하는 것에는 어떤 제재도 없다. 한국어로서 '유니온'은 노동조합조차 할 수 없는 노동자들의 생생한 소통공간이자 자주적인 단결체를 부르는 이름이 될 수도 있다. 유니온은 (형식적 요건으로) 노동조합이 아닐 수 있고, (실질적 의미로) 노동조합 그 이상이 될 수도 있다.

'유니온'은 여전히 뜻을 만들어가고 있는 신조어다. 이 용어는 언어의 역사성과 사회성이 갖는 긴장 관계를 대놓고 드러낸다. 언어는 사회적 약속이고, 시간의 흐름에 따라 변한다. 노동조합을 못 하던 노동자들이 노동조합을 직역했던 언어를 이용해 노동조합 본연의 뜻을 되찾고, 확장해나간다.

여전히 혼란스러운 것은 언어의 선택이 아니라, 그 본연의 뜻을 금지하는 현실이다. 노동조합을 노동조합이라 부르지 못하게 하는 나라, 노동조합이 가장 필요한 이들일수록 노동조합 자체가 불가능한 사회에서 유니온은 노동조합을 대체하는 언어가 아니라 노동조합을 되찾는 언어이어야 한다.

그래서 노동조합을 빼앗긴 사람들이 만나는 장소의 이름으로 '유니온'이라는 이름을 내세운다. 노동자로 살아갈 권리, 스스로를 자유롭게 부를 언어조차 빼앗긴 사람들이 자신의 권리와 이름에 대해 말하고, 토론하는 곳. '권리찾기유니온'이 같은 처지의 사람들을 만나며 자신의 이름을 스스로 정할 수 있는 곳이 되기를 소망한다.


## 권리찾기라는 이름

"활동할수록 권리라는 말이 점점 더 어려워요. 저도 흔히 쓰는 말이긴 한데…"

권리찾기와 관련한 토론회를 할 때마다 자주 접하는 푸념이다. 권리에 대한 가장 쉬운 정의는 "어떤 일을 하거나 누릴 수 있는 힘이나 자격"이고, 법률용어로는 "특별한 이익을 누릴 수 있는 법률상의 힘"이라고 적혀 있다. 사회적 용어가 대체로 그렇지만, '권리'라는 용어도 사회 구성원들의 가치관과 사회적 변화에 따라 의미와 용도가 달라진다. 노동자의 권리인 노동권 또한, 자본주의 역사 과정에서 최소한의 권리를 찾고자 했던 노동자들의 투쟁으로 만들어진 역사적 산물이다.

한국의 근로기준법은 5인 미만 사업장에서 일하는 노동자라는 이유로 핵심 조항을 합법적으로 배제시킨다. 또한, 법에 의해 아예 노동자로조차 인정받지 못하는 노동자들이 너무 많은데, 오히려 이 숫자가 갈수록 늘어난다. 이것은 시대의 변화를 좇아가지 못하는 법의 공백이 아니라, 누군가의 권리를 손쉽게 빼앗을 수 있는 장치가 지속적으로 만들어진다는 것이다.

빼앗긴 권리의 실체는 무엇인가? 노동조건이 취약한 노동자들은 권리를 찾을 수 있는 권리를 포기 당한다. 즉, 권리를 빼앗긴 노동자는 권리찾기의 가능성을 빼앗긴 노동자이다. 자신의 취약한 상태를 어쩔 수 없는 상황으로 받아들이는 노동자들은 개인적인 구제 활동을 포기하고, 사업장 내 다른 노동자들의 협력을 기대하기도 어렵다.

악순환의 고리에 빠져 있다. 노동자들의 현실을 규정하는 사회적 변화 없이 취약한 노동조건의 노동자들이 스스로 권리찾기에 나서는 것을 기대하기 어렵다. 차별과 배제는 권리찾기의 가능성을 약화시키고, 노동자들의 단결과 연대를 무너뜨린다. 권리찾기를 시도하는 노동자들이 없다면, 권리찾기의 가능성을 만드는 사회적 변화도 불가능하다.

악순환의 문제가 권리찾기의 가능성이라면 이 문제를 푸는 해결책은 권리찾기를 가능하게 할 열쇠를 만드는 것이다. '권유하다'는 창립 발기인대회에서 「'권유하다' 활동 방향」이라는 이름의 열쇠를 채택하였다. 주체와 운동, 의제로 나누어 다음과 같이 길을 제시한다. 주체의 전환은 개인(별)과 집단(성)의 통합이다. 개별 참여와 집단 권리찾기로 권리찾기의 가능성을 만들며, 개별 가입과 집단 참여 활동을 통해 단결권의 가능성을 만든다. 또한, 법적 권리구제의 한계를 넘는 당사자 권리행동으로 나아가는 운동의 전환을 시도한다. 마지막으로 사회적 동의를 만들어내는 의제의 전환으로 보편적 권리를 제시한다. 노동조합조차 할 수 없는 노동자들이 자본과 권력의 강제력을 넘어설 수 있는 유일한 길은 결국, 우리의 권리를 빼앗는 강제력을 제압할 수 있는 사회적 힘이다. 보편적 권리는 사회적 동의의 필요조건이고, 보편적 권리를 지향해야 승리할 수 있는 당사자들의 행동과 연대는 권리찾기가 가능한 사회적 힘을 만드는 선순환의 열쇠다.

## 권유하는 사람들의 이름

"여전히 어렵고 잘 보이지 않는다."

'권유하다'를 만들고 있는 사람들과 관심을 갖고 지켜보는 사람들 모두가 함께 하는 말이다. 답은 여전히 부족하지만, '권유하다'를 처음 제안한 한상균 대표는 한 가지 문턱을 넘고 있음을 자신한다. "해야 한다"를 "하겠다"로 바꾸고 있다는 것.

"하겠다"는 사람들이 함께 내린 답은 권리행동의 시작이다. '권유하다'를 만드는 사람들은 창립과 함께 "일하는 사람 누구나" 권리찾기 1000일 운동을 시작하였다. 권리를 빼앗긴 당사자들의 직접행동과 사회운동의 결집을 통해 일하는 사람 모두의 보편적 권리를 제기하고, 사회적 투쟁으로 전면화하겠다는 것. 최소한의 근로기준조차 박탈당한 노동자들의 실태와 의제를 공론화하며 당사자 권리행동에 돌입하였다. 우선, 아래로부터의 권리목록 작성을 위해 "5인 미만 사업장 사례 모음 및 실태조사"를 실시한다. 권리찾기의 첫 단계로 손이 닿는 사업장부터 "근로계약서 서면교부 운동"을 전개한다. 권리찾기유니온 온라인 개통과 함께 '가짜 5인 미만 사업장 고발센터'를 운영하며 빼앗긴 권리를 함께 찾는 경험을 만들어나갈 것이다.

"5인 미만, 임시직, 프리랜서, 플랫폼노동자, 특수고용…"

'권유하다'를 만드는 사람들이 만나려는 사람들. '권유하다' 가입원서에는 권리를 빼앗긴 사람들의 이름이 적혀 있다. 이들은 근로기준법을 빼앗긴 노동자들이고, 노동조합조차 할 수 없는 노동자들이다. 권리찾기유니온에 직접 참여하여 함께 권리찾기에 나설 것을 권유하는 사람들이다.

'권유하다'의 로드맵은 모두의 권리로 자신의 삶을 바꾸려는 사람들의 활동 방향이자 우리 자신의 창립선언이다. "우리는 더 많은 우리들을 만나고 연결하기 위해, 우리 자신을 더 크고 강하게 만들기 위해 출발한다. 일하는 사람 모두의 이름으로, 우리 자신의 이름으로 세상 속에서 세상과의 약속을 만든다."

권유하는 사람들은 차별과 불평등의 장벽을 넘어, 우리 모두의 소중한 권리를 함께 찾아갈 사람들이다. 당신의 소중한 이름이 권유하는 사람들의 이름이 되어 세상을 바꾸는 튼튼한 힘이 될 것을 소망한다.

# 권리에서 배제된 노동자들의 권리찾기

**김혜진(전국불안정노동철폐연대 상임활동가)**
《권유하다 뉴스》, 2019년 10월 7일

권리는 승자의 전리품이 아니다. 그런데 언제부터인가 권리는 경쟁에서 이긴 자만이 누릴 수 있는 것처럼 인식되고, 많은 이들의 '자격'을 문제 삼아 권리로부터 배제하는 일이 벌어지고 있다. 안정적으로 일할 권리, 생활임금을 받을 권리, 안전하고 건강하게 일할 권리, 노조로 뭉칠 권리, 문화적인 생활을 누릴 권리, 일하지 못하게 되었을 때 생활이 가능할 권리 등 노동자들의 권리는 그 노동자들이 여성이든 남성이든, 나이가 많든 적든, 국적이 어떠하든, 정규직이든 비정규직이든 누구나 보편적으로 누려야 하는 것이다. 그래서 이것은 '권리'이다.

지금 한국 사회 노동자 중에서 누가 권리를 온당하게 보장받고 있는가. 비정규직의 경우 전체 노동자의 43%이다. 정부 통계로도 33%이다. 그런데 이 노동자들의 경우 해마다 계약갱신이 되지 않을까 두려움에 떨어야 한다. 임금이 정규직 노동자의 절반 정도이며 차별에 시달린다. 하청 노동자들은 원청이 사용자 책임을 지지 않고, 계약직 노동자들은 재계약을 거부당할 수 있으므로 노동조합을 만들기도 어렵고 노조가 있어도 가입이 두렵다. 특수고용노동자들은 노동자로도 인정되지 못한다. 비정규직 노동자들은 단지 고용형태가 다르다는 이유만으로 권리에서 배제하는 것이다.

　5인 미만 사업장 노동자들은 어떠한가. 5인 미만 사업장 종사자는 580만 명이 넘는다. 이 중 무급가족종사자를 제외하더라도 350만 명이 넘는다. 그런데 단지 작은 사업장에서 일한다는 이유만으로 이 노동자들에게는 근로기준법에 보장된 노동시간의 권리, 해고를 함부로 당하지 않을 권리 등이 보장되지 않는다. 그 때문에 5인 미만 사업장 노동자의 임금은 10인 이상 사업장의 절반밖에 안 되는 등 노동조건이 매우 심각하다. 사업장 단위의 교섭이 일반화되다 보니, 사용자와 함께 일하는 작은 사업장 노동자들은 노동조합을 만들기도 어렵고 교섭을 통해서 권리가 지켜질 것이라고 믿지 않으니 권리찾기를 포기하는 경우도 많다.

　여성 노동자들은 어떠한가? 한국은 OECD 국가에서 남녀 성별 임금 격차가 가장 큰 나라 중 하나이다. 한국 사회에서 여성 노동자들은 남성이 100만 원을 받을 때 62만 8,000원을 받는다. 남성이 생계부양자라는 인식이, 그리고 여성들이 주로 일하는 업종의 임금을 최저임금으로 묶어둔 현실이 이런 성별 임금 격차를 만들고 있다. 고령의 노동자들은 온전한 일자리를 찾기 어려워 비정규직을 전전해야 하고, 정년을 제대로 보장받지도 못하는데, 그나마 정년에 이른 노동자들은 임금피크제로 임금삭감을 당한다. 청소년 노동자들은 근로계약도 없이 위험한 일자리에서 일하거나 현장실습이라는 이름으로 노동자도 학생도 아닌 형편에서 권리를 제약당한다.

　이주노동자들은 '고용허가제'라는 틀에 묶여 사업장 이동의 자유를 갖지 못한다. 그렇기 때문에 불합리한 일을 당해도 문제를 제기하기 어렵다. 퇴직금도 출국을 하는 당일에야 지급받을 수 있어서 퇴직금을 떼이는 일도 부지기수이다. 최저임금에 숙소를 포함하기 때문에 형편없는 비닐하우스 숙소를 제공받으면서도 숙소비를 공제당한다. 장애인 노동자들은 최저임금 적용에서도 제외되어 있다. 최저임금이 노동하는 이들의 생계를 위한 최저선이므로 그 누구도 최저임금에서 제외되어서는 안되는데 말이다.

이렇게 본다면 한국 사회에서 노동자의 권리를 인정받을 수 있는 노동자들은 장년의 한국 국적 비장애인 정규직 남성들밖에 없다. 그마저도 300인 이상 정도 되는 사업장에서 일해야 가능할 것이다. 전체 노동자의 10%도 되지 않는다. 그런데 '유성기업 노동자'들을 생각해보자. 노동권을 보장받을 수 있는 노동자들이었지만 주간 연속 2교대제를 요구하면서 유성기업이 납품하는 현대자동차의 눈 밖에 났고 그로 인해 창조컨설팅이라는 노조 파괴 전문 컨설팅업체를 동원한 현대자동차와 유성기업 사측의 공작에 의해 고통을 당했다. 도대체 한국 사회에서 권리를 온전하게 인정받을 수 있는 노동자가 있기는 한 것인가.

누군가의 '자격'을 빌미로 권리에서 배제하면, 그 배제의 범위는 점차 확장된다. 그래서 비정규직이 늘어나고, 남녀고용평등법에도 불구하고 남녀 노동자들의 임금 격차는 계속 벌어지며, 고용허가제도 달라지지 않는 것이다. 지금도 정부는 노동조합을 할 권리를 인정하라는 요구에 노조법 개악으로 응답하고, 정규직화를 요구하는 노동자들의 농성을 경찰력을 투입하여 모욕하고 있지 않은가. '권리'를 찾는다는 것은 그에 합당한 자격을 갖추는 것이 아니라, 내가 원래부터 권리의 주체였음을 자각하고 함께 뭉쳐서 찾는 것이다. 내 권리만이 아니라 모두의 권리를 찾아야 하는 것이다.

'권유하다'가 '권리 없는 노동자들의 직접행동'을 통해 권리찾기를 시작한 것도, 바로 '모든 노동자가 권리가 있는 주체'라는 점을 선언하기 위해서이다. 물론 지금의 여러 제도적 한계로 인해 모든 노동자의 권리찾기는 어려움이 있을 수 있다. 그리고 모든 노동자들이 함께 싸우지 못할 수도 있다. 하지만 우리 모두가 권리가 있는 사람들이라는 것을 자각하는 순간, 그리고 그와 같은 사람들이 모이는 순간, 우리를 막고 있는 제도적 한계를 극복할 수 있는 지혜와 힘이 생길 것이다. 비록 그 길이 빠르게 이루어지지 않더라도 우리의 '직접행동'을 통해 권리찾기가 가능함을 믿는다. 그래서 '권유하다'가 소중하다.

# 정의로운 전환과
# 일하는 사람의 권리

**한상균**('권유하다' 대표)
'한국 산업구조의 전환과 대안 모색' 토론회, 2019년 10월 23일

## 정의로운 전환과 노동

"성장과 고용 이데올로기에서 삶과 노동의 이데올로기로 전환하자"는 것은 무척 반가운 주장이다. 제목보다 더 반가운 것은 정의로운 전환을 내세운 토론장에서 삶과 노동의 이야기도 함께 나누려 한다는 것이다. 이런 주제의 토론에 익숙하지 않지만 선뜻 참여하겠다고 답한 이유다.

그간 이러한 토론에서 노동이 소외되었던 것은 아니다. 오히려 노동은 정의롭지 않은 것과 정의로운 것의 경계에 특별한 비중으로 내세워졌다. 갈색이 아닌 녹색 일자리를 대안으로 세우며 정의롭지 않은 산업과 성장의 논리로부터 정의로운 노동의 자리를 잡아보기도 한다. 그래도 무언가 불편함을 느꼈다면, 노동을 비용이나 자원 정도로 다루는 경제학 교과서와 완전히 결별하지 못했다는 아쉬움 때문이다. 여전히 소외되고 배제당하는 것은 노동이 아니라 노동을 하는 사람들이다.

## 노동이 아니라 노동자를 말한다

그래서 이전의 토론과 견줄 때 또 반가운 것은 '노동'의 주어인 '노동

자'에 주목한다는 것이다. 노동자의 힘든 삶에 정서적으로 공감하자는 덕담 수준으로 들리지는 않는다. 양질의 일자리라는 화두를 정의로운 일자리로 전환하여 말해보려는 시도로 읽었다. 노동자가 생계를 꾸려나가는 수단인 일자리에 대해 더 짚어볼 것이 있다.

더 많은 일자리를 만들겠다는 정부의 노동정책은 왜 "직장 괴롭힘에도 '청년공제'지키려 울며 버티는 청년들"[*]과 같은 사태로 변질될까? 일자리의 수와 적정 비용을 계산해주는 노동경제학에 충실하기 때문이다. 이중의 갑질까지 감내해야 하는 사람들의 가중된 고통은 좌표(X축과 Y축)에 없다. 저들에게 일자리는 노동하는 사람의 자리가 아니라, 노동할 사람을 사용할 수 있는 일(고용)의 자리이다. 성장 시대의 일자리가 인간의 마지막 능력인 감정까지 팔고 있다는 분석에 화답하며, 인간의 모든 것을 빼앗는 취약한 노동조건이 어떻게 정의를 무너뜨리는지 이어가보자.

저임금·불안정 노동에 시달리는 노동자들 중에 학교 예술 강사 이야기를 잠깐 드리겠다. 월 100만 원도 못 받는 학교 예술 강사에겐 4대 보험도 '그림의 떡'이다.[**] 이들의 불안한 생활은 초단시간 노동자라는 근로기준법상 신분에서 출발한다. 대법원이 학교 예술 강사의 노동자성을 인정하는 판결을 내리자, 학교 예술 강사 지원사업을 전담하던 한국문화예술교육진흥원은 고용책임을 회피하려 간접고용과 초단시간(주 15시간 이내) 노동자를 차별하는 근로기준법을 이용했다. 고용보험에 가입해 보험료를 꾸준히 납부하였지만 초단시간 노동을 강요받은 후엔 실업급

---


[*] 《한겨레》 2019년 10월 21일 기사 제목.
[**] 《매일노동뉴스》 2019년 4월 1일 기사.

여조차 받지 못한 신세가 되고 말았다.

예술 강사들의 삶을 정의롭게 바꾸지 못하고 어떤 예술 교육이 정의로울 수 있는가? 세상의 거의 모든 것을 노동이 만든다는 칭송을 믿는다면 말이다. 무언가 다른 세상으로의 정의로운 전환을 이야기하려면, 그래서 노동의 전환을 말하기 전에 노동하는 사람, 노동자의 삶을 어떻게 정의롭게 변화시킬 수 있는지에 대해 따져야 한다. 학교 예술 강사의 사례에서 보듯이 취약한 노동조건은 심지어 정부까지 나서서 조장한다. 악덕 사업주가 좀 더 많은 이익을 챙기려고 일탈하는 수준이 아니라, 법과 권력기관을 비롯한 사회 전반의 시스템이 체계적으로 작동하는 것에 주목해야 한다. 일상적으로 빼앗기는 것은 일의 자리가 아니라 일하는 사람의 권리와 삶이다.

## 전환의 운동을 만드는 주어는 누구인가?

'권리찾기유니온 권유하다'(이하, '권유하다')는 지난 10월 9일, 창립발기인대회를 통해 정관과 활동 방향을 채택하고, "일하는 사람 누구나" 권리찾기 1000일 운동을 시작하였다. '권유하다'는 "삶과 노동의 권리가 취약한 노동자들이 직접 소통하고 단결하는 장을 열며 모든 노동자의 존엄과 희망을 위해 운동"하는 것을 단체의 목적으로 정하였다. 대회에 직접 참여한 발기인들은 다음 네 가지를 '모두의 권리'로 승인하며 피켓을 들고 함께 외쳤다. '일하는 사람 누구나 근로기준법, "노조로 단결할 권리", "스스로 노동시간을 정할 권리"와 "차별을 금지할 권리".

우리는 일상에서 다양하고 특별한 상황에 처한다. 권리침해는 법제도에 의해 강제력으로 관철되기도 하고, 관행과 당사자 간 합의의 모양새를 갖추기도 한다. 특히, 근로기준법의 핵심 조항조차 합법적으로 박탈당한 노동자들은 일상의 불합리와 불공정, 차별에 제대로 대응하기 어렵다. 국가기관은 개인들이 당한 침해가 부당하여 구제를 결정하는 것이 아니라, 법제도가 규정한 권리를 침해당한 것으로 입증된 자의 법률상 권리를 회복시킨다. 법제도를 만들고, 국가기관을 운영해온 세력들이 정의롭게 변신하여 정의로운 사회로의 전환을 이끌 것이라 기대하는 이들에게 이 글이 불편한 이유이다. 특별한 조건을 갖춘 이들만이 부여받는 법적 혜택이 아니라, 사회 구성원들이 스스로 만든 가치에 따라 누구나 당연히 누려야 할 것이 (보편적) 권리이다.

'정의로운 전환'을 노동과 자연의 동맹을 위한 사회운동 프로젝트로 이해한다면, 먼저 사회운동이 전환해야 할 가치에 대해 말해야 한다. 신자유주의와 노동 유연화가 기후변화와 생태계 파괴를 어떻게 가속시키는지 많은 것을 주장하고 있지만, 여전히 부족한 것은 이 운동을 "누가", "왜" 만들어갈 수 있느냐이다. 이 운동의 주어는 대체 누구인가?

## 보편적 권리를 향한 '권유하다'의 운동

예상한 것처럼 '권유하다'는 권리를 빼앗긴 이들을 호명한다. '권유하다'는 취약한 노동조건에 처한 노동자들이 권리찾기의 가능성조차 빼앗긴 노동자들이라고 규정한다. 취약한 노동조건이 고착되고 악화되는 이유는 권리찾기가 불가능하기 때문이다. 개인적·집단적 해결 모두 기대하기 어렵다. 권리찾기가 불가능한 사회에서 노동자들은 권리찾기를 포기하게 된다. 즉, 노동 현실을 규정하는 사회적 변화 없이 취약한 노동조건의 노동자들이 권리찾기에 나서기 어렵다. 또한, 권리찾기를 시도하는 노동자들이 없다면 사회적 변화도 불가능하다. 권리찾기를 불가능하게 만드는 악순환의 고리를 어떻게 끊어낼 것인가?

악순환의 문제가 권리찾기의 (불)가능성이라면 이 문제를 푸는 답은 권리찾기를 가능하게 할 열쇠를 만드는 것이다. 「'권유하다' 활동 방향」은 주체와 운동, 의제로 나누어 세 가지 전환을 제시한다. 주체의 전환은 개인(별)과 집단(성)의 통합이다. 개별 참여와 집단 권리찾기로 권리찾기의 가능성을 만들며, 개별 가입과 집단 참여 활동을 통해 단결권의 가능성을 만든다. 또한, 법적 권리구제의 한계를 넘는 당사자 권리행동으로 나아가는 운동의 전환을 시도한다. 마지막으로 사회적 동의를 만들어내는 의제의 전환으로 보편적 권리를 제시한다. 노동조합조차 할 수 없는 노동자들이 자본과 권력의 강제력을 넘어설 수 있는 유일한 길은 결국, 저들의 강제력을 제압할 수 있는 사회적 힘, 즉 사회적 동의다. 보편적 권리는 사회적 동의의 필요조건이고, 보편적 권리를 지향해야 승리할 수많은 당사자들의 행동과 연대는 권리찾기가 가능한 사회적 힘을 만드는 선순환의 열쇠다.

그래서 '권유하다'의 답은 권리행동의 시작이다. 창립과 함께 "일하는 사람 누구나" 권리찾기 1000일 운동 시작했다. 권리를 빼앗긴 당사자들의 직접행동과 사회운동의 결집을 통해 일하는 사람 모두의 보편적 권리를 제기하고, 사회적 투쟁으로 전면화하고자 한다. 노동조합조차 할 수 없는 노동자들이 단결하고 행동할 권리를 사회적으로 실현하며 일하는 사람 모두의 권리찾기가 가능한 사회를 만드는 것이 목표다.

최소한의 근로기준조차 박탈당한 노동자들의 실태와 의제를 공론화하며 당사자 권리행동에 돌입하는 것으로 1000일 운동을 시작한다. 우선, 아래로부터의 권리목록 작성을 위해 '5인 미만 사업장 사례 모음 및 실태조사'를 실시한다. 권리찾기의 첫 단계로 손이 닿는 사업장부터 '근로계약서 서면교부 운동'을 전개한다. 권리찾기유니온 온라인 개통과 함께 '가짜 5인 미만 사업장 고발센터'를 운영하며 빼앗긴 권리를 함께 찾는 경험을 만들어나갈 것이다.

## 정의로운 전환과 모두의 권리

거칠게나마 이 토론문의 답을 이야기하고 있다. 예술 강사들의 노동과 삶을 바꾸지 않고 정의로운 예술 교육은 없다. 예술 강사들의 권리는 초단시간 노동의 굴레를 씌워 차별을 조장하는 법제도를 제거하지 않고 회복되기 어렵다. 일하는 사람 누구나 보편적으로 보장받아야 할 권리를 함께 만들어 차별과 불공정을 금지시키지 않는다면, 정의로운 전환은 불가능하다. 성장과 파괴, 이윤과 무한 경쟁의 시스템을 멈추려면 세상의 운영원리를 다시 세워야 한다. 나눔과 공존의 가치에 따라 또 다른 나와 자유롭게 소통하고 협력할 수 있는 세상을 만들어야 한다.

정의로운 전환의 방향은 정확하게 모두의 권리이다. 사업장 규모, 업종, 계약형식의 차별 없이 일하는 사람 누구나 권리가 있다. 취업하지 못한 이들, 취업할 수 없는 사람들도 예외는 아니다. 나아가 우리가 누리고 호흡하는 자연, 세상의 모든 것들이 결국 우리 자신임을 승인하는 것이야말로 '모두의 권리'를 온전히 깨닫는 것이다.

'권유하다' 창립선언은 이러한 우리의 약속을 함께 만든 것이다. "우리는 더 많은 우리들을 만나고 연결하기 위해, 우리 자신을 더 크고 강하게 만들기 위해 출발한다. 일하는 사람 모두의 이름으로, 우리 자신의 이름으로 세상 속에서 세상과의 약속을 만든다."

정의로운 전환을 위해 운동하는 소중한 동지들과 함께 도전하고 싶다. 세상을 바꾸는 우리의 도전이 마침내 세상을 살리는 길이라는 믿음으로.

# '권유하다'
# 활동 방향과 창립선언

정진우('권유하다' 집행위원장)
《현장과 광장》창간호, 2019년 11월 9일

2019년 한글날, 수개월 준비과정을 마치고 '권리찾기유니온 권유하다'(이하, '권유하다')가 창립하였다. 용산전자랜드 랜드홀에 모인 발기인들은 '권유하다'의 정관을 채택하고, 한상균 대표를 비롯한 임원을 선출하며 '권유하다'의 공식 창립을 결정하였다.

준비과정부터 많은 이들이 관심을 보이며 주목한 창립 발기인대회 안건은 '권리찾기 활동 방향'이다. 취약한 노동자들과 함께하겠다는 취지는 공감하나, 어떻게 활동해나갈 것인지에 대한 '상'(구상?)을 잘 모르겠다는 지적도 많았다. 먼저, 대회에서 채택한 활동 방향 안건 내용을 요약해본다.

**1) 권리찾기는 가능하다! 법제도와 노동 현실을 바꾸는 직접행동으로!**

① 노동조건이 취약한 노동자들은 권리찾기의 가능성조차 빼앗긴 노동자들이다.

② 나의 권리를 찾는 것과 함께 해결해나갈 수 있다는 가능성이 진심으로 연결되지 않는다면, 취약한 노동조건에 있는 당사자들의 직접 참여는 기대할 수 없다.

③ 권리를 봉쇄하는 법제도와 노동 현실을 드러내는 절박한 문제들

이 핵심의제다. 과감한 선택, 대규모 직접행동으로 권리찾기의 새
로운 가능성에 도전한다.

**2) 우리도 단결할 수 있다! 권리찾기유니온이 주도하는 집단행동으로!**

① 권리찾기 가능성이 희박한 이유는 노동조합조차 할 수 없는 노동
조건, 즉 단결하고 행동할 수 있는 권리조차 빼앗겼기 때문이다.

② 법제도의 제약과 자본의 통제를 극복하며 당당하게 단결할 수 있
는 가능성, 사업장의 경계를 넘어 사회적 단결권을 상상하자.

③ 권리찾기의 가능성과 단결의 가능성을 실시간으로 연결하며, 권
리를 빼앗긴 노동자들이 서로 통하며 협력할 수 있는 권리찾기 운
동장을 튼튼하게 만들어내자.

**3) 세상과 교섭은 가능하다! 모두의 권리찾기를 향한 연대와 단결로!**

① 권리를 찾으려는 노동자 누구나 쉽게 접속하고 참여할 수 있는 온
라인 운동장으로 시작해 서로의 문제를 함께 해결해가는 협력 네
트워크를 꿈꾼다.

② 보편적 권리로 향하는 이유는 그렇게 모두의 권리를 찾아 나가는
과정을 통해야 제대로 살아갈 환경을 만들 수 있는 사람들이기 때
문이다.

③ 우리는 사회적 대안과 우선 과제를 직접 선정하고 함께 실현해나
가는 권리행동과 단결의 장을 만드는 사람들이다. 일하는 사람 누
구나 누려야 할 권리를 말하고, 토론하고, 사회적 힘을 만들어가
는 사람들이다.

④ '세상과의 교섭'은 교섭의 상대방을 바꾸는 것이라기보다 이 교섭

을 만드는 주체, 즉 우리가 누구인지에 대한 답을 제대로 내리는 것이다. 답은 이 교섭의 구호에 있다. 일하는 사람 누구나 연차휴가와 사회보험, 일하는 사람 누구나 노동시간을 정할 권리.

⑤ 주어는 이 투쟁을 통해 권리를 찾으려는 사람들이다. 체제를 유지하는 장벽들과 맞설 정도로 힘이 모인다면 권력자들을 나오라 하고, 사용자집단의 대표들을 불러낼 수도 있다. 관건은 그들에 대한 요구가 아니라, 우리가 쟁취하려는 것이 모두의 권리로 승인될 수 있느냐이다. 우리는 사회 구성원들의 권리를 제약해왔던 법제도, 권력기관, 그리고 사회적 편견과 분열을 조장해온 온갖 세력들과 맞설 것이다. 모두의 권리, 보편적 권리로 나아가야만 자신의 권리를 쟁취할 수 있는 사람들이 세상 속에서 세상과의 약속을 만들어낼 것이다.

현실에 대한 진단은 한마디로 악순환의 고리에 빠져 있다는 것이다. 취약한 노동조건이 고착되고 악화되는 이유는 권리찾기가 불가능하기 때문이다. 개인적·집단적 해결 모두 기대하기 어렵다. 권리찾기가 불가능한 사회에서 노동자들은 권리찾기를 포기하게 된다. 즉, 노동 현실을 규정하는 사회적 변화 없이 취약한 노동조건의 노동자들이 권리찾기에 나서기 어렵다는 것이다. 또한, 권리찾기를 시도하는 노동자들이 없다면 사회적 변화도 불가능하다. 권리찾기를 불가능하게 만드는 악순환의 고리를 어떻게 끊어낼 것인가?

악순환의 문제가 권리찾기의 (불)가능성이라면 이 문제를 푸는 답은 권리찾기를 가능하게 할 열쇠를 만드는 것이다. 「'권유하다' 활동 방향」은 주체와 운동, 의제로 나누어 세 가지 전환을 제시한다. 주체의 전환은 개인(별)과 집단(성)의 통합이다. 개별 참여와 집단 권리찾기로 권리찾기의 가능성을 만들며, 개별 가입과 집단 참여 활동을 통해 단결권의 가능성을 만든다. 또한, 법적 권리구제의 한계를 넘는 당사자 권리행동으로 나아가는 운동의 전환을 시도한다. 마지막으로 사회적 동의를 만들어내는 의제의 전환으로 보편적 권리를 제시한다. 노동조합조차 할 수 없는 노동자들이 자본과 권력의 강제력을 넘어설 수 있는 유일한 길은 결국, 저들의 강제력을 제압할 수 있는 사회적 힘, 즉 사회적 동의다. 보편적 권리는 사회적 동의의 필요조건이고, 보편적 권리를 지향해야 승리할 수 당사자들의 행동과 연대는 권리찾기가 가능한 사회적 힘을 만드는 선순환의 열쇠다.

그래서 '권유하다'의 답은 권리행동의 시작이다. 창립과 함께 "일하는 사람 누구나" 권리찾기 1000일 운동 시작을 선언했다. 권리를 빼앗긴 당사자들의 직접행동과 사회운동의 결집을 통해 일하는 사람 모두의 보편적 권리를 제기하고, 사회적 투쟁으로 전면화하고자 한다. 노동조합조차 할 수 없는 노동자들이 단결하고 행동할 권리를 사회적으로 실현하며 일하는 사람 모두 권리찾기가 가능한 사회를 만드는 것이 목표다.

최소한의 근로기준조차 박탈당한 노동자들의 실태와 의제를 공론화하며 당사자 권리행동에 돌입하는 것으로 1000일 운동을 시작한다. 우선, 아래로부터의 권리목록 작성을 위해 '5인 미만 사업장 사례 모음 및 실태조사'를 실시한다. 권리찾기의 첫 단계로 손이 닿는 사업장부터 '근로계약서 서면교부 운동'을 전개한다. 권리찾기유니온 온라인 개통과 함께 '가짜 5인 미만 사업장 고발센터'를 운영하며 빼앗긴 권리를 함께 찾는 경험을 만들어나갈 것이다.

2020년 총선과 전태일 열사 50주기를 경과하며 노동운동과 제 진보

세력은 일하는 사람 모두를 위한 입법투쟁으로 집결할 것이다. '권유하다'는 권리입법투쟁을 넘어 권리를 빼앗긴 노동자들이 주도하는 세상과의 교섭투쟁을 전면화하며, 권리헌장 제정 운동으로 사회적 연대를 확장해나갈 것이다. 모두의 권리쟁취투쟁으로 나아가기 위한 '권유하다'의 로드맵은 누군가에게 건네 보는 투쟁일정(달력)이 아니라, 모두의 권리로 자신의 삶을 바꾸려는 사람들의 활동 방향이자 우리 자신의 창립선언이다.

'권유하다' 창립선언은 그렇게 우리의 약속을 함께 만든 것이다. "우리는 더 많은 우리들을 만나고 연결하기 위해, 우리 자신을 더 크고 강하게 만들기 위해 출발한다. 일하는 사람 모두의 이름으로, 우리 자신의 이름으로 세상 속에서 세상과의 약속을 만든다."

불평등한 체제에 저항하며 투쟁하고 있는 동지들에게 '권유하다'의 창립을 전한다. 더 크고 강한 약속을 만들기 위해 더 많은 우리들에게 권리찾기를 권유하자.

# 재난대책에서 생존대책으로? 문제는 차별! 삶과 노동의 권리를 보장하는 근본대책, 가장 절박한 곳에서 시작하자!

**권리찾기유니온 권유하다**

성명(聲明), 2020년 3월 16일

전 세계가 코로나19 대유행 단계로 치닫고 있는 상황에서 한국 사회의 방역 대응이 주목받고 있다. 공동체를 함께 지켜내기 위한 우리 국민들의 인내와 협력이 재난 상황에서 부각되는 것이다.

그렇지만 사태가 길어질수록 더 심각해질 재난은 다수 국민들의 생존 기반이 무너지는 것이다. 이미 휴·폐업하는 사업장이 속출하고 있고, 생업을 잃은 사람들이 벼랑으로 내몰리고 있다. 나라마다 다양한 생존대책이 시도되고 있고, 한국에서도 수십조의 재정 투입이 논의되지만 긴급하게 필요한 곳에 닿고 있지 않다는 절규가 빗발친다.

## 문제는 차별이다

열악한 조건에서 힘들게 일해왔던 사람들일수록 최악의 상황에 직면한다. 일상의 권리가 취약한 사람들일수록 긴급구제 조치도 비껴간다. 근로기준법의 차별조항으로 휴업수당조차 받지 못하는 5인 미만 사업장 노동자들이 대표적이다.

'권유하다'는 '코로나19 긴급휴업급여'를 대안으로 제시하고, 국민들의 서명을 모아 고용노동부와 대책을 협의할 예정이다. 5인 미만 사업장의 사업주들을 포함해(전체 서명자의 15%) 다양한 국민들이 긴급서명에 참여하고 있고, 정부 관계부처에 전하는 메시지에는 특수고용노동자를 비롯해 정부 대책에서 소외된 이들의 절박한 목소리가 모이고 있다.

### 근본적인 대책은 무엇인가?

답은 모두에게 삶과 노동의 권리를 실질적으로 보장하는 것이다. 이미 알고 있고, 할 수도 있었지만, 제도를 만들고 집행하는 이들이 외면했던 대안을 이제라도 실현해나가는 것이다.

5인 미만 사업장 노동자를 비롯해 모든 노동자에게 차별 없이 근로기준법을 전면 적용하자. 특수고용과 프리랜서 노동자, 계약형식 차별 없이 일하는 사람들 모두를 노동자로 인정하고, 노동법상의 모든 권리를 보장하자.

재난을 함께 극복하며 절실하게 깨닫는 것을 정확하게 말하자. 일하는 사람들이 노동의 권리를 보장받지 못하고, 구성원들이 함께 살아갈 권리를 갖지 못한 사회는 지속 가능하지 않다.

### 가장 절박한 곳, 취약한 사람들이 생존할 권리로부터 근본적인 대책을 시작하자!

5인 미만 사업장에 적용하는 '긴급휴업급여'는 차별 없이 함께 사는 사회로 가는 새로운 출발이 될 것이다. 작은 사업장, 임시직, 프리랜서, 특수고용노동자, 차별받고 있는 모든 이들의 목소리를 그러모아 우리 사회의 근본적인 복구를 시작하자.

# '코로나19 긴급휴업급여'
# 서명 참여자들의 목소리

**'코로나19 긴급휴업급여' 서명 참여자**


"세금은 이런 데 쓰라고 내는 겁니다."(충북 청주, 시민, 최○○)


"더 열악하고 취약한 노동자에게 코로나19 긴급휴업급여를 직접 지급하라."(서울 마포, 시민, 김○○)


"사회가 어려움에 처하면 노동자와 취약계층이 가장 먼저 타격을 받습니다."(경기 안양, 시민, 이○○)


"이번 서명운동을 통해서 소규모 사업장에서도 노동자의 권리가 보호되기를 기원합니다."(서울 강동, 시민, 이○○)


"어려운 시기 작은 사업장부터 살피며 노동권을 지키는 사회가 되길 바랍니다."(서울 강동, 시민, 임○○)


"5인 미만 사업장이 롱런하는 사회체계가 마련되어야 모두가 행복한 건강한 대한민국이 될 수 있습니다."(경기 고양, 시민, 김○○)

"5인 미만 사업장의 노동자가 더 지원이 절실한 때입니다. 적극 검토 바랍니다."(서울 강남, 5인 미만 사업주, 김○○)

"코로나19 사태로 생계 타격이 큽니다. 정부의 적극적 지원을 강력하고 구체적으로 요청합니다. 대구시민입니다."(대구 중구, 5인 미만 사업주, 정○○)

"삶이 무너지고 있는데 재난구호에도 차별이라니요…. 최소한의 삶의 존엄을 지킬 수 있는 사회에서 살고 싶습니다."(인천 서구, 시민, 오○○)

"저리 대출 방식이 아니라 타격이 큰 취약계층부터 직접 지원하라."(대구 수성, 시민, 이○○)

"5인 미만 사업장은 취약계층이나 다름없습니다. 그런 분들을 배제하다니 구제도 빈익빈 부익부인가요?"(경기 성남, 시민, 손○○)

"긴급지원은 그 지원이 더 간절히 필요한 취약계층부터 받을 수 있어야 합니다."(서울 마포, 시민, 김○○)

"무슨 일이든지 5인 미만은 늘 비켜 가는 슬픈 현실이 정말 싫습니다."(경기 부천, 5인 미만 노동자, 김○○)

"정말로 필요한 곳, 지원이 절실한 곳, 소액으로도 큰 도움이 되는

곳부터 지원이 되길 바랍니다.”(전남 순천, 5인 미만 노동자, 김○○)

“대구 소상공인들은 코로나19 사태로 사지로 몰리고 있습니다. 긴급휴업급여, 절실합니다.”(대구 수성, 5인 미만 사업주, 장○○)

“꼭 필요하고 곤란한 노동자에게는 휴업급여가 생명줄입니다.”(충남 서천, 시민, 이○○)

“부디, 예산이 없다는 말씀은 말아주십시오. 시민을 위한 예산 집행은 부족하다고 얘기하는 게 아닙니다.”(서울 마포, 시민, 백○○)

“폐업을 할래도 퇴직금을 지급할 수가 없어요.”(전북 남원, 5인 미만 사업주, 김○○)

“가장 효율적인 구조 구난 방식입니다.”(경북 상주, 시민, 조○○)

“4명의 직원이 잠정 백수가 되었습니다. 다들 가족이 있는 사람들이 크게 바라지 않습니다. 제발 조금이라도 도움 주시길….”(울산 남구, 5인 미만 사업주, 하○○)

“제발 정부 입장이 아니라 사업주 입장이 돼서 생각 좀 해주세요…. 뭐가 필요할지 저희 입장에서 생각해보면 참 어렵지 않은데….”(경기 안산, 5인 미만 사업주, 김○○)

"5인 미만 사업장들은 대다수가 힘없고 빽도 없어 늘 소외되기 일수인 그야말로 열악한 일터라고 생각됩니다. 그런 곳에도 한줄기의 따뜻한 빛은 있어야 숨쉬기가 좀 편하지 않겠습니까?"(충북 음성, 시민, 이○○)

"현 고용유지원금은 복잡하고 허점도 많은 탁상행정적인 지원제도라 영세업자는 신청도 지원도 현실적으로 쉬운 게 아닙니다. 근로복지공단 가보세요. 공무원들도 안내 제대로 안 합니다."(경기 부천, 5인 미만 사업주, 송○○)

"나라 전체가 힘든 상황이지만, 직원 급여를 줄 여력이 없어서 너무 미안하고 마음 아파요. 도와주시길 부탁드립니다."(경북 포항, 5인 미만 사업주, 김○○)

"4대 보험은 따박따박 동일하게 떼가면서 왜 5인 이하는 배제당하는지 제 상식으로는 절대 이해되지 않습니다."(경남 거제, 5인 미만 노동자, 김○○)

"확진자 다녀간 보건소 앞에 카페 운영 중입니다. 하루하루 버는데 1주일이나 쉬어서 삶이 힘들어요."(경기 수원, 5인 미만 사업주, 황○○)

"저는 학원 강사입니다. 코로나로 인한 휴업은 이해합니다. 그런데 생계가 걸린 사람들은 정부가 대책을 주고 쉬라 해야 하지 않나 싶어요. 한 달간 백수가 되었는데 너무 힘듭니다! 얼마 안 되는 월급도

한 달이 날아갔는데 당장 갚아야 할 카드값은 어떻게 메꿔야 하는 지 매일이 걱정입니다. 살려주십시오."(경기 성남, 5인 미만 노동자, 안○○)

"'권유하다' 화이팅! 5인 미만 사업장 노동자 대책 없는 정부는 정신 차려!"(서울 중구, 5인 미만 노동자, 김○○)

"대기업조차도 무급휴직을 밀어붙이는 상황이지만 더 열악한 5인 미만 사업장은 반드시 정부가 책임져야 합니다!"(서울 동작, 시민, 김○○)

"나는 메르스 때 대형병원에서 짤린 계약직 노동자다. 작년에는 돼지열병으로 엎어진 2억짜리 축제를 기획단에서 일하다가 엎어지는 바람에 삼각김밥을 먹으며 버텼다. 올해도 코로나바이러스가 온 세상을 뒤흔든다. 힘든 사람 아픈 사람 많다. 큰 사업장만 힘든 게 아니라 5인 이하 작은 사업장도 피바람이 불고 있다는 걸 알아주라." (인천 남동, 시민, 이○○)

"3주째 손님이 단 한 명도 없는 책방입니다. 숨통이 트일 수 있게 긴급휴업급여 필요합니다."(서울 강서, 5인 미만 사업주, 고○○)

"지금이야말로 법과 제도가 지워버렸던 '삶'들의 권리를 인정해야 할 때!"(서울 중구, 시민, 탁○○)

"앞이 안 보입니다. 월급을 못 주겠는데… 안 주자니 직원들도 생활이 있고, 주자니 돈이 없고… 미치겠습니다."(충남 서산, 5인 미만 사업주, 김○○)

"긴급하고도 현실적인 대안이므로 정부가 진정성 있게 응해주길 바랍니다."(서울 서초, 시민, 류○○)

"가장 낮은 곳이 가장 튼튼해질 때 모두가 행복할 수 있습니다. 함께 사는 사회를 향한 국민의 소리를 들어주십시오."(서울 용산, 시민, 박○○)

"서명운동을 넘어 지금과 같은 위기상황이 반복될 때 적용되도록 정책발의까지 이뤄지길 바랍니다."(경기 용인, 시민, 황○○)

"신랑도 하늘나라 가고 없는데 너무너무 힘듭니다. 식당 다니는데 4대 보험 안 넣고 돈 달라는 사람도 많습니다. 힘들어도 4대 보험 넣었는데 꼭 좀 주세요. 지금은 장사가 안돼 기다리라 합니다. 1달 넘었어요."(경북 경산, 5인 미만 노동자, 배○○)

"갑자기 무급휴직하게 되어 너무 힘든 하루하루입니다. 실질적인 대안이 필요할 거 같습니다."(경기 고양, 5인 미만 노동자, 윤○○)

"고용보험 미가입 소규모 사업주들 이번에 고용보험 가입하는 조건으로 고용보험 지급된다면 영세 사업장들이 살아날 좋은 대안으

로 여겨집니다."(대구 달서, 5인 미만 사업주, 허○○)

"10인 미만 사업주의 횡포도 극악합니다. 정부 지원자금을 받겠다고 200% 상여금을 100%로 삭감합니다. 정부 지원자금은 사업주를 위하되 노동자가 피해받는 일이 없도록 엄밀하고 엄정한 실사를 통해 지도감독해야 할 것입니다."(충북 청주, 시민, 정○○)

"진짜 죽겠습니다. 경기도 안산에서 남편과 사진관을 운영 중입니다. 저희는 증명 전문 사진관이라 1년 중 2~3월 중고교 입학 시기가 가장 중요합니다. 성수기죠. 비수기 때는 입에 풀칠할 정도만 벌거나 그 이하입니다. 작년에는 좀 더 세심한 고객서비스를 위해 하루에 선착순으로 50명만 받았음에도 불구하고 올해는 작년 대비 평균 책정한 일 매출의 10배 이상 적습니다. 밀린 것도 많은데 낼 것도 못 내고 있습니다. 살려주세요. 정말 힘드네요."(경기 안산, 5인 미만 사업주, 김○○)

"경산지역입니다. 주변 상가들 웬만하면 임시휴업 중입니다. 또 영업한다 해도 손님들 80~90% 줄었습니다. 가게 문을 열 수도 안 열 수도 없는 상황입니다. 코로나 있기 전에도 경기가 안 좋았던 터라 코로나가 끝나고 나면 더 큰 어려움이 있을 걸로 생각됩니다."(경북 경산, 5인 미만 사업주, 권○○)

"행사·이벤트 회사를 운영 중입니다. 코로나 긴급지원한대서 서류랑 들고 갔더니 정부 지원상품들을 개인신용 대비 한도를 다 쓰고 있다고 안 된다고 합니다. 폐업 직전입니다. 대출이자, 차값, 월세, 직원 월급조차 1원도 낼 수 없는 상황입니다. 지금은 기존 대출 한도와는 상관없이 지원을 해야 개인사업자가 다시 살아납니다. 진짜 코로나 끝나면 코로나 사망자보다 개인사업자 사망 수가 더 많을 것입니다. 이렇게 가다간 정말 다 죽습니다.”(부산 남구, 5인 미만 사업주, 황○○)

“일한 만큼 가져갑니다. 그에 대한 부가세 신고도 합니다. 직원도 있고 책임져야 할 가정 있습니다. 이번 코로나로 인해서 본사에서 강제휴무 들어갔습니다 거의 한 달. 말만 힘이 든 게 아니라 경제적 문제로 너무 힘들어요. 한 달이 공백으로 지나서 어떻게 대체를 할지 막아야 할지…. 집안에서나 직장에서나 말할 힘도 없고 눈치도 보이고 이 와중에 정부에서는 코로나로 인한 소상공인 대출을 마련해준다…. 이건 아니지 말입니다. 힘들게 억지로 살아가고 있는데…. 대출을 권해주시는 정부는 뭐 하는 짓인지…. 코로나로 인해서 지원금, 후원금 다 들어오지만 그런 건 의사나 간호사님들 지원하고 우리 5인 미만 사업자들은 대출 지원해준다고 하니 어처구니가 없어요. 세금은 똑같이 내고 수입마다 세금 내고 하는데 우리들은 죽으라 하는 소리인지…. 한 가정이 위험하고. 사업자들 힘 좀 만들어주세요.”(경북 경산, 5인 미만 사업주, 김○○)

“1인 가게 운영 중인 임산부입니다. 고위험군이라 2주간 휴업했으나, 더 이상 휴업은 어려워서 금주부터 영업을 재개했습니다. 자영업 임산부에 대한 대책도 마련해주세요.”(경기 광주, 5인 미만 사업주,

이○○)

"적극 동의합니다. 노인복지관이나 치매지원센터에서 프리랜서로 일하는 시간강사입니다. 휴관으로 인한 휴업급여는 정규직만 해당되고 저희 같은 프리랜서 강사는 고용보험도 가입해 있지 않은 데다가 아무런 대책이 없는 이중삼중의 고초를 겪고 있습니다.
거기다가 어르신 데이케어센터는 거의가 민간사업자라서 이 엄중한 상황에서도 문을 닫지 않고 취약한 어르신들과 날마다 대면하고 대중교통 이용 속에 속앓이를 하고 있습니다. 안 나가면 안 나가는 대로 무책임하다는 얘기를 사업주한테나 관리자한테 들어야 하고요.
참 아픈 현실입니다. 우리 모두가 이 시련과 고통을 함께 나누고 있음을 피부로 느낄 수 있는 세상에 살고 싶습니다. 고맙습니다."(서울 강동, 시민, 김○○)


"저도 사람입니다. 소상공인 지원이다 뭐다 하시는데 막상 지원받으러 가면 해당 사항 없다 돌아오는 답변은 늘 이렇습니다. 저도 코로나 걸리고 국회 앞에서 자살을 할까요? 사회초년생이 잘살아보겠다고 대출금 0원에 신용카드 사용 안 하고 사업했다고 등급이 안 좋은 것도 아니고 좋은 것도 아니니 돌아가라 했던 나라가 제가 태어난 한국입니다. 억울하고 분통이 터집니다. 매출은 80% 줄어들었지만 2019년 6월에 오픈해서 아직 6월 아니라고 돌아가라 하고 그러면 저한테 세금은 왜 받으십니까? 왜 제 돈 받을 거 다 받아 처드시고 이제 와서 아무것도 안 된다니요? 제가 먹여 살려야 할 제 자식과 제 처는 어떡하라는 거죠?

늘 복수할 생각만 하면서 공사장 출근하려고 새벽 4시부터 일어나 나갑니다. 코로나 코로나 하면서 일이 없습니다."(경기 부천, 5인 미만 사업주, 이○○)


"1인숍, 소형숍, 동네 구멍가게에 직원 1명~2명 소규모 영업장에서 4대 보험을 들지 않고 시간적 제한에 따라 매일을 생계유지를 하고자 일하는 사람들에 대한 가장 큰 어려움이 있는 서민에게 대한 대책은 온데간데없고 고위층, 상위층, 중상층 사람들을 위한 코로나 대책만 있을 뿐. 하위층, 바닥층 사람들에게도 숨 쉴 수 있는 구멍이라도 좀 터줘야 하는 것 아닙니까?

막 이제 4살 아이의 엄마입니다. 정말 먹고살기 힘듭니다. 아기를 어린이집에 보낸 시간 동안 4대 보험 없이 매달 생활비를 위해 일했습니다. 코로나로 인해 저번 달은 반, 이번 달은 대출받게 생겼습니다. 근데 이게, 대출도 안 된다네요. 우리 같은 개미는 죽고 상류층을 위한 대한민국. 코로나로 개미는 다 죽어라 프로젝트가 아닙니까?"(경기 광명, 5인 미만 노동자, 박○○)


"동네 미용실 알바생이었습니다. 원래 미용실이 작아 원장님이 혼자 하시다가 주말에만 저랑 원장님 둘이 일하는 작은 미용실입니다. 평소에는 설날이라고 차비도 주시고 연장근무 하면 시급은 시급대로 주시며 용돈이라고 또 돈을 주시곤 하신 엄청 좋은 원장님이었습니다. 하지만 이번 코로나 사태로 미용실에 손님이 절반 이상 사라지면서 저에게 돈을 주시면 오히려 손해가 나서 정말 미안하지만 다른 알바 알아보겠냐고 하시더라고요. 저도 타지에 있는 입장이라 어려웠지만, 평소에 챙겨주시던 사장님이 그러니까 마음도 안 좋아 알겠다고 했습니다. 아직 학생 신분이라 설에도 친척들에게 받은 돈도 있으니까요. 하지만 알바 자리는 없고 저도 돈이 점차 사라지기 시작하더라고요. 제가 돈을 안 받아도 상관은 없습니다. 이번 사태로 많은 분들이 피해를 입고 있습니다. 자영업자들도 피해를 입고 그에 따른 알바생들도 피해를 입었습니다. 친구 중에는 아르바이트가 잘려 방값을 어떻게 낼지 고민하는 친구도 있습니다. 많은 이해관계가 있겠지만 빠른 시일 내 해결해주시기 바랍니다. 감사합니다."(대전 서구, 5인 미만 노동자, 성○○)

"현재 방과 후 강사와 축구클럽 운영 중입니다. 코로나 사태로 2월 24일부터 아무것도 하지 못하고 있습니다. 고정적으로 지출해야 할 돈은 많은데 정부에서는 개학 연기하고 학원 같은 곳은 자체 휴업 권고하셨는데요! 당연히 정부 지침 따르고 있습니다. 정말 힘든 상황입니다."(경기 광주, 5인 미만 사업주, 윤○○)

"직원이나 사업주나 한 달 월급으로 근근이 살아가는 취약계층입니다. 월급을 못 받으면 생계가 위협받을 지경입니다. 사업주가 넉넉하면 몇 달 월급 지급하겠지만 더 열악합니다. 직원 월급이라도 해결해주심 넘넘 감사하겠습니다. 빠른 선처를 부탁드립니다."(서울 송파, 5인 미만 사업주, 김○○)

# 이제, '권유하다'에서
# '권리찾기유니온'으로!

**이영주**(전교조 해고자)

《질라라비》, 2020년 5월호

"그냥 민주노총이 싫었어요. 먹고살 만하니까 저렇게 집회도 하고 투쟁도 할 수 있는 거라고 생각했어요. 나는 당장 먹고살기 위해 쉬지 않고 일해야 했거든요. 계속 일할 곳을 찾아야 했고요. 그런데 내 아들이 그렇게 죽고 나서 생각이 바뀌었어요. 이제는 내가 할 수 있는 일부터 시작하려고요. 내가 있는 자리에서부터, 나부터 권리를 주장하려고요."

### 권리찾기의 가능성조차 빼앗긴 이들

'권유하다' 사무실에서 진행한 특성화고 학생 유가족과의 간담회 중, 고인이 된 학생의 어머님께서 하신 말씀이다. 일하면서 틈틈이 주변 사람들에게 '권유하다'를 알려 나가겠다고 '권유하다' 선전물도 챙겨 가셨다. 교육이 중요하다고 신신당부도 하셨다.

나에겐 이런 질문을 하셨다. "전교조 선생님이 왜 이런 일을 하셔요?"

"교실에서뿐 아니라, 졸업한 후에도 학생들이 행복했으면 해서요. 졸업한 학생들이 일하다 다치거나 죽지 않는 세상을 만들고 싶어서요."

물론 나는 그분께 민주노총 조합원들은 함께 살기 위해 투쟁하고 있다고, 모두가 인간답게 사는 세상을 만들고 싶어 투쟁하고 있다는 설명도 드렸다. 그럼에도 그분이 민주노총에 가입하기는 어려울 것이다. 노동자의 권리와 단결의 소중함을 가슴 아프도록 알고 계시지만, 하는 일과 사업장이 수시로 바뀌는 그분이, 한국에서 노동조합을 만들기는 낙타가 바늘구멍으로 들어가기보다 어려운 일이니까.

작년에 고등학생들을 대상으로 노동교육을 한 적이 있다. 고3인 학생들에게 이야기했다. "너희가 졸업 후에 노동조합에 가입할까, 말까는 애초 고민할 필요가 없어. 너희가 취직한 곳에 노동조합이 있을 가능성은 거의 없거든. 아마도 학급 전체에서 2~3명 정도가 노동조합이 있는 사업장에 취직을 할 거야. 취직했는데 노동조합이 있으면 아주 운이 좋은 거지." 한 학생이 놀라서 물었다. "정말요? 그럼 문제가 생겼을 때 어떻게 해요?" 그래서 알려줬다. "아쉽지만, 혹시 도움이 필요하면 인터넷을 검색해. 민주노총, 직장갑질119, 그리고 '권유하다.'"

## 지금 내가 '권유하다'를 하는 이유

노동조합 조직률은 10%밖에 안 되고, 하루에 3명이 노동현장에서 일하다 죽어가는 한국. 노동조합을 만들려면 해고를 감수해야 하고, 멀쩡한 노동조합들도 순식간에 법외노조가 되는 이 나라.

교실의 학생들 대부분은 비정규직이 되거나, 노조 없는 사업장에 취직하거나, 노동자로 인정받지 못하는 노동자가 되거나, 때론 이 모두일 텐데, 그나마 학생들에게 안내할 '권유하다'가 있어서 다행이다. 지금 내가 '권유하다'를 하는 이유이다.

'권유하다'가 만들어진 게 2019년 봄이니, 벌써 1년이 되었다. 2018년 출소 후, 한상균 대표가 '권유하다'에 대한 첫 구상을 꺼내놓았을 때, 여러 동지들이 우려와 반대를 표했다. 일단은 지켜보겠다며 거리두기를 하는 분들도 많았다.

2019년 초, 나 역시 '비현실적인 구상인가? 그만 접어야 하는 건가?' 하는 고민을 했다. 그래서 현장을 찾아가 '권유하다'를 설명하고 의견을 들어보기로 했다.

노동조합 상층간부들이 "도대체 뭘 하려는 거냐, 어떻게 운영하려는 거냐, 이해가 되지 않는다"라고 말할 때, 현장 조합원들이나 당사자들은 "꼭 필요한 일이다, 내가 상상했던 일이다"라며 반겼다. 지금껏 무수한 시도가 있었으나 아직 성과가 없는, 그래서 이번에는 반드시 성공했으면 좋겠다는 이 길에 앞선 활동가들의 지지와 조언도 많은 힘이 되었다. 몇 달 동안 많은 분들께 '권유하다'를 설명하면서, 오히려 '권유하다'는 꼭 해야만 하는 일이라는 결론에 도달했다.

**근로기준법 회피하려는 '가짜' 5인 미만 사업장 찾기**

여러 동지들께서 "왜 한상균 동지가 갑자기 이런 일을 해요?" 하고 묻지만, 사실 이미 5년 전에 시작한 일이다. 2015년 4·24 총파업의 4대 요구 중 하나가, "5인 미만 근로기준법 전면적용 및 노조법 2조 개정, 모든 노동자의 노동기본권 쟁취!"였다. 그러니 '권유하다'는 임기 내내 구속되어 있던 한상균 위원장이, 이제야 자유의 몸이 되어 조합원 동지들께 드리는 약속 이행이기도 하다.

2019년 10월, '권리찾기유니온'을 만들기 위한 '권유하다' 발기인대회가 진행되었다. 그리고 2020년 2월, 많은 사람들의 십시일반 후원과 주춧돌기금이 모여서, 드디어 일하는 사람들의 권리찾기 플랫폼 '권리찾기유니온'이 만들어졌다.

첫 사업으로 '가짜 5인 미만 사업장 고발운동'이 시작되었다.

노동자가 5인 미만인 사업장은 현행 근로기준법 중 '노동시간', '연차휴가', '해고제한'이 적용되지 않는다. 이를 악용하여 실제로는 5인 이상인 사업장을 5인 미만의 사업장인 것으로 위장하는 사업자에 대한 고발운동이다.

가짜 5인 미만 사업장은 서류상으로 회사를 쪼개 5인 미만 사업자로 등록한 경우, 4명까지만 등록하고 나머지 직원은 등록하지 않은 경우, 실제로는 5인 이상이 근무하는데 연장근로수당 등을 미지급하는 경우 등이 있다.

5인 미만 사업장 노동자는 지난해 기준 약 580만 명이다. 노동자 네 명 중 한 명이고, 도소매·음식·숙박·부동산업은 대다수를 차지한다. 한국의 노동자 네 명 중 한 명은 합법적으로 근로기준법 적용에서 제외되고 있는 것이다.

## 코로나19로 위기 내몰린 작은 사업장 노동자들에게 희망을

이런 와중에 코로나19 사태가 발생했다. 재난이 오면 사회의 본질이 드러난다. 코로나19 사태도 우리 사회의 본질을 다시 보여준다.

세월호와 메르스, 촛불을 겪으며 성장한 우리 사회의 안전의식과 시민의식이 바이러스 전염의 위기 상황을 빠르게 안정시키고 있다. 물론 의료 노동자들의 헌신이 그 중심에 있음은 분명하다.

그러나 시민 개인들은 변화했으나 사회체제는 변하지 않았음이 바로 드러났다. 코로나19의 2차적 피해는 사회적 약자를 향하고 있다. 코로나19 사태 장기화로 대기업에도 지원하는 고용유지지원금 대책에서 근로기준법상 휴업수당 지급의무 없는 5인 미만 사업장은 사실상 배제되었다.

지난 3월 5일, '권리찾기유니온 권유하다'(약칭 '권유하다')는 5인 미만 사업장 특별대책의 하나로 '코로나19 긴급휴업급여'를 대안으로 제시하고, 긴급서명운동에 돌입했다.

'권유하다'는 5인 미만 사업장을 위한 '긴급휴업급여' 지원제도를 제시하고, '노동자도 간편 신청, 고용보험에서 일괄지급'하는 실행방안을 중심으로 시민참여 서명을 진행했다. 그리고 이 시민 서명에는 5인 미만 사업장 노동자뿐 아니라, 사업주들(참여자의 14.7%)도 함께 참여하였다.

재난을 이겨내는 과정은 또 하나의 역사의 전진이어야 한다. 코로나는 지나가겠지만, 그 후에도 남을 차별을 없애기 위해서 지금부터 준비해야 한다. 사회 구성원 모두에게 차별 없이 삶과 노동의 권리가 보장되는 세상, 우리 사회의 근본적인 복구를 진행하기 위해 '권유하다'에서는 다음과 같이 제안한다.

**일하는 사람 누구나 차별 없이 건강하게 살아갈 수 있는 [기본방안]**

① [일하는 사람 누구나 근로기준법] 사업장 규모 등에 차별 없이 근로기준법 전면적용(근기법 11조)과 근로자 정의 확대(근기법 2조)

- 5인 미만 사업장 등 현행 근로기준법의 적용제외 규정을 삭제하고, 모든 노동자에게 차별 없이 근로기준법을 전면적용
- 특수고용, 플랫폼노동, 프리랜서 등 근로계약형식에 의해 차별받지 않고, 일하는 사람 누구나 노동자의 권리를 보장받을 수 있도록 근로기준법의 근로자 정의 규정 확대

② [아프면 생계 걱정 없이 쉴 수 있게] 건강보험 상병수당(질병수당)제도 실행

- 현재 법적 근거는 있으나 실행하지 않고 있는 건강보험 상병수당제도를 즉각 실시하여 업무상 외 질병·부상으로 치료받는 동안에도 생계 걱정 없이 임금 보전 및 휴직 지원

③ 모든 노동자가 실제로 4대 보험 혜택을 받을 수 있는 제도적 방안 마련

- 사업주의 신청에 의해 사업장 기준으로 가입하는 현행 4대 보험 체계를 일하는 노동자 중심으로 개편하고, 모든 노동자들이 실제로 혜택을 받을 수 있도록 사회보험 제도 개선

**일하는 사람 누구나 노동자의 권리가 있다!**

올해는 전태일 열사 50주기이다. 전태일 열사의 마지막 외침은 "근로기준법을 준수하라!"였다. 올해 우리는 열사의 뜻을 이어받아 다시 이렇게 외친다.

"근로기준법을 개정하라! 모든 노동자에게 근로기준법을 적용하라!"


'권유하다'는 '근로기준법 밖의 노동자'를 위한 조직이다. 근로기준법 밖 노동자들의 모임 '권리찾기유니온'을 지원한다. 언젠가 다가올, '권유하다'가 필요 없어지고 권리찾기유니온이 홀로 설 날을 꿈꾼다.

쓸모없는 돌탑을 무너뜨릴 때는 위에서부터 순서대로 하나씩 돌을 들어내는 방법도 있지만, 아랫돌을 잡아 빼는 방법도 있다. 한국의 노동 현실을 바꾸기 위해서도 마찬가지이다.

상상해보라. 5인 미만 사업장 노동자, 특수고용, 플랫폼노동, 프리랜서 등 일하는 사람 누구나 노동자의 권리를 보장받을 수 있는 세상을! 그 세상에서는 지금 투쟁하고 있는 노동자들의 권리는 이미 당연한 것이 될 것이다.

그 날을 위해, 오늘은 동지들께 딱 한 가지만 요청드립니다.

지금 핸드폰이나, 컴퓨터로 한 번만 인터넷 검색해주세요. '권리찾기유니온'

그리고 권리찾기유니온 사이트 첫 화면에서, 서명운동 메시지를 남겨주세요!

모든 노동자의 노동기본권이 쟁취되면, 그건 다 동지 덕분입니다. 투쟁!

# 당신의 권리를
# 권유합니다

신유아(문화예술 활동가)
《문화연대 뉴스레터》, 2020년 6월 24일

## 5인 미만 사업장 노동자의 목소리를 대변하는 '권유하다'

'권리찾기유니온 권유하다(이하 '권유하다')'라는 단체가 있다. '권유하다'는 말은 참으로 정중해 보인다. 권유를 받아야 하나 말아야 하나 망설여진다. 불편하고 어렵다. 권유를 받아들이는 순간 책임이 뒤따르기 때문이다. 정중하게 거절할 수 있는 방법을 찾아야 한다. 책임은 무겁고 힘들기 때문이다. 그런데 '권유하다'의 사람들은 매일 누군가에게 더 정중하게 이야기한다. "당신의 권리를 권유합니다." 그래서 거절하기도 힘들다.

이 단체 대표는 쌍용자동차 해고자였지만 이제는 공장으로 돌아간 한상균 전 민주노총 위원장이다. 민주노총 위원장 시절 민중총궐기를 주도했다는 이유로(당연히 해야 할 일을 했는데 이것이 죄가 된다는 사실조차 이해되지 않지만…) 징역 3년을 선고받고 감옥에 들어갔다. 그는 꼬박 3년을 살았다.

미안한 마음으로 사람들이 보낸 영치금이 '권유하다'의 창립기금으로 쓰인 것은 그의 옆지기 때문이다. 그의 옆지기는 "당신은 노동운동을 가슴으로 한 것이 맞냐"며 "영치금으로 희망을 만드는 데 써야지 당신이 잘 먹고 사는 데 쓸 수 있겠느냐"고 이야기했다 한다.

무엇을 권유하는 걸까? 이들은 그걸 권리라고 말한다. 많은 노동자가 존재하지만 노동자라 말하지 못하는 사람들이 있다. 일을 하면서도 권리를 누리지 못하는 사람들이 있다. 노동자이지만 노동자가 아닌 사람들이다. 어렵다, 내가 노동자라고 하는데 왜 노동자라 인정해주지 않는 것일까?

이들의 권리는 어디 있을까, 4대 보험, 퇴직금은 안 줘도 그만, 유급휴가는 단지 꿈에 불과한 사람들이 비정규직 영세 사업장 노동자들이다. 노동자의 권리, 노동자의 인간다운 생활은 헌법에서 보장된다. 그런데, 이 헌법정신을 실현하는 노동법은 5인 미만 사업장 노동자에게는 적용되지 않는다. 법을 악용하는 사용자들도 많다. 쪼개기 사업으로 5인 미만 사업장을 여러 개 신고하고 고용을 마음대로 쥐락펴락한다.

'권유하다'는 노동자이면서 권리를 빼앗긴 이들의 소리를 듣고 모아내고자 한다. 한상균 대표는 말한다. "해야 한다"를 "하겠다"로 다시 "함께하자"로 모여 큰 장벽을 함께 넘어보자고.

영등포 당산동 골목 허름한 건물 2층 사무실을 방문했다. 노조 사무실도 아니고 IT 회사 사무실도 아니고 신문사도 아니고 법률사무소도 아니지만 이 모두가 복합적으로 느껴지는 사무실이었다. 이 작은 공간이 세상을 아름답게 만들기 위한 전초기지 역할을 자임하고 나섰고 모두에게 권유하기 시작했다.


"당신의 권리를 권유합니다."


· 권리찾기유니온 권유하다와 함께하자! www.unioncraft.kr
· 후원도 함께하자! bit.ly/권리찾기유니온_가입

# '권유하다 展'의
# 작가들에게 권유하다

심광현(미학-미술평론, 한국예술종합학교 명예교수)
《권유하다 뉴스》, 2020년 7월 22일

**압축성장의 화려한 조명에 가려진 사각지대에서 퍼져 나오는**

**권리찾기의 목소리**

'권리찾기유니온 권유하다(이하 '권유하다')'는 일종의 노동조합운동이다. 하지만 그 내용과 형식은 매우 낯설다. 민주노총과 한국노총이라는 양대 노총이 있음에도 이에 가입할 권리를 법적으로 박탈당한 노동자들이 스스로 소통하고 단결해 노동 3권을 쟁취하려는 '플랫폼 형식의 노조'이기 때문이다. 1987년 6월항쟁에 의해 군부독재가 해체되고 문민정부로 전환된 지도 근 30년이 지난 상황에서 아직도 수많은 노동자가 노조에 가입하지 못하고 있다는 게 대체 무슨 시대착오적 현상인가? 게다가 그 숫자가 전체 노동자 2천만 명의 절반에 달한다니, 경악하지 않을 수 없다.

2020년 현재 한국의 5인 미만 사업장 노동자 수는 공식 통계상 580만 명이라고 한다. 하지만 실제로는 해당 사업주들 다수가 사업장을 쪼개어 4인 이하 사업장으로 신고해 운영하기에 실제 숫자는 그보다 훨씬 많다. 여기에 특수고용노동자 250만 명, 간접고용 임시직 노동자 400만 명을 더하면, 2천만 노동자 중 절반 혹은 그 이상이 '저임금·장시간·무권리 노동'에 시달리고 있는 셈이 된다.

1970년 1인당 국민소득 1,000달러 불과했던 한국이 50년도 채 안 되는 짧은 시간에 '3050 국가'(1인당 GDP 3만 달러 이상 인구 5,000만 명 이상이 되는 국가)로 도약했는지에 대한 비밀이 바로 여기에 있다. 재료비용과 설비비용을 제외하면 '필요노동+잉여노동'으로 구성되는 상품 가격 중에서 잉여노동으로 얻는 이윤의 비율과 양을 최대한 높이려면 필요노동에 해당하는 임금의 비율과 양을 최저 상태로 유지하면 되기 때문이다.

이 같은 고강도 착취가 지난 50여 년 이상 지속될 수 있었던 것은 노동자들의 절반에게 노동 3권이 허용되지 않았기 때문이다. 이 결과가 얼마나 참담한지는 OECD 통계가 잘 보여준다. OECD 국가 중 네 번째로 높은 저임금(중위임금 2/3 미만) 노동자 비중, 여성 노동자의 35%가 저임금 노동자로서 OECD 국가 중 1위, 남녀 임금 격차 34.6%로 OECD 국가 중 최고 수준. 반면 GDP 대비 복지 지출 중 공공사회복지지출 규모는 GDP 대비 11.1%로 OECD 국가 중 멕시코, 칠레 이어 세 번째로 낮다. 또한, 1991년 ILO 회원국에 가입했지만, 우리가 비준한 협약 수는 189개 중 29개에 불과하다. ILO 핵심협약 비준 순위는 177위, 특히 87호·98호 협약을 비준하지 않은 국가는 OECD 35개 회원국 중 한국과 미국이 유일한 상황이다. 한마디로 '자본 선진국'이 된 비결은 바로 '노동 후진국'에 있었던 것이다.

이런 상태는 사회의 모든 영역에서 참상을 야기하고 있다. 자살률 세계 1위(연간 1만 2,463명, 하루 35명이 스스로 목숨을 끊고 있음), OECD 국가 중 산업재해 사망률 1위(2019년 산재사고 사망자는 855명으로 처음으로 900명 이하로 떨어졌지만, 여전히 1위), 세계 유일의 0점대 출산율(출산율 0.98). 또한, 상위 20% 대 하위 20% 간 격차가 평균 순자산의 경우 125배에 달하고, 상위 10%가 전체 순자산의 43% 이상을 차지한다. 50채 이상 주택 소유자가 1,882명인데 반해 무주택자 비율이 40%를 넘어서고, 노인빈곤율 43.8%로 OECD 평균 14.8%의 3배에 이른다. 이런 통계적 비교는 서울과 대도시 하늘을 가리고 있는 스카이스크래퍼들의 화려한 조명에 가려진 사각지대에서 고통받는 민중의 삶의 윤곽을 선명하게 그려준다.*

'권유하다'는 이런 시대착오적 현실을 뒤늦게나마 타개하기 위해 2019년 10월 9일 창립발기인 대회를 열고 '일하는 사람 누구나 권리찾기 1000일 운동'을 시작했다. 이 운동의 당사자이자 주체인 '5인 미만 작은 사업장 노동자들', '임시직 노동자들', '특수고용노동자들'은 저임금·장시간·고강도 노동으로 시달리면서도 노동조합 결성권, 단체교섭권, 단체행동권과 같은 '노동 3권'이 현행법상 보장되지 않는 사각지대에 놓여 있다. 이 때문에 이들의 권리찾기 운동은 '온라인 플랫폼'을 구축해 무권리 노동자들의 소통·상담·권리행동을 할 수 있는 '당사자 권리행동의 운동장'으로 만드는 형식을 택했다고 한다(아래로부터의 권리목록 작성, 근로계약서 서면작성교부 운동, '가짜 5인 미만 사업장' 고발 등이 주요 사업이다).

그런데 이 운동은 시작하자마자 '코로나19 팬데믹'이라는 거대한 벽에 부딪혀 빠르게 전진하지 못하고 있다. '사회적 거리 두기'에 의해 오프라인 활동이 막혀 있기에 운동 확산을 위한 획기적인 방법, 노동계 내부와 외부의 적극적 협력 등이 어느 때보다 시급한 상황이다.

하지만 급할수록 돌아가라는 것처럼, 차제에 보다 근본적이고 장기적인 관점에서 깊은 성찰이 필요할 때이기도 하다. 이 운동을 발생시킨

---

* 통계 자료는 모두 「21대 총선 21대 요구」,《2020년 민주노총 자료집》참조.

한국 사회의 구조적 모순과 이에 맞선 운동 주체 형성의 경로, 향후 사회 변동의 추세에 따른 운동의 장애 등에 대해서 말이다.

전태일 열사의 분신 50주년, 민주노총 창립 25주년을 맞이한 오늘, 노동자의 절반에게 노동 3권이 주어지지 않는 '노동 후진국'이면서도 G7에 참여할 정도로 '자본 선진국'으로 성장한 한국 사회의 뿌리 깊은 구조적 모순! 이에 대한 깊은 성찰 없이는 인공지능이 주도하는 4차 산업혁명으로 이 모순이 더욱 증폭될 2020년대를 헤쳐 나가기가 힘들어질 것이다.

자본의 선진성과 노동의 후진성 간의 간격을 더욱 벌릴 4차 산업혁명의 추세를 고려한다면, 현재 노동 3권을 보장받지 못하고 있는 절반의 노동자들의 삶이 나머지 절반은 물론 사회 구성원 다수의 가까운 미래가 될 가능성이 크다. '불안정 노동'의 문제가 문명사적 위기에 처한 우리 모두의 문제로 새롭게 인식될 필요가 여기에 있다.

**인공지능 시대의 노동과 예술의 책임**

한 세기 전 러시아 혁명기의 미학자 미하일 바흐친은 예술과 생활이 서로에 대해 책임과 죄과를 공유해야 한다고 다음과 같이 힘주어 '권유한' 바 있다.

"사람이 예술 속에 있을 때 그는 생활 속에 있지 아니하고 그 반대도 마찬가지이다. … 과연 무엇이 인격의 각 요소들의 내적 연결성을 보장하는가. 그것은 오직 인격의 통일로만 가능하다. 예술 안에서 체험하고 이해한 것에 대해, 나는 스스로의 생활로 응답해야만 한다. 체험하고 이해한 모든 것이 생활에서 쓸모없는 것이 되지 않도록 말이다. 하지만 그 책임에는 죄과도 연결되어 있다. 생활과 예술은 서로가 책임을 떠맡는 데에 그치지 않고, 죄과도 떠맡지 않으면 안 된다. 시인은 생활의 비속한 산문에 관해 자신의 시에 죄가 있다고 자신을 탓해 그것을 명심해야 하고, 한편 생활인은 예술의 황폐함에 관해 자기 생활의 소극적인 태도와 진지하지 못함에 죄가 있음을 깨달아야만 한다. 인격은 전면적으로 책임을 지는 것이 아니면 안 된다. 따라서 '영감'을 끌어들여 무책임을 정당화해서는 안 된다. … 예술과 생활은 같은 것은 아닐지라도, 내 안에서 하나가 되지 않으면 안 된다. 나의 책임의 통일 안에서 하나가 되어야 한다."*

현 상황은 자산·소득·일자리 양극화와 사회적 불평등의 심화가 중첩되는 데다 '코로나19 팬데믹'에 따른 '사회적 거리 두기'와 각종 교류의 중단이 겹치며, 경제적·정치적·문화적·심리적 공황이 꼬리를 물며 소용돌이치고 있다. 이런 요동 속에서는 예술가나 노동자·생활인 대다수가 각자와 가족의 생존을 책임지기에도 바쁘다.

이 때문에 위와 같은 책임론을 이해하기도 쉽지 않지만, 이해한다고 해도 이를 '체화'해서 행동에 옮기기는 더 어렵다. 또한, 예술과 노동·생활의 긍정적 선순환을 위한 책임보다 예술과 노동·생활의 부정적 악순환에 대해 책임지기란 더욱 어렵다. 전자의 경우를 접하기도 매우 드물지만, 후자의 원인은 예술가나 생활인이 아니라 대부분 자본에게 있기 때문이다.

물론 자본은 예술과 노동·생활의 황폐화·비속화의 주범이기만 한

---

* 미하일 바흐친, 《예술과 책임》, 최건영 역, 문학에디션뿔/㈜웅진씽크빅, 2011, 12~13쪽.

것이 아니라 기후위기를 비롯한 지구적 생태계 파괴의 주범이기도 하다. 그러나 그 어느 것에 대해서도 책임지지도 죄과를 느끼지도 않는다. 이에 대해 일정한 책임이 있는 국가가 최근 '그린 뉴딜'을 내세우며 문제해결에 나서고 있기는 하다. 하지만 정도 차이가 있을 뿐 대다수 국가들의 정책은 재난·위기의 주범인 자본의 압력에 떠밀려 부분적이고 일시적으로 책임을 떠맡는 듯한 제스처를 취하고 있다.

문재인 정부도 '그린 뉴딜'과 '휴먼 뉴딜'을 제시하고 있다. 하지만 코로나19 팬데믹을 계기로 삼아 그동안 여러 장벽에 부딪쳐 지체되던 4차 산업혁명을 전면화시키려는 자본의 요구와 적극 부합하는 '디지털 전환'을 포스트코로나 시대의 '뉴노멀'로 만들려는 노력에 더 큰 비중을 두고 있다(많은 언론보도가 보여주듯 긴급 편성된 정부 재난지원금의 주된 부분은 위기에 처한 자본에 대한 지원금이지 일자리를 상실한 노동자와 중소 상인들에 대한 지원은 아니다).

'디지털 전환', 즉 4차 산업혁명(인공지능혁명)이 과연 일자리 창출에 기여할지를 놓고 논란이 일고 있다. 하지만 그 미래는 1980년대 이후 오늘에 이르기까지 3차 산업혁명(정보혁명)이 가져온 파국(자산·소득·일자리 양극화)을 돌아보면 쉽게 가늠할 수 있다. 생산수단의 자동화, 특히 인공지능화는 과거보다 훨씬 빠르고 광범위하게 생산과정에서 노동력 퇴출을 촉진할 수밖에 없기 때문이다.

이런 위기가 노동에만 국한된 것이 아니다. 예술 분야에서도 광범위한 변화가 나타나기 시작하고 있다(인공지능 작곡, 인공지능 시나리오, 인공지능 배우, 인공지능 촬영기기와 편집기기, 3D 프린터에 의한 조각과 건축, 인공지능 회화 소프트웨어 등).

아직은 '약한 인공지능'이 기계화된 생산수단과 다각도로 결합하는 단계에 불과하다. 그러나 2020년대 중후반 '강한 인공지능'이 등장하면 그 속도는 훨씬 빨라지고 범위도 확장될 것이다. 미국 인공지능 연구의 선두 주자인 레이 커즈와일에 의하면 이런 추세는 2040년을 전후로 '특이점'에 이를 것으로 전망된다. 이때는 심지어 강한 인공지능을 만들고 통제할 첨단 과학기술 연구 자체가 인공지능에 대체될 가능성이 크다고 한다.

인공지능 기술은 그 자체로만 보면 문제가 없다. 인간 노동으로 감당하기 어려운 과제들을 쉽게 해결하고, 생활의 편의를 증진할 뿐만 아니라, 생산성의 획기적인 향상을 가져오기 때문이다. 문제는 인공지능 기술 자체가 아니라 그 기술을 배치하는 '생산관계'에 있다. 인류 전체의 집단지성의 산물인 인공지능 기술의 도입으로 인한 성과의 대부분이 자본에게 귀속되는 반면 인류의 다수는 그로부터 배제되게 만드는 현재의 자본주의적인 생산관계가 그것이다.

이 문제는 주택보급률이 이미 100%를 넘은 지 수십 년이 되었음에도 전체 가구의 40% 이상이 무주택 상태에 처해 있는 문제 상황과도 유사하다. 오늘의 주택문제의 근본 원인은 주택 공급 부족과 건설기술 혁신 여부에 있는 것이 아니라 상위 10%가 전체 자산의 40% 이상을 독점하는 데 있듯이 말이다. 이 때문에 재난에 대한 책임을 국가에게 묻는 것만으로는 결코 문제가 해결될 수 없다. 다시금 고양이에게 생선 가게를 맡기는 격이 될 것이기 때문이다. 그렇다면 결국 해결책이 없는 것일까?

그렇지 않다. 생산수단의 사적 소유·독점이라는 자본의 죄과에 대해 책임을 물어야 할 국가가 온전한 책임을 회피하거나 '조삼모사'의 술수만 부리고 있다면, 이들 모두의 죄과에 대한 책임을 사회 구성원 다수가 물으면 될 것이기 때문이다. 자본과 국가의 누적된 죄과에 대한 책임을 물어 사태를 바로잡는다는 일이 쉬운 일은 아니다. 그렇다고 불가능한 것만도 아니다.

이미 국민 다수가 주권자로서의 책임을 자각하고 일어나 2016~2017 촛불항쟁을 통해 박근혜-최순실의 '국정농단'에 책임을 물어 대통령을 탄핵하고 정권을 교체시킨 바 있다. 또 2020년 4·15 총선을 통해 박근혜 정권의 수권정당이었던 미래통합당을 반 토막 낸 바 있다. 이런 경험들을 밑거름 삼아 사회 구성원들 다수가 그동안 자본과 국가의 전횡을 방관하거나 통제하지 못한 주권자로서의 책임·죄과를 통감하고 새로운 방식으로 소통과 협력과 연대를 활성화해 나갈 수 있다. 그 과정에서 자본과 국가의 죄과에 대해 '항시적'으로 책임을 묻는 '새로운 정치적 형식'(자본이 독점한 생산수단의 사회화와 생산과정의 민주화, 국민소환과 국민발의를 포함한 광범위한 직접민주주의의 제도화 등), 즉 '아래로부터의 민주주의'라는 새로운 형식을 발명할 수 있는 것이다.

그러나 이런 새로운 정치적 형식을 발명하고 실현하려면 자본과 국가에 대한 책임을 물을 사회 구성원 다수가 먼저 '주권자로서의 책임'을 자각해야 한다. 이런 자각을 바탕으로 적극 소통하면서 협력하고 연대하는 '새로운 문화적 형식'을 만들어야 한다. 앞서 인용한 바흐친의 권유에 주목할 필요가 바로 이 지점에 있다.

예술가와 노동자는 비록 자신들이 생활과 예술의 비속화·황폐화의 주범은 아니지만 책임이 없는 게 아니다. 그동안 자신들의 방관과 소극적이고 진지하지 못한 태도가 자본·국가의 전횡을 억제하지 못했다는 주권자로서의 책임, 사회적 불평등과 생활의 고통과 생태계의 파괴 문제의 심각성에 대해 서로 공감해야 할 인격적 책임을 통감할 필요가 있는 것이다. 광범위한 소통과 협력과 연대의 지속 가능성은 사회 구성원

다수가 이런 책임감을 얼마나 깊이 각성하고 성찰할 수 있는가에 달려 있다.

노동자들이 참담한 현실을 변화시키기 위해 목소리를 높이며 행동하기 시작했을 때, 같은 사회 구성원의 일부로서 이에 '응답하고 책임감을 공유'하면서 '소통과 협력의 새로운 형식을 창조'하여 '현실을 변화시켜' 나가는 데 동참하는 것이 우리 시대 예술가들의 진정한 책임일 것이다.

공공예술가 에스텔라 콘월 마조조는 "좋은 것을 찾고 그것을 사건으로 만들기. 이것이 미술가가 하는 진짜 도전"이라고 역설한다.* 미술가는 영혼의 지형과 외부 지형을 하나로 통합하여 우리 모두를 근원에서부터 "다시 일원으로 만드는"(re-member) 데 기여하는, 개인의 영혼과 공동체를 묶어내는 행동주의자라는 것이다.

> "시인 오드르 로드(Audre Lode)가 말한 것처럼 미술은 사치품이 아니라 필수품이다. 미술은 우리를 지탱하는 삶으로부터 분리된 어떤 것일 수 있다는 가정이나 또한 미술은 실로 일종의 사치품이라는 가정은, 외부 지형이 영혼에 영향을 주지 않고 변할 수 있다는 생각만큼이나 잘못된 이론이다."**

노동자들이 예술을 생활과 분리된 '사치품'이라고 생각하는 것은 예술가들이 예술을 일반적인 생활과 분리된, 특별한 재능과 영감을 통해

---

* 수잔 레이시 편, 《새로운 장르 공공미술: 지형 그리기》, 이영욱·김인규 옮김, 문화과학사, 1995. 119쪽.
** 앞의 책. 121쪽.

서만 만들어낼 수 있는 '순수' 예술이라고 간주하기 때문만은 아니다. 오늘날과 같이 생활과 예술이 서로를 백안시하는 관행은 육체노동과 정신노동의 분리라는 오래된 구조적 분리, 자본주의에 의해 더욱 강화된 계급적 생산관계에 뿌리를 두고 있다. 노동자와 예술가 서로가 생활과 예술의 분리를 당연시한다면 사회적 환경과 각자의 영혼의 분리가 공고해지고, '영혼 없는 기계적인 생활'과 '추상의 세계를 떠도는 고독한 영혼'으로 공동체의 분열이 강화되어 자본과 국가의 일방적 독주가 용이해진다. 이런 관행에 그대로 따르는 것은 마치 4년, 5년에 한 번 형식적으로 투표권을 행사하지만 나머지 시간 동안에는 주권자로서의 권리와 책임을 모두 극소수의 정치인들에게 '위임'함으로써 사실상 주권자이기를 '포기'하고 사는 것과 크게 다르지 않다.

주권자로서의 권리에는 단지 '노동 3권'(A)만이 포함된 게 아니다. '각자의 잠재력을 온전히 발휘하면서 삶의 질을 향유할 권리'(B), '환경과 공동체에 문제가 발생했을 때 이를 바로잡기 위해 표현하고 행동해야 할 권리'(C)도 당연히 포함되어 있다. 이 세 가지 문제들은 별개의 문제가 아니다. 물고기와 물이 분리 불가능하게 하나의 생태계를 이루듯이 모두가 맞물려 있다.

노동자들이 생존에 떠밀려 자연과 사회의 생태계 전체가 황폐해지고 있는 '이상 징후'를 감지하지 못한다 해도 이에 대해 민감하게 반응하는 것이 바로 예술가들의 역할이다. 노동자들이 노동자들의 권리(A)가 심각하게 훼손되었음을 알리는 목소리를 낼 때 예술가들은 노동 3권의 훼손이 어떻게 주권자로서의 권리(B)를 직간접적으로 훼손할 수밖에 없는지를 감지할 수 있다. 그리하여 권리(C)를 행사하려 나서는 것이다. 그래서 많은 사람들이 "예술은 잠수함 속의 토끼와 같다"거나, 예술이 사치품이 아니라 개인과 공동체의 삶과 영혼의 건강을 위한 필수품이라는 시인들의 주장에 공감하는 것이다.

## '권유하다'의 '부름'과 '예술의 응답'

앞서 예로 든 마조조는 예술의 목소리가 공동체에 울려 퍼져 나갈 수 있는 효과적인 경로를 '블루스 형식'이라는 예를 들어 제안한 바 있다. 첫 번째 진로는 부르는 것(call)이고, 두 번째는 응답하는 것(response)이고, 세 번째는 풀어주는 것(release)이다. "마지막 진로는 첫 번째와 운을 맞추는 가운데 궁극적으로는 당신을 자유롭게 한다." 이 세 가지 진로를 가지고 '블루스 형식'은 불러내고, 불평하는 자를 응답하게 변화시키며, 공동체를 변화시키는 일을 지속한다*는 것이다. 바흐친이 말했던 '책임(responsibility)'이란 이렇게 '부름(call)'에 적극 '응답(response)'하는 데 있다고 요약할 수 있겠다.

마조조는 청중이 응답할 수 있도록 예술가가 먼저 노래를 부른다고 말한다. 하지만 그 순서를 고정된 것으로 볼 필요는 없다. 노동자 청중이 먼저 예술가가 응답하도록 권유하는 부름을 제기할 수 있기 때문이다. 순서가 어찌 되었건 마조조는 부름에 응답하는 방식을 다음과 같이 구체적으로 제시한다.

① 부름: "노래 부르는 사람들이 기꺼이 진실과 일치하는 사건을 만드는 일을 하려는 새로운 사람들, 사태를 알고 있는 사람들 속으로 소리가 울려 퍼지도록" 불러야 하고,

---

* 앞의 책. 123쪽.

② 응답: "변주의 가능성을 나타낼 수 있는 그런 방식으로", "청중을 창조적인 과정 속으로 초대하고 그들에게 힘을 부여하는 의미 있는 미술을 창조해야 한다."

③ 풀어주기: "우리의 청자들에게 아무런 의심 없이 '난 스스로 살펴 알게 되었어, 네 안에 하늘이 있다는 것을'이라고 선언하면서, 세 번째 진로가 하나의 돌파구임을 보증하는 그러한 방식으로 노래해야 한다."*

이 세 가지 진로를 '권유하다 전(展)'에 다음과 같이 적용해볼 수 있겠다.

① 부름: 오늘 한국 사회의 노동자들 절반의 삶이 참혹한 상태에 처해 있어 노동 3권의 회복이 시급하다는 노동자들의 외침을 작가들은 '한국 사회의 산소 부족 현상'이라는 보다 근본적인 문제로 번역할 필요가 있다. 자본과 국가의 공모에 의한 이들의 권리 박탈이 지난 수십 년 동안 심화되어 온 사회적 양극화·불평등의 심화의 주된 원인이라는 근본 문제가 그것이다. 그리고 이 문제의 극복을 위해 필요한 사회적 공감과 소통과 협력과 연대라는 "진실한 사건을 만드는 일을 기꺼이 하려는 사람들 속으로 부름의 소리가 울려 퍼지도록" 힘차게 응답할 필요가 있다.

② 응답: 이 응답이 과거와 오늘의 부정적 현실의 단순한 재현, 일대 일 번역에 그치지 않도록 해야 한다. 작가들은 사회적 양극

---

* 앞의 책. 124~125쪽.

화·불평등의 현실을 "변주할 수 있는 가능성"을 제시해야 한다. 오늘의 노동·일·육체와 예술·놀이·정신의 부정적 악순환 고리를 깨고, 미래를 노동과 예술의 긍정적 선순환 상태로 변주시킬 경로를 창조적 상상력을 발휘해서 형상화해야 한다. 이런 노력이 바로 노동자로서의 권리찾기의 목소리를 주권자로서의 3가지 권리행동으로 확산시키는 책임 있는 응답이 될 것이다. 작가들은 이런 방법으로 노동자 당사자들을 포함한 제반 관중을 "창조적인 과정 속으로 초대하고, 그들에게 힘을 부여하는 의미 있는 미술을 창조해야 한다"

③ 풀어주기: 작가들은 전시에 참여한 관중들이 작품을 관람하면서 "난 스스로 살펴 알게 되었어, '네 안에 하늘이 있다는 것을'"이라고 선언하도록 도울 필요가 있다. 나아가 '노동과 예술의 상호책임에 기반한 창조적 협력과 연대라는 새로운 사회적 네트워크의 형성'만이 문명사적 위기에 처한 우리 시대의 문제들에 대한 진정한 '돌파구임을 보증하는 방식'을 탐구해야 할 것이다.

부름과 응답과 풀어주기의 릴레이가 귀결되는 초점은 "네 안에 하늘이 있다는 것"으로 수렴된다. 실제로 가장 많은 시간 동안 가장 힘든 일을 가장 적은 임금으로 일하는 비정규직 노동자들이야말로 오늘 이 험난한 세계를 아직도 굴러가게 만드는 동력이자, 열린 하늘을 가슴에 품고 오염된 환경을 걸러내는 필터와 같은 존재이기 때문이다. 바로 이 역설적인 콘트라스트에 초점을 맞추고, 눈부신 바벨탑에 가려진 어둠의 사각지대를 환하게 조명해야 할 것이다. 그리고 그 안에서 숨 쉬고 일하는 생명의 활력을 힘차게 끌어낼 때, 모두가 주권자임을 각성하고 개인과 사회와 자연이 선순환하는 새로운 공동체 건설을 향해 나아갈 수 있는 돌파구가 열릴 것이다. 이것이 바로 바흐친이 말했던, "생활과 예술이 서로에 대해 책임"을 짊으로써 "예술과 생활은 같은 것은 아닐지라도 … 나의 책임의 통일 안에서 하나가 되는", 각자가 자신의 인격적 통일을 이루는 방식이 될 것이다.

# 가짜 5인 미만 사업장 고발 경연대회

**이정호**('권유하다' 편집위원)
《권유하다 뉴스》, 2020년 10월 27일

최근 총회를 열어 노동조합으로 전환한 '권리찾기유니온'이 27일 서울지방고용노동청 앞에서 회견을 열어 가짜 5인 미만 사업장 고발 경연대회 계획을 발표했다.

권리찾기유니온은 그동안 받은 제보를 토대로 다음 달 14일 '가짜 5인 미만 나야 나, 시상식'(가오나시 상) 본선 진출자를 공개하고 시민투표를 거쳐, 가짜 5인 미만 사업장에서 고통받으면서도 그동안 말도 못 했던 가오나시들에게 오는 12월 16일 시상식을 열어 그들의 권리찾기에 동행하기로 했다.

권리찾기유니온은 올해 들어 가짜 5인 미만 사업장 제보를 받아 지난 6월과 8월 두 차례 고용노동부에 고발장을 접수한 데 이어 이날 3차 고발자를 모아 고발장을 접수하고 이 가운데 3개 사업장은 근로감독 청원을 요청했다.

### 12월 16일 '가짜 5인 미만 사업장 나야 나, 시상'

3차 고발에 나선 노동자들은 이날 회견장을 찾아 자신의 억울한 사연을 소개했다. 대기업 소유 빌딩의 시설관리 노동자로 일해온 50대 여성 가장은 권리찾기유니온 간부가 대신 읽은 편지에서 "6년간 성실히

"

일했는데 추석 직전 해고됐다”며 “인간적 모멸감에 시달리다가 권리찾기유니온을 통해 피해구제를 신청했다”고 밝혔다. 이 여성은 “5인 미만 사업장 노동자라는 이유만으로 기본적 노동권을 잃어버린 전국의 수많은 저를 응원한다”고 말했다.

ス위스키에서 퇴사한 한 노동자는 이날 회견장에 보낸 편지에서 “지난 9월 초 입사해 하루 10시간 주 6일 일하는 조건으로 근로계약서도 없이 구두계약으로 일하다가 근로계약서를 작성한 날 사직서도 동시에 작성해야 했다”며 “평소 엉망으로 재고관리를 해놓은 회사는 ‘재고 다 맞춰놓고 퇴사하고, 안 하면 손배청구하겠다’고 협박했다”고 주장했다. 이 노동자는 근무 중 연차 사용을 물어보니 5인 미만이라 안 된다는 소리만 들었고, 자진 퇴사했기에 한 달 동안 일한 모든 임금도 받지 못했다. 이 노동자는 “절망하고 있을 때 인터넷에서 권리찾기유니온을 접하고 도움을 받았다”며 “더 이상은 권리 앞에 침묵하지 않겠다”고 밝혔다.

여러 개의 호텔을 운영하면서 15명 이상 채용해 하나의 단체 카톡방에서 업무를 지시했던 ス호텔은 사업장을 여러 개로 쪼개 5인 미만 사업장으로 등록해 놓고 각종 수당을 주지 않았다. ス호텔에서 일했던 노동자는 이날 회견장을 찾아 당사자 발언을 이어갔다. 그는 “정부는 5인 미만과 이상을 구분하지만, 5인 미만 사업장 노동자라고 일을 덜 하는 것도 아니다”라고 말했다.

한빛미디어노동인권센터 진재연 사무국장은 연대 발언에서 “지난해 방영된 MBC 드라마 〈특별근로감독관 조장풍〉은 극 중에서 권리를 잃어버린 노동자를 지키는 정의의 사도로 나오지만, 정작 이런 드라마를 만드는 수많은 방송 스텝은 대부분 프리랜서라는 이름으로 불리며 노동권 사각지대에 놓여 있다”며 권리찾기유니온과 연대하겠다고 밝혔다.

'노동자의 벗' 소속 김세정 노무사는 미야자키 하야오 감독의 영화 〈센과 치히로의 행방불명〉을 소개하면서 "영화에서 치히로는 이름까지 개명당하며 온천을 운영하는 노파 유바바에게 착취당하지만 결국 자신의 이름을 되찾고 집으로 돌아간다"며 "5인 미만 사업장 노동자도 잃어버린 노동권을 찾았으면 한다"고 말했다.

정진우 권리찾기유니온 사무총장은 "가짜 5인 미만으로 위장해놓고 노동자를 괴롭혀온 한 호텔이 지금 이 순간 근처에 있는 한 으리으리한 호텔에서 유력 언론사가 주최하고 산자부가 후원하는 CEO 대상을 수상하고 있다"며 "우리는 이들과 달리 가짜 5인 미만 사업장에서 고통받으며 지내온 피해 노동자에게 상을 주려고 한다"고 가오나시 시상식 계획을 발표했다.

# 중대재해 처벌, 5인 미만 제외?
# '가짜 5인 미만 사업장 확산법' 거부한다!

**권리찾기유니온**

성명(聲明), 2021년 1월 7일

국회 법사위 법안심사소위가 5인 미만 사업장을 중대재해기업처벌 적용대상에서 제외하기로 합의하였다고 한다. 논의할수록 후퇴한다고 욕먹던 거대 여야가 급기야 40%에 달하는 5인 미만 사업장 노동자들을 아예 배제시킨다는 망발을 합의라고 발표하였다. 너무 많은 어려움이 있다는 중소벤처기업부의 요구를 핑계 삼은 것도 가관이다. 평소에 중대재해를 막기 너무 어려워 처벌법까지 만들어야 하는 비참한 현실을 모르는 것인가? 이들이 소관 부처 책임자이고, 해당 상임위 국회의원이라는 상황이 너무도 참혹하다.

생명과 안전에조차 차별당해야 하는 거냐는 항의가 쇄도한다. 근로기준법이 대놓고 차별하는 5인 미만 사업장 노동자들은 재난 상황에 가장 먼저 쫓겨나고 있고, 사회보장과 긴급대책에서 배제된 노동자들은 생존의 벼랑으로 몰리고 있다. 평소에 권리가 취약한 노동자들일수록 심각한 타격을 당하는 현실이 알려지고, 그래서 모두의 위기로 치닫기 전에 차별받던 노동자들의 권리를 우선적으로 확대해야 한다는 것이 코로나 시대를 버텨내는 뼈아픈 교훈이다.

차별받던 노동자부터 다시 손쉽게 차별하는 못된 습관만이 문제가 아니다. 사업주들이 5인 미만 사업장으로 위장하는 못된 관행을 국회가 나서 대놓고 확대시키겠다는 것이다. 서류상으로 사업장을 쪼개어 위장하는 수법 외에도 5인이 넘으면 4대 보험을 미신고해 5인 미만으로 행세하는 사업장 수는 통계조차 없다. 거의 모든 업종으로 퍼지고 있는 중에 최근에는 대기업들까지 가짜 5인 미만 사업장으로 고발당한다. 근로기준법의 핵심 조항을 적용하지 않고, 사업주 책임을 회피할 수 있는 가짜 5인 미만 사업장이 난무하는 한국의 해괴한 노동 현실이다.

이를 근본적으로 해결하기 위한 근로기준법 개정안은 꽁꽁 숨겨두고, 수많은 이들의 피와 땀으로 비로소 국회 문턱을 넘고 있는 중대재해기업처벌법안을 이제 함부로 '가짜 5인 미만 사업장 확산법'으로 변질시키려 한다.

우리는 차별과 침묵을 거부하며 용기를 내 권리찾기에 나선 당사자들이다. 가짜 5인 미만 사업장을 고발하며 모두의 권리를 함께 찾으려는 주인공들이다. 우리를 이 비굴한 입법 쇼의 현장으로 불러내는 자들에게 주저 없이 화답한다. 비참한 시대를 주름잡는 이들에 맞서는 비장한 각오를 밝힌다.


모두의 생명과 안전을 위한 진짜 중대재해기업처벌법을 제정하자.

가짜 5인 미만 사업장 전면 금지!

일하는 사람 모두에게 진짜 근로기준법을 차별 없이 적용하자.

모두의 권리를 위해 차별받는 우리들이 나서 함께 행동하자.

# 가짜 5인 미만 공동고발 300일!
# 언론발표회 개최… '고발에서 폐지로,
# 가짜 근로자에서 진짜 노동자로'

**《권유하다 뉴스》 편집부**
《권유하다 뉴스》, 2021년 4월 2일

지난 1일, 지난해부터 '가짜 5인 미만 고발운동'을 진행해온 '권리찾기유니온'이 공동고발 300일을 맞아 6차에 걸친 공동고발운동을 갈무리하고 향후 계획을 발표하는 자리를 가졌다.

가짜 '5인 미만 사업장'은 실제 5인 이상이 근무함에도 현행 근로기준법을 악용하기 위해 상시근로자 수 5인 미만의 사업장으로 위장한 사업장으로, 권리찾기유니온은 지난해 6월 1차 공동고발을 시작으로 6차에 걸쳐 공동고발운동을 진행해왔다. 1일 오후, 권리찾기유니온은 가짜 5인 미만 사업장 제보를 받아 검토·선정한 사업장에 대해 고용노동부에 6차 공동고발장을 접수했다.

종합분석 결과, 서류상 사업장 쪼개기 74%,

1/4 이상이 무급휴직·정리해고 당해

코로나 감염되자 노동자 집단해고하고 5인 미만 사업장 행세

노동자인데 사업소득세 납부 강제하여 위장

불법 노무 컨설팅업체까지 판쳐

권리찾기유니온이 공개한 「가짜 5인 미만 사업장 제보 종합분석 결

과」에 따르면 제보사례 중 73.8%가 서류상 사업장을 쪼개 5인 미만 사업장으로 위장하는 유형에 해당하는 것으로 나타났다. 서류상 사업장을 쪼개고 같은 장소에서 일하거나 같은 사업주가 지휘·감독하는 동일 사업장임에도 서류상 회사를 2개, 3개로 쪼개거나, 같은 사업장을 배우자, 자녀 등 가족 명의로 분할하여 사업장을 10개 이상으로 분리하기도 했다.

이번 6차 공동고발 사업장 중 하나인 ㄷ사 역시 이러한 경우였다. 경기도 소재 플라스틱 제조업체 ㄷ사는 공장에서 코로나 집단감염이 발생해 공장이 폐쇄되자 경영 손실을 이유로 노동자들을 해고하려 했다. 해고 통보를 받은 공장 노동자 10여 명이 이에 항의하기 위해 확인해보니 이들은 ㄷ사가 아닌 ㅎ사 소속으로 되어 있었다. 동일한 주소지에 사업체명과 사업주만 다른 ㅎ캠이라는 유령 도급업체를 만들고 5인 미만 영세 사업장인 것처럼 위장한 것이다.

하은성 권리찾기유니온 정책실장은 "5라는 숫자가 참 얄궂다"며 영세사업주 보호의 명목하에 유지되어 온 근기법 제11조가 가짜 5인 미만 사업장으로 위장해 근기법상 의무를 회피하는 등 일상적으로 악용되고 있음을 지적했다. 가짜 5인 미만 사업장 위장으로 인해 노동자들은 시간외근로수당 미지급, 연차휴가 미부여, 4대 보험 미가입, 무급휴직 강요와 부당해고 등의 피해를 공통적으로 경험했다. 가짜 5인 미만 사업장 노동자의 무려 77.5%가 가산수당 미지급, 75%가 연차휴가를 보장받지 못한 것으로 드러났다.

위장 사업장 노동자들의 45.0%가 무급휴직 강요와 정리해고를 당하는 등 코로나19에 따른 재난 상황에서 가짜 5인 미만 사업장 노동자들의 삶을 더욱 위협당했다. 심지어 가짜 5인 미만 사업장들은 사업장 수와 관계없이 4대 보험 미가입한 경우가 52.5%, 근로계약서 미작성·미교부한 경우도 32.5%로 기본적 법률마저 지키지 않은 것으로 드러났다.

서류상 회사를 쪼개 위장 등록하는 A형뿐 아니라 사업체 소속 노동자 중 2~3명만 4대 보험에 가입시키고 나머지 인원은 4대 보험에 가입시키지 않는 방식으로 5인 미만 사업장으로 위장하는 B형의 문제 역시 심각했다. 근로기준법상 근로자임에도 업무위탁계약서 등을 작성하고 사업소득세를 납부하는 개인사업자인 것처럼 위장하거나, 근로계약서를 쓰고도 '3.3% 사업소득세 납부'를 강제하는 등 4대 보험 가입의무를 회피하고 가짜 5인 미만 사업장으로 위장하는 수법도 다양했다. 생중계를 통해 증언에 나선 한 당사자는 "4대 보험 가입을 요청하자 사업주부담분의 보험료까지 납부하라는 말에 한 사람은 그만두고 나머지 직원은 급여를 위해 더 이상 요구하지 못했다"고 발언하기도 했다.

문제는 업체들이 근로기준법 제11조를 악용해 '가짜 5인 미만 사업장'으로 위장했을 때 이를 밝혀내기 쉽지 않다는 점이다. 가짜 5인 미만 사업장 노동자를 지원해 부당해고 판정을 받아낸 심준형 노무사(노동인권실현을 위한 노무사모임)는 "컨설팅을 받아 법인을 분리되어 있는 경우 사업장의 회계관리, 인사관리가 통합적으로 운영되어왔다는 것을 노동자 스스로가 입증해야 한다"며 "모든 자료를 오로지 사업주만이 가지고 있는 현실에서 노동자가 이를 입증하는 것은 거의 불가능에 가깝다"고 지적했다. 덧붙여 심 노무사는 "이러한 불법적인 인사·노무관리 컨설팅을 통해 법인을 쪼개는 방식으로 상시 5인 이상인 사업장이 사업장 규모를 은폐하는 경우 일선 현장에서 지속적으로 발생하고 있다"고 밝혔다.

이러한 가짜 5인 미만 사업장 폐지를 위해 권리찾기유니온은 5인 미만 사업장 전면 실태조사, 근로감독관의 집무규정에 '가짜 5인 미만 사업장' 지도감독 및 신고사건 처리 규정 신설, 지방자치단체, 노조 등이 공동 운영하는 가짜 5인 미만 사업장 제보센터 구축 등의 내용을 담은 고용노동부 기본계획 요구안을 발표했다.

가짜 근로자에서 진짜 노동자로
권리찾기유니온, 가짜 3.3 법률구조제보센터 만든다
'일하는 사람 누구나 근로기준법' 입법운동 계획도 함께 발표해

6차에 걸친 공동고발과정에서 점차 늘어나고 있는 제보 유형은 실제 5인 이상이 근무하지만 소속 직원들을 4대 보험에 가입시키지 않는 B형 이다. 가짜 5인 미만 사업장들이 노동자들의 4대 보험 취득신고를 회피 하는 대표적인 수법은 노동자를 개인사업자로 위장하는 것이다. B형의 상당수 사례가 근로계약이 아닌 용역계약, 업무위탁계약과 같은 명목 의 노무계약을 체결하여 3.3% 사업소득을 납부하는 독립된 사업자로 등록하는 방식에 해당했다. 이처럼 근로계약이 아닌 노무계약을 체결해 개인사업자로 둔갑시키는 경우 노동자가 '근로자성'부터 입증해야 하는 난관에 부딪혀 권리구제의 길이 더욱 험난하다.

이에 권리찾기유니온은 가짜 5인 미만으로 위장하기 위해 노동자를 개인사업자로 만들고 3.3% 사업소득세를 납부하게 하는 경우를 '가짜 3.3'이라 명명하고 가짜 3.3 법률구조제보센터 추진을 알렸다. 정진우 권 리찾기유니온 사무총장은 "4대 보험 미가입은 단순히 고용보험 직장 가 입자 취득신고를 하지 않은 차원의 문제가 아니라 이를 통해 사업주가 노동자성을 빼앗고 있다는 신호"라고 꼬집었다.

아울러 권리찾기유니온은 5인 미만 사업장 등 모든 노동자가 적용받

은 '일하는 사람 누구나 근로기준법' 입법운동을 제안했다. 입법 추진
안은 근기법상 근로자 및 사용자의 정의(2조 1,2호), 근기법의 적용범위
(11조)의 개정을 골자로 하며 오는 14일, '일하는 사람 누구나 근로기준
법' 입법추진 간담회를 연다. 정진우 권리찾기유니온 사무총장은 "향후
국민법정, 노동권박람회, 권리헌장 등 여러 방식을 통해 5인 미만 사업장
노동자, 특수고용, 프리랜서 등 사업장 규모, 계약형식과 관계없이 일하
는 사람 모두의 권리를 함께 바꿔나갈 것"이라고 밝혔다.

가판대[1] ①

# 같은 주소에 사업자등록증 2개,
# 일부 직원은 노동자성 부정해 가짜
# 5인 미만으로 위장한 사례

**권리찾기유니온 법률팀**
《권유하다 뉴스》, 2021년 4월 23일

현행 근로기준법은 사업장 규모에 따라 근로기준법 적용을 차별하고 있다. 5인 이상 사업장에는 근로기준법령이 전면적용되고, 5인 미만 사업장에는 일부 규정만이 적용되고 있다. 5인 미만 사업장 노동자들이 적용 제외되는 대표적인 근로기준법 조항은 부당해고 및 부당해고 구제신청(제23조, 제28조), 휴업수당(제46조), 연장·야간·휴일 가산수당 적용(제56조), 연차휴가(제60조) 등이 있다.

5인 미만 사업장 노동자들에게 이러한 보호 조항들이 제외된다는 것을 악용해, 실제로는 5인 이상이 근무함에도 근로기준법을 회피하고자 5인 미만으로 위장하는 '가짜 5인 미만 사업장'이 확산되는 문제가 나타나고 있다.

오늘 소개하는 사건 역시 볼링장을 운영하는 사업주가 볼링장과 볼링장 내의 카페를 별도의 사업장으로 등록해 5인 미만으로 위장하고 노동자가 야간근무에 대한 수당 지급을 요청하자, 해고 사유를 만들어 부당해고한 사례다.

권리찾기유니온은 ① 볼링장과 카페는 하나의 사업장을 쪼개어 5인

---

* 가판대: 가짜 5인 미만이 판치는 일터에 대응하는 방법

216

미만으로 위장한 것으로 실제로는 상시근로자가 5인 이상인 사업장이며, ② 따라서 해고제한 규정(근로기준법 제23조, 28조)이 적용되므로 노동위원회에 부당해고 구제신청을 제기하였다.

이 사업장이 상시 5인 이상이 근무하는 사업장임을 인정받기 위해서는 2가지 입증이 필요했다. 첫째, 두 사업장이 서로 독립성이 없고 전체를 하나의 사업장으로 보아야 한다는 점. 둘째, 볼링장 영업대표를 근로기준법상 근로자로 보아야 한다는 점.

첫 번째 쟁점과 관련해, 권리찾기유니온에서는 ① 두 사업장의 사업장 주소가 동일하고 동일한 공간에서 업무운영이 이뤄졌다는 점 ② 볼링장과 카페 업무 간 구별이 없이 두 사업장 노동자들이 볼링장 및 카페 포스기(카드단말기)를 함께 담당했고, ③ 전체 노동자들이 청소업무도 함께 수행했다는 점 등을 중심으로 두 사업장이 장소적으로도 독립되어 있지 않으며, 인사·노무관리도 함께 이뤄졌다는 점을 강조했다. 그리고 퇴사한 다른 노동자로부터 두 사업장의 업무 구별이 없으며 해당 노동자의 경우 기계 유지보수를 모두 담당했다는 진술서도 확보했다.

두 사업장이 독립성이 없어 하나의 사업장으로 볼 수 있다면 두 번째로 문제가 되는 것은 영업대표 지위로 볼링장을 관리하던 자를 다른 노동자들과 마찬가지로 근로기준법상 근로자로 볼 수 있는지다.

사용자의 주장은 해당 영업대표는 볼링장에 대한 포괄적 권한을 위임받은 위탁경영인이고 근로자가 아니라는 것이었다. 그러나 권리찾기유니온은 근로자성을 증명할 수 있는 사실 및 입증자료들을 바탕으로 영업대표의 근로자성이 인정되어야 함을 피력했다. 구체적으로 ① 해당 영업대표가 볼링장 소속 직장 가입자로 4대 보험에 등록되어 있다는 점 ② 실제 직원 관리나 임금 책정 등 실제 인사·노무관리 권한을 제대로 행사한 적 없다는 점 ③ 볼링장 부품 구매, 볼링장 내 행사 주최를 비롯해 경영에 관한 크고 작은 결정들을 사용자에게 승인받아 추진하였다는 점 등을 들어 영업대표의 위탁경영인 지위는 형식에 불과하고 실제 근로자에 해당한다는 점을 밝히고자 했다.

위 주장을 바탕으로 노동자에 대한 정당한 사유 없는 해고의 부당성을 주장했고 미지급 야간수당 및 해고 기간 임금상당액에 대응하는 합의금 지급 및 실업급여의 신속한 수급을 위한 처리에 합의하는 것으로 화해 종결하였다.

현행 근로기준법의 5인 미만 사업장 적용제외 조항은 '진짜' 5인 미만 사업장 노동자들을 차별할 뿐만 아니라, 사용자들이 '가짜' 5인 미만 사업장을 만들어 5인 이상 사업장 노동자들의 권리까지 침해하고 있다.

권리찾기유니온은 당사자들의 제보를 바탕으로 가짜 5인 미만으로 위장한 문제 사업장들에 대한 고발·근로감독청원·부당해고 구제신청을 진행해오고 있다. 실제로는 5인 이상이 근무하는데 가산수당이나 연차를 받지 못했다면, 부당하게 해고를 당했지만 어떻게 다투어야 할지 고민하고 있다면 권리찾기유니온에 제보주시길 바란다(상담 전화: 070-5147-7042).

# 부당해고 구제절차 중 법인을 쪼개어
# 가짜 5인 미만으로 위장한 사례

**유현수(권리찾기유니온 정책국장, 공인노무사)**
《권유하다 뉴스》, 2021년 4월 30일

'쪼개다'라는 말에는 단순히 무언가를 둘 이상으로 나누는 것 외에도 '시간이나 돈 따위를 아낀다'는 의미가 있다. 즉, 쪼개는 행위를 통해 여러 기회비용을 줄이는 것이다. '쪼개기'는 사용자가 노동자의 권리 향유를 방해하는 차원에서도 매우 유용하다.

오늘은 해고로 인해 발생하게 되는 기회비용을 줄이기 위해 5인 미만 사업으로 회사를 쪼갠 사례를 소개하고자 한다. 이 사업은 5인 미만 사업장으로 위장하기 위해 회사를 분할하는 과정에서 새로이 사무실을 임대하거나, 기존에 근무하던 노동자들의 퇴직금 등 금품을 청산하는 방식까지 동원했다.

노동자는 경영상 이유로 정리해고(1차 해고)를 당했다가 노동위원회로부터 부당해고 판정을 받았으나, 복직 '2분'만에 해고를 통보(2차 해고)받았다. 사용자는 1차 해고 이후 사업을 쪼개어 독립된 3개의 법인을 만들었고, 이에 따라 2차 해고가 행해진 시점에는 5인 미만 사업장이라고 주장하였다.

사용자는 장기간 매출 정체 등을 극복하기 위해 회사를 분할하여 혁신을 도모하고자 한 것이며, 분할 법인들은 더 이상 사용자의 사업과 무관한 사업체라고 주장하였다. 법인들이 각자 사업자 등록을 하였고, 서로 다른 장소에서 각자의 사업을 영위하기 때문에 장소적 독립성이 있으며, 각 법인의 노동자들을 따로 4대 보험에 가입시키는 등 인사·노무 관리를 독립적으로 하고 있고, 각자의 계좌를 통해 재무·회계 관리를 하고 있다고 말했다.

권리찾기유니온은 ① 분할 법인들에 독립성이 없기 때문에 사용자의 사업과 각 법인을 하나의 사업으로 보아야 하며, ② 이에 따라 위 사업에 근로기준법상 해고제한 규정이 적용된다고 판단하여 노동위원회에 부당해고 구제신청을 제기하였다.

각 법인들을 하나의 사업으로 보기 위해서는 신설 법인들이 실체가 없다는 것을 입증하는 것이 중요했다. 분할 법인의 대표들은 애초에 사용자 사업의 노동자들이었고, 태생부터 독립성을 갖기 어려운 구조였다. 권리찾기유니온은 분할 법인들이 장소, 인사·노무관리, 재무·회계 모두에서 독립성을 갖지 못한다고 주장했다.

첫째, 장소적 독립성이다. 분할 법인이 도보로 이동할 수 있는 거리에 있고, 사용자의 사업이 각 법인의 사무실 임대료 및 근로자 임금상당액에 상응하는 운영비를 지급하고 있어 장소적 독립성을 결했다는 점을 지적하였다.

둘째, 인사·노무관리의 독립성이다. 분할 법인이 독자적으로 노동자를 채용하지 않았고, 사용자가 1차 부당해고 구제신청 심문 당시 분할 법인의 노무·경리업무를 총괄·지원하고 있다고 진술한 점, 홈페이지상 조직도가 전혀 수정되지 않고 유지 중인 점, 분할 이후에도 채용 사이트에 사용자 사업의 이름으로 채용공고를 내고 있다는 점, 사용자 사업의 노동자가 분할된 법인에 파견되어 지시·감독을 받고 있다는 점, 신설 법인의 노동자들은 사용자 사업에서 형식상 퇴사 후 입사의 방식으로 이

직하여 기존 노동자들을 양수한 것에 불과하다는 점 등에 비추어 세 법인의 인사·노무관리가 통합적으로 운영되었음을 드러냈다.

마지막으로, 재무·회계의 독립성이다. 사용자가 용역비로 지급하였다는 금품의 산정근거가 불명확하며, 실질이 각 법인의 운영비로 사용되고 있다고 보았다. 또한, 신설 법인의 정착을 위해 사용자가 사비를 들여가며 초기자금을 지원할 이유가 없고, 사용자가 분할 법인의 지분을 모두 가지고 있음을 들어 세 법인이 재무·회계의 독립성이 없음을 제시하였다.

각 사업을 하나의 사업으로 볼 수 있다면, 다음 문제는 2차 해고가 정당한가에 있었다. 사용자는 이 사건 노동자의 높은 연봉을 감당할 수 없고, 노동자에게 맡길 업무가 존재하지 않아 해고하였다고 주장했다.

그러나 사용자가 제출한 임금대장에 따르면, 이 사건 사업의 노동자 중 3명이 해고를 당한 노동자보다 더 많은 임금을 받고 있었고, 노동자를 해고한 바로 다음 날 새로 다른 노동자를 채용하였다는 점에서 경영상 위기의 주장이 터무니없다고 보았다. 결국, 이 사건은 해고 기간 임금 상당액보다 높은 금액에 합의하는 것으로 화해 종결되었다.

궁극적인 문제는 5인 미만 사업장 노동자들의 권리를 박탈하는 근로기준법 제11조에 있다. 근로기준법 제11조는 사용자들에게 가짜 5인 미만 사업을 만들도록 유인하고 있다. 이 사건 사업만 해도 법인을 장소적으로 분리하고, 새로이 사업자 등록을 하며, 기존 노동자들의 금품을 청산하면서까지 사업을 쪼갤 이익이 존재했던 것이다. 이렇듯 상시근로자 수로 노동자의 권리를 좌우하는 법 규정은 '진짜' 5인 미만 사업장 노동자들을 차별할 뿐만 아니라, 사용자들이 '가짜' 5인 미만 사업장을 만들도록 유혹하여 5인 이상 사업장 노동자들의 권리까지 침해하고 있다.

권리찾기유니온은 당사자들의 제보를 바탕으로 오늘까지 80여 개의 사업장에 대해 고발·근로감독청원·부당해고 구제신청을 진행했다. 실제로는 5인 이상이 근무하는데 형식적으로 사업을 쪼개 가산수당이나 연차휴가를 받지 못하거나, 부당하게 해고를 당했지만 어떻게 다투어야 할지 고민하고 있다면 권리찾기유니온을 찾아주시길 바란다(상담 전화: 070-5147-7042).

# 10을 0으로 만드는
# 가짜 3.3의 마법

**권리찾기유니온 법률팀**

《권유하다 뉴스》, 2021년 5월 9일

현행 근로기준법은 사업장 규모에 따라 근로기준법 적용을 차별하고 있다. 5인 이상 사업장에는 근로기준법령이 전면적용되고, 5인 미만 사업장에는 일부 규정만이 적용되고 있다. 5인 미만 사업장 노동자들이 적용 제외되는 대표적인 근로기준법 조항은 부당해고제한 및 해고 서면통지(제23조 및 제27조) 부당해고 구제신청(제28조), 휴업수당(제46조), 연장·야간·휴일 가산수당 적용(제56조), 연차휴가(제60조) 등이 있다.

5인 미만 사업장 노동자들에게 이러한 보호 조항들이 제외된다는 것을 악용해, 실제로는 5인 이상이 근무함에도 각종 수단을 동원해 5인 미만으로 위장하는 '가짜 5인 미만 사업장' 위장사례들이 업종과 규모를 불문하고 다양하게 나타나고 있다.

뷔페였던 A사업장에는 10명이 넘는 직원이 함께 근무했음에도 형식상 A사업장의 상시근로자 수는 0명이었다. 어떻게 이런 일이 가능했을까. A사업장의 직원 10명이 모두 4대 보험에 가입되지 않고 3.3% 사업소득세를 납부하는 '가짜 3.3', 즉 근로기준법상 노동자가 아닌 자로 되어 있었기 때문이다. 그렇다면 A사업장에 일하는 직원들은 사업주의 주장대로 사업소득자였을까? 아니면 근로기준법상 노동자로 보아야 할까?

먼저 법률조항과 법원의 입장을 살펴보자. 현행 근로기준법 제2조 제

1호상의 근로자는 "직업의 종류와 관계없이 임금을 목적으로 사업이나 사업장에 근로를 제공하는 사람"으로 정의된다. 우리 대법원은 근로기준법상의 노동자에 해당하는지는 계약의 형식보다 사용자의 지휘·명령을 받으면서 사용종속관계에서 업무를 했는지 그 실질적인 내용과 과정을 핵심적으로 판단하고 있다. 예컨대 사용자가 지정한 근무시간과 근무장소에 구속을 받고, 매일 업무를 보고하고, 사용자의 상당한 지휘·감독하에 업무를 수행하는 등의 사실이 있다면 근로기준법상 노동자로 보는 것이 타당하다.

다시 A사업장 이야기로 돌아가면, A사업장의 직원 10명은 4시~15시, 8~19시 두 조로 나뉘어 근무했다. 이들은 주 6일 매일 같은 시간에 출근하여 사업주의 지휘·감독 아래 홀 관리 및 주방업무를 수행했고 휴게시간을 제대로 보장받지 못하고 정해진 시간보다 더 늦은 시간까지 시간외노동을 하는 경우도 다반사였다.

이러한 사정들에 비추어보면 A사업장에서 근무한 10명의 직원 모두 사업장에 종속되어 일하는 근로기준법상 노동자로 보는 것이 타당하다. 이들 모두 4대 보험 의무가입 대상자이며, 상시근로자 수 산정에 포함되는 노동자로서, A사업장은 10명이 일하는 '상시 5인 이상 사업장'이다.

그러나 A사업장은 근로계약서 작성 당시 직원들에게 "5인 미만 사업장이라 가산수당과 연차수당 지급을 요청할 수 없고 부당해고 구제신청을 할 수 없다"고 알렸다. 근로계약서가 사업장에 고용된 노동자와 사업장 간에 체결하는 계약서임에도 근로계약서에 버젓이 '3.3 사업소득세 납부'라고 명시한 후, 근로기준법상 노동자인 직원들을 4대 보험에 가입시키지 않고 사업소득세를 납부하는 '가짜 3.3'으로 위장했다. 근로기준법상 노동자인 직원 10명을 모두 사업소득자로 둔갑시킴으로써 해당

사업장에 상시 근무하는 노동자가 한 명도 없게 되는 마법이 발생한다. 이렇게 가짜 5인 미만 사업장이 만들어졌다.

권리찾기유니온은 노동자임에도 노동자성을 빼앗긴 당사자들의 제보를 바탕으로 A사업장을 '가짜 5인 미만 사업장 공동고발' 명단에 포함시켜 고발장을 접수했다. 고발이 진행되자 사측은 이들이 모두 3.3 사업소득자라고 주장하다, 이후 5인 이상 사업장임을 인정하였다. 시간외 근로수당, 연차미사용수당 등 가짜 5인 미만 사업장으로 위장해 적용받지 못했던 수당 등 미지급 금액에 대해 합의하고 사건을 종결했다.

A사업장과 같이, 종속적 노동자임에도 불구하고 3.3% 사업소득세를 납부하는 가짜 3.3으로 위장하여 프리랜서 계약을 체결하거나 4대 보험을 신고하지 않고 상시근로자 수를 축소하는 사례들이 계속해서 밝혀지고 있다. 이러한 수법이 반복적으로 나타나는 이유는 사업장 소속 노동자가 분명함에도 사업소득자인 것처럼 위장하면 각종 근로기준법상의 책임과 의무를 회피할 수 있기 때문이다.

현행 근로기준법의 5인 미만 사업장 적용 제외 조항은 '진짜' 5인 미만 사업장 노동자들을 차별할 뿐만 아니라, 사용자들이 '가짜' 5인 미만 사업장을 만들어 5인 이상 사업장 노동자들의 권리까지 침해하고 있는 것이다.

권리찾기유니온은 당사자들의 제보를 바탕으로 지난해 6월부터 지금까지 80여 개의 사업장에 대해 고발·근로감독청원·부당해고 구제신청 등을 진행해왔다. 실제로는 5인 이상이 근무하는데 가산수당이나 연차를 받지 못했다면, 부당하게 해고를 당했지만 어떻게 다투어야 할지 고민하고 있다면 권리찾기유니온에 제보해주시길 바란다(상담 전화: 070-5147-7042).

## 가짜 5인 미만 사업장 노동자들이 "일하는 사람 누구나 근로기준법을 제안합니다"

**가짜 5인 미만 사업장 노동자 12인**

'일하는 사람 누구나 근로기준법' 입법제안운동 발표회, 2021년 6월 14일

**장원설(인천 ㅍ애완용품, 5차 고발)**

저는 마트에서 물류와 판매를 담당하던 노동자입니다. 수백 명이 일하는 회사에서 서류상 5인이 되지 않게 꾸며서 근로를 하게 되었는데, 서류상 그렇게 꾸며졌는지도 모르고 연장수당과 휴무를 제때 쓰지 못하고 회사의 눈치를 보며 버텨가며 근무를 했습니다. 회사의 직원을 욕하는 것을 듣게 되고 억울한 맘으로 회사에서 쫓기듯 나오게 되었고 가짜 5인 미만 고발에 참여하게 되었습니다. 저는 보상을 받을 수 있게 되었지만 지금도 근무하는 직원분들은 아직도 회사의 그런 만행을 모르고 근무를 하고 있습니다. 근무하는 모든 직원들이 소중한 자기의 가치를 차별당하거나 훼손되지 않게 법을 강하게 바꿔야 합니다. 우리가 나서서 바꾸지 않으면 안 바뀐다는 걸 알기에 이번에 입법제안에 동참합니다. 당하고 살아온 모든 분들이 모두 참여하여 주시기 바랍니다.

**이가람(경기 성남 ㅁ커뮤니케이션, 1차 고발)**

저는 ㅁ기업에서 웹디자이너로 근무했었습니다. 해당 사업장은 10명 이상 인원이 근무했는데도 불구하고, 대외적으로 5인 미만임을 주장하며 각종 수당 지급에 대한 의무를 의도적으로 피해왔습니다. 저는 권리

찾기유니온을 통해 가짜 5인 미만 사업장 고발에 참여했으며, 퇴사 후 약 8개월이 지나서야 연차수당을 지급받을 수 있었습니다. 저는 앞으로 근로자의 권리를 등한시하는 사업장이 줄어, 언젠가는 가짜 5인 미만 사업장으로 제보할 곳이 아예 사라졌으면 하고 바랍니다. 그러기 위해서는, 아직 권리를 빼앗기고 있는 근로자 여러분도 목소리를 내주셔야 합니다. 모든 근로자에게 동일한 근로기준법 적용을 위한 입법제안운동에 동참해주십시오.


**김희진(제주 ㅊ고기전문점, 6차 고발)**

연탄고깃집에서 일하던 노동자입니다. 가짜 5인 고발에 참여하기 전까지는 5인 미만 사업장은 연장근로 제한은 물론 직장 내 괴롭힘 신고조차 불가능하다는 사실도 몰랐습니다. 상시근로자 수에 따른 법 적용의 차별이라는 사각지대는 연탄 한 장이 깨지는 것보다도 노동자 한 명이 다치는 것을 더 우습게 아는 현실을 만들어냈습니다. 일하는 사람의 당연한 권리를 지워버리는 5인이라는 족쇄가 계속된다면 누군가는 또다시 작은 사업장이란 이유로 더 과중하고 불안정한 업무환경에 내몰리게 될 것입니다. 지금 바꾸지 않으면 안 된다고 공감하는 모두가 이번 입법운동에 동참한다면 좋겠습니다.


**이수영(전북 군산 ㅈ호텔, 3차 고발)**

안녕하세요. 저는 전북 군산에서 2020년 당시 5개 지점을 운영하고 최소 열다섯 명 이상의 직원이 근무하고 있는데도 5인 미만이라고 근로계약서에 분명한 호텔 체인점에서 일했던 노동자입니다. 24시간 격일제로 5개월 동안 쉬지 않고 일하다 6개월에 하루 쉬게 해달라고 했다가 해고를 당했고, 5인 이상에 적용되는 각종 수당 역시 해고당한 후 9개월이 지난 지금까지도 받지 못한 채 검찰로 넘어가 계류 중입니다.

근로기준법 11조는 5인 이상과 5인 미만으로 구분하여 일하는 노동자들을 차별하고 사업주에게는 꼼수의 빌미를 제공하고 있는데, 근로기준법은 일하는 사람들이면 누구에게나 인원수와 상관없이 적용되어야 마땅합니다. 이처럼 사업주의 꼼수나 노동자의 억울함이 없으려면 일하는 사람 누구에게나 고른 법 개정이 되어야 함에 근로기준법 개정운동에 동참하는 바입니다. 이 운동에 동참하시는 여러분들 모두에게 멀리서 화이팅 보냅니다. 화이팅!

**황진주(경기 화성 ㄴ버거, 2차 고발)**

패스트푸드점에서 일하던 노동자입니다. 아무리 자료를 내도 인정되지 않아 공방을 계속 펼치던 가운데, 어이없게도 사측 서류상 이미 10인 이상인 업체였기 때문에 사측이 스스로 인정을 하였고 5인 이상 업체임이 밝혀졌습니다. 이처럼 사업주가 인정하지 않는 이상 노동자에게 5인 이상인 사업체를 밝히기가 매우 어렵습니다. 또한, 저는 과연 5인 미만의 사업장이라 해서 과연 일하는 노동의 강도가 차별을 받을 만큼 낮은지 묻고 싶습니다. 분명, 노동의 강도에는 어떤 차이도 없습니다. 또, 사업주가 속이려 마음을 먹으면 얼마든 위장할 수 있습니다. 과연 이 법은 누구를 위한 법일까요? 이런 불필요한 5인 미만 차별을 폐지하기 위해, 저는 이번 입법제안에 동참합니다.

**이현우(경기 성남 ㅂ연구소, 3차 고발)**

IT와 생명과학 분야에서 일하다 잦은 해고를 당한 해고당사자입니다. 잦은 해고와 이직으로 우울증에 시달렸고, 5인 미만 사업장이라는 이유로 어떠한 권리도 보장받지 못한 채 힘든 시간을 보내왔습니다. 운이 좋았던 건지 나빴던 건지, 가짜 5인 미만으로 다퉈볼 수 있었기에 권리찾기유니온과 함께 싸울 수 있었지만, 진짜 5인 미만 사업장에서 일하는 노동자들은 여전히 어떠한 권리도 보장받지 못한 채 하루하루를 일하며 살아가고 있습니다. 하루빨리 법을 개정하여 모든 노동자들이 권리를 찾을 수 있기를 희망하며, 단결된 힘으로 한목소리를 내어 노동환경을 바꾸는 이 걸음에 보탬이 되고자 입법제안에 함께하게 되었습니다. 모든 노동자가 함께하면 바꿀 수 있습니다. 이를 위해 모두 투쟁합시다.

**유하람(경남 김해 ○학원, 5차 고발)**

종합학원에서 부원장 겸 영어 전임강사로 5년 이상 근무하였습니다. 그러나 계약 기간이 거의 끝나가던 어느 날 근무 중 불려가 사직서 즉시 작성을 강요받았습니다. 당시 학원 소속 동료 강사의 수만 10명이 족히 넘는 대형 학원이었음에도 불구하고 계약직이라는 이유로 최소한의 권리조차 지킬 수 없었습니다. 오히려 근무 기간 내내 5인 미만 사업장으로 완벽히 서류처리를 해두었기 때문에 아무런 문제가 없다며 수시로 협박당하기 일쑤였습니다. 최소한 지금 이 순간에도 목소리를 내지 못하는 피해자들이 계속해서 숨지 않을 수 있도록, 이번 입법제안에 적극 동참하는 바입니다.

**송왕섭(서울 ㄷ장례식장, 4차 고발)**

서울 강북구 소재 장례식장에서 24시간 격일제 근로자입니다. 계약서상에는 14시간이 휴게시간으로 되어 있지만 실제로는 2시간을 제외하고 22시간을 근무할 수밖에 없는 근무조건이었습니다. 특히 실제 근무자는 8명 이상이지만 사업장을 3개로 쪼개서 5인 미만 사업장의 근로조건으로 근무를 시킨 것이었습니다.

이렇게 근로기준법을 교묘히 어기며 사업을 할 수 있다는 것에 비추어볼 때 아직도 대한민국은 후진국을 면치 못한다고 생각합니다. OECD 국가 중에서도 잘나간다는 대한민국은 이젠 근로자들이 정정당당하게 제 권리 찾고 일할 수 있도록 어려움을 해결해나가야만 합니다. 더 이상 근로기준법을 속여 근로자의 노동의 대가를 빼앗는 사업체는 있어서는 안 됩니다. 이번 기회에 근로자가 대우받는 보다 더 나은 대한민국이 되길 바라는 진정한 가슴으로 지금 진행 중인 입법제안에 동참하겠습니다. 우리 근로자 특히 어려운 상황 속에 있는 5인 미만 근로자분들 다 함께 힘내서 이겨냅시다.


**전형남(광주 ㄴ호텔, 6차 고발)**

모텔 프론트에서 고객 응대 근무했던 근로자입니다. 야간 청소직원까지 5인 이상 사업장이 분명한데, 야간 청소직원에게는 현금으로 급여를 지급하면서 4인 사업장으로 우기더군요. 갑자기 해고통보하면서 4인 사업장이라서 추가근무수당이나 부당해고 인정할 수 없다고 했습니다. 저는 노무사님 도움으로 해결했지만, 애초에 5인 미만 사업장이라고 차별받는 건 잘못된 것 같습니다. 그 사람들도 열심히 일하고 있는 것은 같으니까요. 입법제안 동참합니다. 꼭 모든 근로자가 법으로 보호받았으면 좋겠습니다.

**유재희(부산 ㅂ반찬 전문점, 5차 고발)**

부산에서 꽤 큰 규모의 반찬 전문점에서 일했습니다. 반찬뿐만 아니라 이바지, 제사음식으로 유명한 곳이고요. 처음 면접 봤을 때 들었던 근무시간은 7시 반부터 5시인데 4시 40분쯤 되면 다 마친다고 했습니다. 첫 출근 날 7시 10분에 도착해보니 모든 직원이 일하고 있었고, 일의 진행으로 봐서는 훨씬 이른 시간에 출근이 되었음을 알게 됐고, 그 출근시간은 점점 당겨져 저는 거의 6시 40분쯤에 도착해 일을 하기 시작했습니다. 반찬집이라 별스럽지 않게 생각했던 저는 일하는 근로자가 13명이나 되는 데 놀랐고, 그 많은 동료들이 하나같이 일찍 오고, 늦게 마쳐도 군소리 한번 못하고, 그것이 당연시되는 분위기에 또 한 번 놀랐지만, 저 또한 거기에 동화되어 정말 열심히 일하였습니다. 계약상 토요일 격주 휴무는 이바지가 생기면 모두 출근으로 사실상 별 의미가 없었고, 결혼 시즌이 되었을 땐 매주 토요일마다 불려 나갔음에도 아무도 불평 없이 일을 했고, 명절 앞은 또 명절이라 바쁘다는 이유로 계속 출근이 종용되었습니다. 사장님께서는 근무한 지 수개월이 지나서야 근로계약서를 써주셨고, 자기들은 업장을 다 분리해놔서 연차수당은 없고 주휴는 포함되어 있다고 하더군요.

법은 항상 저희에게는 먼 나라 얘기였고 저 또한 제가 받는 임금이 어떤 식으로 계산되었는지 뭐가 가감이 되었는지를 한 번도 의심해보지 않았습니다. 안 들어간다면 그런 줄로만 받아들이고 그냥 열심히 하면 내년에는 조금 더 올려주시지 않을까…, 괜히 얘기했다가 눈 밖에 나지 않을까…. 열심히만 일했습니다. 점심시간 1시간도 눈앞에 펼쳐져 있는 일들로 밥만 먹고 다들 눈치 보며 일어났으며 퇴근시간까지 단 10분의 휴식도 없는 일의 연속이었지만 다 같이 정말 열심히 일했네요. 원장님이 아끼는 직원과의 조그만 트러블로 퇴사를 종용받아 퇴직할 때도 억울했지만, 그냥 '나와는 인연이 아닌가 보다'라고 생각했는데, 노동법을 공부한 친구와의 대화에서 내가 받은 처분이 부당하다는 걸 처음 알았습니다. 이걸 어떻게 하면 될까 고민하던 차에 검색을 통해 권리찾기유니온을 알았고 덕분에 저의 부당한 처우는 보상을 받았지만 지금 거기에는 또 다른 제가 너무나 많습니다. 진짜 몸 아끼지 않고 열심히 일만 하는 제 동료들…. 나이가 많아서 또 다른 직장에 적응하기가 싫어서 또 익숙함에 젖어버려서 법이 어떤지 몰라서 일만 하고 있는 그들이 안타깝지만 제가 해줄 수 있는 건 없습니다.

제게는 아들이 둘이 있습니다. 그 아이들이 사는 세상은 정말 지금보다는 좋은 세상이었음 합니다. 땀 흘리는 노동이 대우받고 근로자가 우대받을 수 있는 세상에 조금이라도 힘을 보태고자 합니다. 다 같이 동참하여 입법화에 참여합시다.

**박세희(서울 ㅇ스타트업, 5차 고발)**

스타트업에 정직원으로 입사한 사람입니다. 회사 규모를 키우고 있다며 10명 가까운 사람이 일하는 회사여서, 5인 이상 회사라고 생각하여 입사하였지만, 인턴을 비롯한 직원들 대부분을 개인사업자로 등록하고는 5인 미만 회사라 우겨서 연장수당 휴가도 없이 버텼습니다. 알고 보니 수습 기간이 끝나자 바로 해고하기를 반복하는 업체였습니다. 가짜 5인 미만 고발에 참여했습니다. 아직도 보상조차 받지 못하고, 싸우고 있습니다. 모두가 법을 교묘하게 이용하여 불법적인 이득을 취하는 업체가 없어지도록, 법을 바꾸어야 합니다. 나서지 않고, 목소리를 내지 않으면 바뀌지 않는다는 것을 알게 되어 이번에 입법제안 동참합니다.

**홍미애(충남 천안 ㅈ수퍼마켓, 6차 고발)**

전 대기업체인 유통 마트에서 근무했습니다. 근로계약서는 저에게 전혀 다른 내용으로 작성하게 했으며 당연히 주휴수당·시간외수당 모두 지급받지 못하고 근무했습니다. 지금은 사측과 분쟁 중에 5인 이상임을 밝혀낼 수 있으면 지급하겠다는 다소 황당한 이야기를 합니다. 5인 이상 근무에 대한 것을 밝혀내야 하는 것마저도 근무자가 해야 할 일이란 게 맞는 건가 싶습니다. 권리찾기유니온의 손을 잡으며 입법제안운동에 동참하고 싶고 멈추지 않았으면 합니다. 어느 누구나 부당함 없는, 차별 없는 공정한 세상에서 건강한 삶을 살아가는 근로자가 되길 바랍니다.

# 가짜 3.3 노동자들이 "일하는 사람 누구나 근로기준법을 제안합니다"

**가짜 3.3 노동자 12인**

'일하는 사람 누구나 근로기준법' 입법제안운동 발표회, 2021년 6월 14일

**박지인(경기 남양주 ○교육, 피아노 강사)**

피아노 레슨업체에 업무위탁계약서로 계약해 1년 정도 일한 노동자입니다. 퇴직을 하려고 한 달 전쯤 미리 얘기했었는데 후임자가 구해지지 않아서 계속 일을 해야 한다고 합니다. 후임자를 구하는 업체의 태도도 미적지근하고 이렇게 계속 일을 해야 하나 하는 답답한 마음에 여기저기 알아보던 중 근로계약서가 아니라서 고용노동부에 도움을 구하기도 애매하다는 이야기를 들었습니다. 똑같은 근로자인데 계약서가 다르다는 이유로 노동자로서 보호를 받지 못한다는 게 너무 억울한 일이어서 이렇게 입법제안운동에 참여합니다.

**전승철(서울 ㅈ제화, 제화노동자)**

안녕하세요, 저는 50년 동안 구두를 만들어온 제화노동자입니다. 저는 매일 아침 일찍 출근해서 회사에서 정해준 물량을 모두 마쳐야 퇴근합니다. 다 끝내지 못하면 휴일에 나와서 일을 하는 경우도 허다합니다. 저는 엄연히 회사에 소속되어 있고 하루에 16시간씩 일을 하고 있는데도 회사는 저희를 노동자가 아니라고 합니다. 회사에서 정해준 물량을 마쳐야 하고, 모든 지시와 관리를 회사에서 하고 있는데도, 저희를 개인

사업자로 등록해 놓고 책임을 회피하고 있습니다. 퇴직금은 노동자로서 당연히 받아야 할 권리임에도, 퇴직금을 받기 위해서는 소송을 통해 제가 노동자라는 것을 증명해야만 합니다.

일하는 사람은 누구나 노동자로 인정받아야 하고, 노동자의 정당한 권리를 보장받아야 한다고 생각해서 이러한 입법운동을 지지하고 참여합니다.


**김소연(서울 ㅈ모델하우스 대행사, 분양상담사)**

분양상담사로 일한 지 6년 차가 되어 갑니다. 분양을 시작하기 전 저희 일은 사전 준비단계가 있어서 시작 전 항상 먼저 들어가서 준비를 하는 과정을 거치며 신규 현장이 열리지만 저희 일하는 분들 중 대부분은 일비 만원이나 점심 식대를 받는 게 대부분 관행이고 본부장·시행사·대행사가 갑이기에 본부장·시행사·대행사가 업무지시를 하면 해야 하고 아니면 짤리는 그런 부당해고가 빈번한 그런 직업입니다. 사람 위에 사람은 없다고 생각하고, 저 같은 피해자는 다시는 없길 바라는 마음으로 업계 관행이라는 말로 사람을 무차별하게 대하는 대한민국 노동법 아래 부당한 대우를 더 이상 받으며 사는 건 아니라 생각되어서 참여합니다. 우리의 인권은 우리가 만드는 거라 생각합니다.


**수빈(ㅉ돌봄노동 플랫폼, 보육노동자)**

플랫폼을 통해 보육노동을 하고 있는 노동자입니다. 내가 원하는 시간에 수업을 진행할 수 있어서, 대학생에게는 더할 나위 없는 일자리라고 생각했습니다. 그런데 원하는 시간에 수업을 진행하기 위해서는 제가 스스로를 상품으로 만들어서 '팔아야' 했습니다. 선택되지 않는 사람은 단 한 시간도 노동할 수 없었습니다. 게다가 노동자와 사용자(양육·보육자)를 중재해준다는 플랫폼은 분쟁이 발생하는 경우 사용자의 편만 들었습니다. 최소한의 노동시간도 보장해주지 않고 최소한의 노동안전도 지켜주지 않는 플랫폼, 누구를 위한 것일까요? 저는 노동자가 아닌 걸까요? 이에 대한 답을 찾고자 입법제안에 참여합니다.

**송영경(서울 ㅅ대학교, 근로장학생)**

한국장학재단과 재학 중인 학교에 이중선발을 거쳐 이번 2021년 상반기부터 일하고 있는 근로장학생입니다. 저희는 노동하지만 노동자가 아닙니다. 국가의 수혜를 받는 장학생입니다. 저희 학교의 학기 중 일주일 최대 노동시간은 20시간이고, 저는 주 16시간 일하고 있습니다. 방학 중 주간 최대 노동 가능 시간은 40시간이고 저는 27시간 근무할 예정입니다. 저의 시급은 9,000원입니다. 노동자가 아닌 장학생이기 때문에 주휴수당을 받지 못합니다. 저희 부서에는 평균적으로 4명이 상주 노동하고 있지만, 이 중 근로기준법의 보호를 받는 진짜 노동자는 관리자 단 한 명 뿐입니다. 한 명의 노동만으로 굴러갈 부서가 아니기에 우리는 노동하고 있지만 우리는 노동자가 아닙니다. 이에 부당함을 느껴 이렇게 입법제안에 참여합니다.

**김한별(서울 ㅈ방송사, 방송작가)**

시사교양보도팀에서 일한 8년 차 방송작가입니다. 정해진 시간에 방송국으로 출근해서, 방송 기획부터 본 제작, 마무리까지 도맡아 하고 있습니다. 휴일 없이, 며칠 밤을 새워가면서 일을 하는데도 프리랜서라는 허울로 그 흔한 퇴직금 한 번 받아본 적 없습니다. 이렇게 일하는 내가 노동자가 아니라니 이해할 수가 없었습니다. 일하는 사람 누구나 근로기준법의 보호를 받을 수 있어야 한다고 생각합니다. 여기 모인 우리가 함께 바꿔보려고 합니다.


**정현철(서울 ㅅ텔레마케팅, 재택 프리랜서)**

도급 프리랜서 계약서를 쓰고 일을 해온 노동자입니다. 하는 일은 일반 직원들과 다르지 않았습니다. 그런데 업무조건이 너무 가혹했습니다. 근로계약이 아니라는 이유로 휴식시간이 보장되지 않았으며, 주말엔 식사시간마저 보장되지 않았습니다. 휴가나 병가도 없어서 아파도 참으며 근무해야 했고, 명절에도 쉬지 못하고 일을 했습니다. 야근수당, 주휴수당도 받지 못했습니다. 4대 보험도 들어있지 않기 때문에 계약해지 후 실업급여도 받을 수 없었고 퇴직금도 없었습니다. 회사는 아무것도 지킬 필요가 없었습니다. 너무나 많은 기업들이 단지 비용을 줄이려고 근로계약서가 아닌 도급계약서, 위탁계약서 등을 일방적으로 쓰게 하여 근로기준법, 최저임금법, 기간제법 등을 회피하고 있습니다. 사람으로서 기본적인 권리도 보장받을 수 없는 이런 고용 사각지대가 하루빨리 사라져야 한다고 생각하기 때문에 근로기준법 2조 개정제안에 참여합니다.


**김다희(서울 ㅇ유통판매, 백화점 위탁판매원)**

대형 마트와 백화점 등의 유통업계에서 위탁판매원으로 일한 노동자입니다. 권리찾기유니온을 알게 된 후 제가 '가짜 3.3 노동자'였다는 것을 깨닫게 됐습니다. 저는 퇴직금이 발생하는 1년 근속을 채우기 직전에 터무니없는 사유로 해고당했으며, 해고예고수당이라도 요구하였지만 돌아온 답은 "용역계약에는 해고가 없다"라는 것이었습니다. 회사는 제게 3.3%의 세금을 부과하는 용역계약서를 쓰게 해놓고, 이를 빌미로 제가 사업자이지 노동자가 아니라고 말하였습니다. 회사가 제공한 매뉴얼에 따라 일하고, 회사 대표가 있는 단체 채팅방을 통해서 업무를 지시받은 제가 노동자가 아니라면, 누가 노동자일까요? 저는 계약만 용역계약서를 썼을 뿐 종속적인 관계에서 일을 했고, 노동자의 권리를 되찾고 제 일터로 돌아가고 싶습니다. 그래서 저는 입법제안운동에 참여합니다. 일하는 사람은 모두 노동자입니다.

**신민경(경기 성남 ㅊ병원, 연구간호사)**

현재 의약품 임상시험 분야에서 연구간호사로 일하는 노동자입니다. 대부분의 연구간호사가 교수 개인 소속으로 고용되며, 교수가 사업자 등록을 내거나 국책과제를 진행하는 경우가 아니라면 4대 보험 가입을 원해도 해주지 않거나 혹은 월급삭감을 감수하고 가입해야 하는 실정입니다. 병원 내에서 환자를 만나고 채혈을 하는 업무가 있음에도 법적으로 보호받을 수 없는 근무환경과 처우 개선에 변화가 필요함을 인지하고 있기에 해당 입법제안운동에 참여하고자 합니다.

**송한희(서울 ㄷ헬스장, 헬스트레이너)**

운동을 지도하고 있는 트레이너입니다. 5년 넘게 근무한 직장에서 정해진 시간에 지시받는 업무를 해왔습니다. 근로계약서도 작성하지 않고 일한 것이 화근이 되어 코로나 지원금을 일절 받지 못하는 경우가 생겼고 근로자로서 당연히 받아야 할 퇴직금을 받기 위해 시간, 돈, 정신적 스트레스가 상당했습니다. 실제 하는 일들은 관리감독을 받으며 보고 및 지시를 받는 근로자의 형태인데 서류상으로는 프리랜서로 되어 있으면서 저를 비롯한 팀원들의 사기가 저하되었습니다. 그래서 이 입법제안을 지지하며 나서게 되었습니다. 회색지대에 걸쳐진 노동자들의 처우가 개선되길 바랍니다.

**서진경(경기 평택 한식뷔페, 식당 노동자)**

단체급식식당 주방에서 일하고 있는 중년의 여성 근로자입니다. 규모가 제법 커서 5인 이상이면서 5인 이하로 꼼수를 부리며 각종 수당이나 처우 개선 없이 열악한 주방환경에서 과중한 업무로 휴식시간도 지키지 못하며 11시간씩 초과근무를 하면서 수차례 근로환경 개선을 요구하였으나 받아들여지지도 않았습니다. 개개인의 힘으로는 역부족이었습니다. 더구나 사업소득세 3.3% 공제자로 그만두어도 실업급여대상에 해당되지 못하고 과로로 체력이 떨어져 너무나 힘들고 그만두고 싶으나 생활이 걱정이라 고통스러웠습니다. 이런 스트레스로 고민하던 중 권리찾기유니온을 알게 되었고 큰 도움을 받았습니다. 지금도 사회 곳곳에 근로기준법을 위반하면서 노동착취를 행하는 사업장이 많습니다. 절실히 체험한 저로서는 근로자 누구나 차별이나 억울함 없이 법제도화로 보호되어야 한다는 생각으로 입법운동 추진에 동참합니다.

**김진수(서울 ㅎ대학교, 학과사무실 근로장학생)**

우리 학과사무실에는 공식 근로장학생 1명과 비공식 근로장학생 4명이 근무하는데, 비공식 근로장학생은 계약서 없이 근무합니다. 비공식 근로장학생은 서류상에 존재하지도 않는 사람인 것입니다. 비공식 근로장학생과 공식 근로장학생의 업무 내용에는 차이가 거의 없습니다. 공식 근로장학생은 근로장이라고 불립니다. 근로장은 다른 근로장학생들의 시간표를 짜고, 단톡을 만들고, 기타 일정을 담당하는 역할 등을 하지만, 이 호칭과 업무들은 직급에 따르는 것은 아닙니다. 근로장이라는 호칭은 학교가 공식 근로장학생을 특정하기 위해 편의상으로 부르는 호칭일 뿐입니다. 근로장이라는 호칭이 위력(?)을 발휘하는 날이 한 달에 딱 한 번씩 돌아오는데, 바로 월급날이 그 날입니다. 월급날에 공식 근로장학생이 월급 50만 원을 받으면, 그는 나머지 비공식 근로장학생들에게 10만 원씩을 고르게 나눠줍니다. 공식 근로장학생은 매달 10일, 정해진 시간에 월급을 받을 수 있는 반면, 비공식 근로장학생은 공식 근로장학생이 돈을 나눠줘야 월급을 받을 수 있는 것입니다.

어째서 합리적이지도, 효율적이지도 않은 공식-비공식 근로장학생 시스템이 생겨났을까요? 이유는 채용 가능하도록 정해진 인원은 1명뿐이나, 실질적인 업무량은 1명이 감당할 수 없을 만큼 많은 데에 있습니다. 진짜 문제는 업무량에 맞게 근로장학생 수를 늘릴 때에 해결됩니다. 우리의 노동을 비공식이란 이름으로 부르지 마십시오. 서류에 존재하지 않을 뿐, 우리 비공식 근로장학생들도 엄연한 노동자입니다. 저는 그래서 입법운동에 참여합니다.

# 공동고발 100호…
## '패배의 3.3%와 판세를 뒤집는 3.3%'


허성희(권리찾기유니온 정책국장, 변호사)
《권유하다 뉴스》, 2021년 7월 9일


**공동고발 400일! 가짜 5인 미만 사업장 100호 고발장 접수하며**

**'가짜 3.3이 뒤집는 진짜 노동자 권리찾기' 계획 발표**

권리찾기유니온이 가짜 5인 미만 사업장 공동고발을 시작한 지 400일째인 지난 8일, 100호 사업장이 포함된 8차 공동고발장을 서울고용노동청에 접수했다.

권리찾기유니온은 근로기준법 적용을 회피하기 위해 실제로 5인 이상의 노동자가 근무함에도 5인 미만 사업장으로 위장하는 '가짜 5인 미만 사업장'을 고발하고 있다. 이번 8차 공동고발로 권리찾기유니온이 고발한 사업장은 총 100개이며, 권리 침해를 당한 당사자의 직업은 43종에 달한다. 가짜 5인 미만 사업장에 의해 권리를 침해받는 사례는 특수한 고용형태나 특정 직종에만 한정되지 않는다. 가짜 5인 미만, 가짜 3.3 위장 수법이 행정 및 경영지원 관리자, 컴퓨터 시스템 및 소프트웨어 전문가 등 거의 모든 분야로 확산되고 있다.

가짜 5인 미만 사업장을 제보한 당사자들을 직접 상담하고 있는 강경희 권리찾기유니온 정책국장은 400일 동안의 공동고발 결과를 발표하면서 현행 근로기준법의 한계를 지적했다. 이날 발표에 따르면, 고발 사건이 종결된 60개 사건 중 2개가 '혐의 없음'으로 처리되었다. 혐의 없음으로 처리된 사업장 두 곳(패소율 3.3%)은 각각 ㅇ학원과 ㅈ운송서비스로, 직원과 근로계약 대신 도급·위탁·용역계약 등을 체결하거나 4대 보험 가입 대신 사업소득세를 원천징수하는 등 직원의 노동자성을 박탈하여 노동관계법상 의무를 회피하는 가짜 3.3 사업장에 해당한다. 강경희 정책국장은 두 사례 모두 당사자가 근로기준법상 근로자라는 점을 입증했음에도 불구하고 다른 직원의 노동자성이 부정되어 상시 5인 이상 사업장으로 인정되지 않았다고 밝혔다. 이처럼 직원을 모두 노동자가 아닌 것으로 위장하고 있는 사업장에서는 당사자가 아닌 다른 노동자의 노동자성을 입증해야 하는 문제가 추가로 발생한다.

권리찾기유니온은 대책의 시작으로 4대 보험 미가입자 및 사업소득세 납부자를 포함한 노동자 실태조사, 근로감독관 집무규정에 가짜 5인 미만 및 가짜 3.3 기본조사 항목을 포함하는 내용의 고용노동부 요구안을 제시했으며, '근로기준법이 행방불명된 세계에서 권리찾기' 전국 네트워크를 구축하고 가짜 3.3 공동고발운동을 통해 가짜 3.3에 대한 적극적인 법률대응을 선언했다. 나아가 '일하는 사람 누구나 근로기준법' 입법 대안을 추진하여 타인에게 노무를 제공하는 사람은 노동자로 추정하고, 노동자에게 실질적 지배력·영향력 있는 자를 사용자에 포함하여 사용자 개념을 확대하며, 사업장 규모 등에 관계없이 근로기준법이 적용되도록 사회적 공감을 확산할 예정이다. 이번 기자회견을 주최한 '일하는 사람 누구나 근로기준법' 입법 추진단은 "직업의 종류, 계약의 형식, 사업장 규모와 관계없이" 일하는 사람 모두의 권리가 실현될 수 있도록 입법제안을 추진하고 있다.

공동고발 100호 사업장에서 분양상담사로 일했던 김소연 씨는 부당하게 해고당했지만, 재직 중 근로계약서를 작성하지 않고 사업소득세를 납부했다는 이유로 어떠한 권리구제도 받지 못했다. 김소연 씨와 같은 분양상담사들은 분양대행사나 시행사 측과 어떠한 계약서도 쓰지 않은 채 불안정하게 노동하는 경우가 많다. 노동자가 아니라는 이유로 법적으로 보장된 최저급여도 받지 못하며, 그마저도 깎이거나 체불되는 일이 반복해서 발생한다. 하은성 기획팀장은 "분양상담사라는 직업의 종류, 성과급 위주로 보수를 지급받는 계약의 형식을 이유로 이들의 노동자성을 부정할 수는 없다"라며, 모든 사회 구성원이 차별 없이 권리를 누릴 수 있도록 입법제안운동을 지속할 것이라고 밝혔다.

한편, 입법 추진단은 오는 8월에 '일하는 사람 누구나 근로기준법'의 입법 대안과 사회적 과제를 논의하는 국회 토론회를 개최하고, 정기국회 직전인 8월 31일에는 입법제안운동의 성과를 모아 입법발의 기자회견을 진행할 예정이다.

# "더 이상 숫자 '5'에 갇혀 살고 싶지 않습니다"
## 공휴일법 헌법소원을 청구하며

박지안(물리치료사)
공휴일법 헌법소원 청구 기자회견, 2021년 8월 13일

저는 20여 년간 '물리치료'를 하는 의료인으로 살아오고 있습니다. 다른 분들도 그렇겠지만, 저도 직장생활을 하며 여러 가지로 어려운 상황을 많이 겪어왔습니다. 의료인으로서 존중받고, 노동자로서 마땅히 누려야 할 권리가 있다고 생각하시는 분들이 많겠지만 저의 국민적 권리들 중 소중한 것들을 빼앗아 가는 것이 하필이면 숫자 '5'라는 것을 도저히 납득할 수 없습니다.

저는, 더 이상 권리를 빼앗는 숫자 '5'에 갇혀 살지 않기를 바라며 이 현실을 현재 대학생인 아들에게 물려주고 싶지 않습니다.

우선, 제가 직접 경험한 사례들을 몇 가지 추려보며 저의 주장을 말씀드리고자 합니다. 분명히 직원 수는 5인 이상인데 다음과 같이 위장합니다. 첫째, 가족경영으로 근로자 수를 속이는 곳. 둘째, 동일한 장소에 근무함에도 서류상 다른 사업장인 것처럼 심평원 통화 시 동료와 직장 이름을 달리 말하게 하는 곳. 셋째, 단기근로자의 근로계약서 미작성 및 임금 지급의 차명계좌 사용으로 사용자의 4대 보험료 부담을 줄이는 곳. 넷째, 필수 인력의 구인 지연으로 일시적으로 5인 미만을 만들고 근로자를 해고하는 곳 등입니다.

대부분의 개인의원들은 5인 미만 사업장이 많고 이렇게 악질적 사례

들이 많은데도 불구하고, 권리찾기유니온이 진행한 '가짜 5인 미만 사업장 공동고발'에서는 100개 사업장 중 개인의원이 단 한 건밖에 없습니다. 아마도 신고 후 취업상 불이익을 받을 수 있는 특정 분야이기도 하거니와 생계를 위해 진실을 다툴 여유가 없었기 때문일 것입니다.

5인 미만 사업장에서 겪은 권리 침해 사례들 중 저의 가장 아픈 경험은, 대체공휴일에 일을 해야만 하던 때의 일입니다. 당시 5인 미만 사업장에서 대체공휴일 휴무는 꿈도 꾸기 어려운 일이었습니다. 그래서 어린이집이 휴원이라 저는 어린 아들을 직장 부근 실내놀이터나 블록교실 등에 하소연하여 맡길 수밖에 없었는데, 낯선 장소에 맡겨져서 퇴근 시간이 되어서야 엄마를 만난 네 살배기 아들은 소변이 마려울까 봐 물 한 모금 마시지 않고 참았고, 엄마를 부둥켜안고 한 첫마디가 항상 "엄마 쉬 마려"였습니다. 이렇게 저는 다른 사람들이 쉬는 날엔 제대로 쉬지 못하고, 대체공휴일에 일을 했지만 추가수당을 받지도 못하였습니다. 그리고 설날을 앞두고 해고되었습니다. 이것이 제가 가짜 5인 미만 사업장의 해고에 대한 소송과 함께 최근에 상기되고 자각하여 공휴일법 헌법소원 청구에도 참여를 결정하게 된 직접적인 이유 중의 하나입니다.

제가 지난해 8월부터 근무를 시작한 곳은 근로계약서에도 연차와 초과근로수당이 명시되어 있고, 의원의 규모를 보았을 때 5인 미만으로 운영될 수 없는 사업장입니다. 그러나 제가 일하는 의원의 원장은 경영상의 불이익을 감수하면서까지 2달 동안 퇴직자를 충원하지 않았고, 30일 이상 5인 미만이면 인정한다는 규정에 맞추어 저에게 해고를 해고 예정일 한 달 전 통보하였습니다. 그리고 제가 해고되자 곧바로 사람을 충원하여 다시 5인 이상 사업장으로 돌아갔습니다.

가짜로 5인 미만으로 위장하는 사업체가 아무런 제재도 당하지 않고 불법을 자행하게 할 수 없다는 생각에 이러한 부당한 해고에 맞서 싸우기로 하였습니다. 사업장도 쪼개고, 사업주가 직원 수도 늘리고 줄일 수 있는데, 하필이면 직원 숫자 '5'에 따라 해고도 맘대로 하고, 공휴일이 근무일이 될 수 있는 비상식을 이제는 끝내야 합니다. 제가 해고된 그 사업장은 다가오는 16일이 합법적 휴일입니다.

일하는 사람 모두 인간다운 삶을 살 수 있도록 직원 수 '5'로 차별하는 근로기준법, 직장 내 괴롭힘 금지법, 중대재해처벌법, 공휴일법을 반드시 개정했으면 좋겠습니다. 제 권리를 찾기 위해 다른 분들과 함께 싸워나가면서 절실하게 깨달았습니다. 법을 바꾸고, 사회를 바꾸어야 우리 모두와 우리 아이들의 삶도 온전히 바뀔 수 있습니다. 그래서 저의 참여가 소중한 선택이 되었으면 합니다. 차별받는 또 다른 분들이 같이 나서고, 우리 사회의 많은 분들이 함께 힘을 모을 수 있는 것에 조금이라도 도움이 되기를 바랍니다. 고맙습니다.

# "휴식권, 평등권, 모두의 권리 실현을 위해"
# 공휴일법 헌법소원 청구취지

**김하경(변호사, 법무법인 여는)**
공휴일법 헌법소원 청구 기자회견, 2021년 8월 13일

안녕하십니까, 저는 '법무법인 여는'에서 일하는 김하경 변호사입니다. 오늘 5인 미만 사업장에서 근무하는 다섯 명의 노동자와 권리찾기유니온은 바로 이달 16일부터 시행되는 공휴일에 관한 법률, 약칭 공휴일법에 대하여 헌법소원을 청구합니다. 저희 법무법인 여는은 헌법소원 청구인들의 대리인으로서 이번 헌법소원 청구의 취지를 설명드리고자 합니다.

2021년 7월 7일, 공휴일에 관한 법률이 제정되었습니다. 이 법률은 국가의 공휴일과 대체공휴일의 적용에 관한 사항을 명확히 정함으로써 사회 각 분야에서 통일적으로 공휴일을 운영하기 위해 만들어진 것이라고, 제1조에서 그 목적을 밝히고 있습니다. 법률의 구체적인 내용은, 공휴일을 국경일, 1월 1일, 설날 등으로 규정하고, 공휴일이 토요일이나 일요일, 다른 공휴일과 겹칠 경우에는 대체공휴일을 지정하여 운영할 수 있도록 한다는 사항을 담고 있습니다. 단, 공휴일법 제4조는 공휴일과 대체공휴일의 적용은 근로기준법 등 관계 법령에서 정하는 바에 따르도록 정하고 있고, 근로기준법은 5인 미만 사업장에는 공휴일 유급휴일 규정을 적용하지 않습니다. 결론적으로, 전 국민에게 통일적인 공휴일을 제정하겠다는 이 공휴일법의 목적과는 반대로, 이 법률에서 정한 공휴

일과 대체공휴일도 결국 5인 미만 사업장에는 전혀 적용되지 못합니다. 전 국민이 통일적인 공휴일을 향유하여야 하지만, 여기서 말하는 전 국민에 5인 미만 사업장 근로자들은 배제된다는 것입니다. 결국, 이 사건 법률 제4조는 공휴일법의 본래적 목적과 달리 5인 미만 사업장의 근로자들을 배제하는 규정으로서, 다음과 같은 점에서 헌법에 위반됨이 명백합니다.

첫째, 헌법 제10조를 위반하여 청구인들, 즉 5인 미만 사업장 근로자들의 휴식권을 침해합니다. 공휴일은 우리 헌법상 보장된 행복추구권의 하나인 국민의 휴식권을 보장하기 위한 것인데, 청구인들은 이 휴식권을 보장받지 못합니다.

둘째, 헌법 제11조를 위반하여 청구인들의 평등권을 침해합니다. 이 사건 법률조항은 국가의 공휴일을 적용받는 국민과 국가의 공휴일을 적용받지 못하는 국민을 구분하고, 부당하게 차별을 조장하고 있다는 점에서 헌법상 평등원칙에 명백히 위반됩니다.

셋째, 헌법 제32조 제1항, 제3항을 위반하여 청구인들의 근로의 권리를 침해합니다. 헌법이 명시한 근로의 권리는 일할 자리에 관한 권리뿐만 아니라 일할 환경에 관한 권리도 포함하고 있기에, 건강한 작업환경과 합리적 근로조건의 보장을 요구할 수 있는 권리는 헌법에서 명시한 기본권입니다. 사업장 규모와 무관하게 모든 국민들에게 공휴일과 대체공휴일이 필요한 것은 다르지 않은데도 불구하고 청구인들에게 적절한 휴식권을 부여하지 않은 것은 명백히 헌법이 정한 근로의 권리를 침해한 것입니다.

넷째, 이 사건 법률조항은 한편 명확성 원칙에도 위배됩니다. 이 사건 법률조항은 "공휴일과 대체공휴일의 적용은 근로기준법에서 정하는 바에 따른다"고 정하고 있고, 한편 근로기준법은 '관공서의 공휴일에 관한 규정'에 따른 공휴일을 유급휴일로 정하면서 이 유급휴일에 관한 규정은 5인 미만 사업장에는 적용되지 않는다고 정하였습니다. 그런데 이때 근로기준법이 5인 미만 사업장에 대하여 유급휴일 적용을 배제한 대상은 종래 대통령령으로 시행되고 있었던 '관공서의 공휴일에 관한 규정'입니다. 즉, 종래 있던 대통령령과는 별개로 새롭게 법률로 규정한 공휴일 및 대체공휴일에 관한 사항이 5인 미만 사업장에도 적용되는지, 아니면 적용되지 않는지는 종전의 근로기준법에 정해져 있다고 볼 수 없고, 이 사건 법률조항만으로는 새롭게 법률에 정해진 공휴일과 대체공휴일이 5인 미만 사업장 근로자들에게 적용되는지 명확하게 알 수 없으므로 명확성 원칙에도 위배됩니다.

이상 이 사건 법률조항의 위헌성과, 이번 헌법소원을 제기하는 취지와 개요를 설명드렸습니다. 바로 사흘 뒤부터 신설된 공휴일법이 시행됩니다. 헌법재판소의 결정을 통해 우리 청구인들과 같은 5인 미만 사업장 노동자들에게도 차별 없이 휴식권이 보장될 수 있기를 기원하면서 저희 법무법인 여는에서도 끝까지 함께하겠습니다.

# 입법 대안 토론회 현장…
# '일하는 사람 누구나 근로기준법'

허성희(권리찾기유니온 정책국장, 변호사)

《권유하다 뉴스》, 2021년 8월 26일

'일하는 사람 누구나 근로기준법' 입법 대안 토론회가 지난 23일 오후 2시 국회에서 열렸다.

정의당 강은미 국회의원과 '일하는 사람 누구나 근로기준법' 입법 추진단(이하 '입법 추진단')이 개최한 이 날 토론회는 입법 추진단의 입법 대안(제2조 정의, 제11조 적용 범위), 입법운동의 과제와 계획을 주제로 진행됐다.

토론회는 강은미 국회의원, 노동인권실현을 위한 노무사모임(이하 '노노모') 구동훈 회장, 민주사회를위한변호사모임(이하 '민변') 노동위원회 이용우 부위원장, 권리찾기유니온 한상균 위원장의 대표 인사로 시작을 알렸다.

강은미 국회의원은 "현실의 노동환경을 제대로 반영하지 못하는 법률로 인해 5인 미만 사업장의 노동자들은 기본적인 근로조건과 처우는 물론, 산업재해로 인한 죽음, 행복권 중 하나인 휴식권 등에서 차별받고 있다. 일하는 사람 누구나 근로기준법이 적용될 수 있도록 입법활동과 실천 활동에 저와 정의당이 앞장서겠다"고 말했다.

이어 구동훈 회장은 "근로기준법이 누군가에게는 지켜지지 않아도 되는 기준이 되는 현실"에 대해 언급하며 "이번 토론회가 과거부터 계속

되고 있는 잘못된 관행을 끝낼 수 있는 자리가 되길 바란다"고 말했다. 이용우 부위원장은 입법 추진단이 제안하는 입법 대안을 언급하며, "오래된 관념에 기초한 노동자 개념, 보호가 필요한 노동자를 보호하지 않는 적용제외 규정에 대한 고민이 필요한 시점"에서 이번 토론이 사회적 논의의 중요한 계기가 되기를 기원했다.

마지막으로 한상균 위원장은 "대선을 앞둔 상황에서 모든 노동자들의 최소한의 기본권을 보장할 수 있는 사회를 논의하는 것은 무엇보다 중요하다. 법 개정까지 이어질 수 있도록 연대하고 투쟁할 것"이라며 인사를 마쳤다.

본 토론에 앞서 근로기준법 제2조 당사자(가짜 3.3 B형)*와 근로기준법 제11조 당사자(가짜 5인 미만 A형)**가 직접 겪은 권리 침해 사례를 발표했다. 근로기준법 2조 당사자로 나선 김다혜 씨는 "얼마나 기울어진 운동장 위에 노동자들이 서 있는지 뼈저리게 느꼈다"며 사용자는 단기간 용역계약을 반복해서 체결하며 책임과 의무를 회피하고, 노동자는 노동자로 인정받기 위해 증명책임을 온전히 부담하는 현실의 부당함을 성토했다.

근로기준법 11조 당사자로 나선 김민정 씨는 "5인 이상과 5인 미만을 구분하는 근로기준법 11조의 차별이, 진짜 5인 미만 사업장 노동자들의 권리를 침해하고, 이에 더해 가짜 5인 미만 사업장까지 양산하고 있다"고 말하며 현장의 목소리로 차별 폐지의 필요성을 전했다.

당사자들의 사례 발표를 통해 현실의 노동자들을 보호하지 못하

---

* 가짜 5인 미만 A형: 서류상 여러 사업장으로 쪼개 5인 미만 사업장으로 위장하여 근로기준법 핵심 조항 적용을 회피하는 유형.

** 가짜 3.3 B형: 도급·위탁·용역계약 등 체결하고 사업소득세(3.3%)를 원천징수하는 방식으로 근로자가 아닌 것으로 위장하여 근로기준법 적용을 회피하는 유형.

는 현행법의 한계가 지적되었고, 이러한 한계를 딛고 일하는 사람 모두의 권리를 보장하기 위한 입법 대안에 대한 논의가 본격적으로 이루어졌다.

입법 추진단의 첫 번째 입법 대안인 근로기준법 제2조 개정안의 발제를 맡은 이종훈 변호사(민변 노동위)는 근로자임을 주장하는 자가 근로자성에 대한 증명책임을 부담해야 함에 따라 발생하는 문제를 짚었다. 이종훈 변호사는 "완전한 종속성을 흰색이라 한다면, 완전무결한 흰색에 해당하는 사람도 있지만, 대부분은 흰색과 검정색이 얼룩덜룩하게 섞여 있는 회색지대에 놓여 있다"며 "그런데 검정색이 섞여 있어서 또는 검정색이 없음을 제대로 증명하지 못해 근로자로 인정받지 못해 완전한 검정색 취급을 받게 되는 것"이라는 비유를 통해 개정안의 취지를 명료하게 설명했다.

입법 추진단의 개정안은 현행법상 근로자임을 주장하는 자에게 부과되는 증명책임의 주체를 전환하여, 타인에게 노무를 제공한다는 점만 입증하면 근로자로 추정하고, 근로자에 해당하지 않는다는 것을 사용자가 입증하게 하는 내용이 핵심 골자이다. 구체적으로 개정안은 '타인에게 노무를 제공하는 사람'을 근로자로 추정하여 근로자성 증명책임을 사용자에게 부과하는 근로자 정의 규정 개정과, 근로계약 체결의 형식적 당사자가 아니라고 하더라도 근로자의 근로조건에 실질적인 지배력 또는 영향력이 있는 자에게 근로기준법상 책임을 부담케 하는 사용자 정의 규정 개정을 내용으로 한다.

두 번째 입법 대안으로 근로기준법 11조 개정안에 대한 이미소 노무사(노노모)의 발제가 진행됐다. 이미소 노무사는 근로기준법 적용 범위를 사업장 규모에 따라 차별적으로 규정한 근로기준법 11조의 문제점과 그에 대한 법률적·사회적 비판들을 차례로 제시하며 근로기준법 11조 개정 필요성을 역설했다.

이미소 노무사는 근로기준법의 규정을 모든 사업(장)에 전면 적용하는 내용의 입법 추진단 개정안에 대해 예상되는 반론에도 반박했다. "지불 능력의 한계가 있는 영세 사업장이 있다면, 해당 사업장에 근무하는 노동자에 대한 사업주의 근로기준법상 책임과 의무를 면하는 것이 아니라, 근로기준법을 준수할 수 있도록 정부와 사회가 영세 사업장을 지원할 수 있도록 하는 게 올바른 방향"임을 지적했다.

입법 대안 발제와 함께, 이러한 입법 대안을 실제 법안으로 발의하고 전 사회적 운동으로 이끌어나가기 위한 입법운동의 계획 및 활동에 대한 발표가 진행됐다. 입법 추진단의 하은성 기획팀장은 일하는 사람 모두의 권리를 실현하기 위한 입법운동의 취지를 설명하며, 입법안 발의 및 국회 입법절차 진행을 위한 활동과 당사자·시민들이 직접 참여할 수 있는 실천사업의 계획을 발표했다.

# 근로기준법 차별지대와
# 모두의 권리

정진우(권리찾기유니온 사무총장)
월간《복지동향》, 2021년 12월호

## 소개

'모든 노동자에게 근로기준법을'이라는 주제로 원고 청탁을 받아 다소 들뜬 마음으로 글을 씁니다. 근로기준법을 근로기준법으로 바꾸는 운동이 매우 힘든 장벽에 막혀 있는 상황입니다. 그래서 이렇게 일선 현장에서 세상을 일구고 있는 많은 분들과 뜻을 나눌 수 있는 시간이 너무도 고맙고 소중합니다. 이해를 돕기 위해 근로기준법 차별 폐지의 힘을 모으고 있는 네트워크들을 간략히 소개합니다.

권리찾기유니온은 5인 미만 사업장을 비롯한 차별지대 노동자들과 모두의 권리를 함께 실현하려는 노동자·시민들이 함께 연대하고 단결하는 노동조합입니다. 2019년 10월 9일, '일하는 사람 누구나 권리찾기 1000일 운동계획'을 채택하고, 비영리단체로 출범할 때의 이름이 '권리찾기유니온 권유하다'인데, 여전히 당시의 약칭인 '권유하다'로도 불립니다. '권유하다'는 창립 취지에 따라 차별지대 당사자들과 함께 가짜 5인 미만 사업장 공동고발운동 등과 같은 다양한 사회운동을 전개해왔습니다. 이 과정에서 '권유하다'는 본격적인 당사자 조직운동으로 나아가기 위해 '노동조합 할 수 없는 사람들의 노동조합'을 표방하며 노동조합으로 조직을 전환하고, 올해 1월 1일 설립신고를 받아 법내노조가 되었습니다.

현재는 피해 당사자, 법률단체들과 함께 '일하는 사람 누구나 근로기준법' 입법 추진단을 결성하여 근로기준법 2조 개정안을 발의하고, 이를 실현하기 위한 다양한 입법운동을 전개하고 있습니다.

지난 8월에는 참여연대와 민주노총 등 각계각층의 공동제안으로 '5인 미만 차별 폐지 공동행동'을 구성하였고, 무응답 국회가 근로기준법 전면적용의 입법과제에 응답할 수 있도록 더 크고 강한 힘을 모아나가고 있습니다. 11월 24일에는 근로기준법 전면적용에 동의하는 국회의원들과 함께 국회 의원회관에서 "차별이 확산된다. 5인 미만 사업장 근로기준법 차별 언제까지 방치할 것인가"라는 제목으로 토론회를 개최합니다.

국회의원을 비롯한 세상 속 많은 이들이 근로기준법 차별 폐지의 과제를 함께 실현해나가는 주인공으로 만날 수 있기를 소망합니다.


### 사각지대? 차별지대!

코로나19 재난시대에 취약한 근로조건에 처한 노동자들을 지칭하며 '사각지대 노동자'라는 용어를 자주 사용합니다. '사각지대'의 사전적 의미는 거울이 비출 수 없는 각도, 즉 사물이 보이지 않는 각도를 뜻합니다. "법제도가 미치지 못하는 사각지대, 노동행정이 닿지 못하는 사각지대"라고 사용하면, 노동권을 보장하기 어려운 구역이 불가피하게 존재함을 전제하게 됩니다.

수시로 법은 개정되고, 각종 대책이 쏟아져도 충분한 휴식 없이 공짜 노동으로 힘들게 일하다 손쉽게 해고당하는 노동자들이 많은 이유는 무엇일까요? 이들은 법적 영향이 미치지 못하는 '사각지대'에서 보이지

않게 방치된 사람들인지, 아니면 노동권을 보장하지 않기 위해 만들어
둔 '차별지대'에서 노동하며 살아가는 사람들인지요?

## 근로기준법을 회피할 수 있는 차별지대

헌법은 근로조건의 기준에 관해 인간의 존엄성을 보장하도록 법률
로 정하도록 했고, 이에 따라 제정된 근로기준법은 "헌법에 따라 근로조
건의 기준을 정함으로써 근로자의 기본적 생활을 보장, 향상시키며 균
형 있는 국민경제의 발전을 꾀하는 것을 목적"으로 제시합니다. 근로기
준법에서 정하는 기준은 최저기준이므로 근로관계 당사자는 이 기준을
이유로 근로조건을 낮출 수 없습니다. 근로기준법의 제정 목적과 이 법
의 기준이 최저기준이라는 것의 헌법적·사회적 의미를 먼저 짚어봅니
다. 국가가 인간의 존엄성을 보장할 수 있는 최소한의 근로기준을 정하
고, 이러한 법적 강제가 없으면 이 기준에 미달하는 취약한 근로조건에
처할 가능성이 큰 노동자들의 근로관계를 사회적으로 향상시키겠다는
것입니다.

그렇다면, 근로기준법이 적용되지 않는 취약한 노동자들이 실제로
존재하는 이유는 무엇일까요? 사각지대의 용법으로는 이 법을 미처 준
수하게 하지 못하고 있는 근로관계, 차별지대의 주장으로는 이 법을 회
피할 수 있는 근로관계가 왜 존재하느냐 물을 것입니다.

결론적으로 어떤 사업주들은 '사업장 규모'(제11조)와 '계약의 형식'
(제2조)을 명목으로 이 법의 적용을 회피하고, 근로기준법의 최저기준에
미달하는 근로관계를 통해 사업을 영위할 수 있습니다. 법에 명시된 규
정조차 제대로 적용하지 않는 사업주들이 있고, 이에 대한 감독과 처벌
이 부족하니 위법과 탈법이 더욱 횡행한다는 지적도 타당합니다.

문제는 이러한 법령 미준수가 사태의 원인이 아닌 결과이고, 차별제도의 전형적인 활용법이라는 것입니다. 근로기준법이 사라진 세계를 사각지대가 아닌 차별지대로 직시해야 문제의 원인을 파악하고, 대안과 해법도 제대로 수립할 수 있겠습니다.

### 근로기준의 핵심 조항이 적용되지 않는 노동자

사업장 규모, 그것도 하필이면 상시근로자 5인이라는 경계로 근로기준법의 적용 여부를 나누는 것이 타당한지에 대한 비판은 어렵지 않습니다. 근로기준법 제정의 취지와 이 법에 명시된 목적만 확인해도 '5인 미만 사업장 적용제외'는 합리적으로 주장할 여지는 없습니다. 영세한 사업주를 보호하기 위해 소규모 사업장에 적용하지 말자는 주장은 근로기준법이 무엇인지 모른다는 무지의 고백입니다. 법적 강제가 없으면 취약한 근로조건에 처할 가능성이 큰 노동자들의 근로관계를 사회적으로 향상시키려는 법을 제정하고서, 이런 법이 필요한 곳일수록 덜 적용하자는 괴이한 주장이 되고 맙니다.

5인 미만 사업장에 적용되지 않는 대표적 조항으로 언급되는 것은 해고의 제한 및 부당해고 구제신청, 휴업수당, 연장·휴일·야간 가산수당, 연차휴가 등입니다. 고용안정, 건강과 휴식에 관한 보장은 그 조항 자체로도 근로기준의 핵심이자, 노동상담을 의뢰하는 대표적인 소재입니다.

"근로기준의 핵심 조항이 보장되지 않는 노동자들은 근로관계 전반에서 취약한 근로조건이 고착된다."

손쉽게 해고될 수 있고, 부당한 해고를 당해도 구제신청조차 할 수 없는 근로조건에 처한 노동자는 사업주의 계약 위반이나 불합리한 조치에 저항할 엄두조차 내기 어렵습니다. 해고의 위험은 취약한 근로조건을 고착시키는 결정적 조건으로 작동됩니다.

제4장 근로시간과 휴식은 거의 통째로 적용되지 않습니다. 연장근로에 대한 가산수당은 물론이고, 근로시간에 대한 제한과 통제가 사라지면서 실제 근로한 시간에 대한 산정도 희박해집니다. 공짜노동이 만연하게 되고, 저임금 노동의 경우에는 결과적으로 최저임금도 위반하게 됩니다.

법적 구제를 시도할 수 없는 노동자들은 직장 내 동료 노동자들의 협력도 기대하기 어려우니 단결의 가능성도 무력화됩니다. 개별적 노사관계법인 근로기준법의 차별지대는 노동조합 무풍지대가 되어 집단적 노사관계 자체를 삭제시킵니다.

## 사업장 규모를 위장하여 근로기준법 회피하기

"사업장 규모를 축소하면 근로기준법의 핵심 조항을 적용하지 않을 수 있고, 노조로의 단결권도 지울 수 있다."

노동법이 규정하는 사용자 책임과 법적 의무를 손쉽게 회피할 수 있는 길을 근로기준법 11조가 제시합니다. 상시근로자 수를 5인 미만으로 계산할 수 있으면 구조적으로 해결할 수 있습니다.

'가짜 5인 미만 사업장'의 정의는 근로기준법상 사업주의 의무와 책임을 회피하기 위해 5인 미만 사업장으로 위장한 사업장입니다. 권리찾기유니온이 주관한 9차례의 사회적 공동고발을 통해 법적 구제에 나선

**가짜 5인 미만 사업장 위장 유형**

| A형(사업장 분리형) | 서류상 여러 개로 사업장을 쪼개 5인 미만으로 위장 |
| --- | --- |
| B형(직원 미등록형) | 직원 4명까지 4대 보험 등록,<br>나머지는 무자료 또는 가짜 3.3 |
| A+B형(융합형) | 사업장 분리형 + 직원 미등록형 |
| C형(무작정형) | 이외에 무턱대고 초과수당 등 없는 사업장 |

사업장의 수는 이미 100개를 넘어섰습니다.

가짜 5인 미만 사업장의 A형(사업장 분리형)은 법조계에서는 이미 알려졌던 유형입니다. A형의 경우, 부부간에 소규모 사업장을 쪼개는 수준을 넘어 중견 대기업과 신산업분야에서의 쪼개기 사례 제보가 늘어나고 있습니다.

B형은 권리찾기유니온이 최초로 가짜 5인 미만 위장 사례로 분류한 유형입니다. 코로나19 재난시대에 실업급여조차 받을 수 없는 4대 보험 미가입 노동자들의 현실이 현안으로 제기되었고, 상담사례 연구와 사업주 모니터링 등을 통해 4대 보험 미가입 이슈의 본질에 접근해보았습니다.

4대 보험 미가입의 본질은 한마디로 노동자성 박탈입니다. 가짜 5인 미만 B형(직원 미등록형)에서 드러나듯이 고용 중인 직원 중 일부를 4대 보험에 가입시키지 않는 수법으로 해당 직원을 근로기준법상 근로자가 아닌 것으로 위장할 수 있고, 이를 통해 사업장 규모를 계산하는 상시근로자 수도 줄일 수 있습니다. "근로소득세 원천징수, 사회보험 가입인정 등은 사용자가 우월한 지위를 이용하여 임의로 정할 여지가 크기 때문에 근로자성을 쉽게 부정하여서는 안 된다"는 것이 현재 대법원의 확고한 판례입니다. 그러나 취약한 근로조건에 처한 노동자가 장기 고비용의 소송을 거쳐 자신의 노동자성을 스스로 입증하기 전까지는 사업주가 정해준 대로 근로자 아닌 직원으로 (오)분류됩니다.

최근에는 무자료나 일용근로소득 신고보다 비용처리에 유리한 사업소득자 신고방식이 대세가 되고 있습니다. 4대 보험 가입 대신 사업소득세를 원천징수하면, 해당 직원은 근로소득자가 아닌 사업소득자로 위장되어 버립니다. 사업소득자로 위장된 노동자들을 '가짜 3.3'으로 호명하는 이유는 원천징수세율인 3.3%가 당사자들에게 친숙한 용어이기 때문입니다.

가짜 3.3을 이슈화하는 언론보도의 영향으로 가짜 5인 미만 사업장 B형의 제보도 현저하게 확대되고 있습니다. 애초에 B형(직원 미등록형)의 별칭을 '4+3 사업장'(4대 보험 가입 4, 미가입 3)으로 정했는데, 콜센터 업종에서 '2+100' 사업장이 등장하였습니다. 올해 국정감사에서 사례로 제시된 유명 아울렛은 100개의 사업장으로 분리해 250명 근무하는 직원을 5인 미만으로 둔갑시킨 사업장입니다. 이주노동자를 1000명 넘게 고용하는 어느 대규모 사업장에서는 수십 개로 사업장을 쪼갠 후에 다시 미가입을 활용하는 융합형(A+B형) 사업장으로 고발되었는데, 다행히 피해 노동자들이 수십 명 단위로 연이어 승소하고 있습니다.

이렇게 사업장 규모를 위장하여 근로기준법을 회피하는 수법은 계속 진화하고, 거의 모든 산업으로 실제 사업의 규모와 관계없이 확대되고 있습니다. 사용자 책임과 법적 부담을 덜어낼 수 있는 간편하고 안전한 마법이기 때문입니다.


### 차별제도의 확산과 모두의 권리

중대재해처벌법의 국회 논의과정에서 5인 미만 사업장은 이슈로 등장하지도 않다가 본회의 의결을 앞두고 기습적으로 적용제외 처리됩니다. 공휴일법 제정 과정에서는 차별 반대여론이 더욱 커졌지만, 차별을 정당화하는 무기는 역시 근로기준법이었습니다.

"5인 미만 사업장을 차별하는 법은 가짜 5인 미만 사업장을 확대하는 법이 될 것이다."

중대재해처벌법에서 공휴일법으로, 연이은 차별제도의 강행 처리를 앞두고, 가짜 5인 미만 사업장의 피해 당사자들이 절박하게 외친 구호입니다. 근로기준법의 차별조항을 악용하는 사업장에서 노동의 권리를 빼앗겨왔던 이들이 용기를 내 사회적 고발로 함께 권리를 찾아 나섰기에 가능한 주장이었습니다.

차별지대 확산이 가속될 수 있는 이유는 차별제도 확산의 줄거리가 사업장 규모이기 때문입니다. 사업장을 쪼개는 것에 한계가 없음을 대규모 사업장들이 적나라하게 보여주고 있고, 굳이 서류를 위장하지 않아도 근로자 수를 줄일 수 있는 마법을 터득한 사업주들은 무자료와 사업소득자를 남발합니다. 가짜를 고발하는 운동에는 한계가 있지만, 차별제도를 악용하는 마법의 급수는 끝없이 진화합니다.

**가짜 5인 미만 사업장 확산법**

| | |
|---|---|
| **근로기준법(1953년 5월 10일)** | 더 많이 일하다 함부로 쫓겨나고, 기본은 다 안 되는 |
| **직장 내 괴롭힘 금지법(2019년 1월 15일)** | 더 심각한 직장 갑질, 신고도 못 하는 |
| **중대재해처벌법(2021년 1월 26일)** | 안전하게 일할 권리, 죽음마저 차별하는 |
| **공휴일법(2021년 7월 7일)** | 빨간 날 못 쉬고, 대체일엔 공짜로 일하는 |

차별제도의 확산은 차별받는 피해자를 확대시킵니다. 위장 사업장의 확산은 차별지대를 넓히고, 누구나 잠재적인 차별 당사자가 될 수 있는 미래의 차별로 이어집니다. 공식적인 차별지대의 비중 확대는 취약한 노동시장에서 생계를 유지해야 하는 거의 모든 노동자들의 권리를 위협합니다.

그래서 차별제도의 뿌리를 뽑지 않는다면 모두의 권리가 위험해집니다. 평소에 권리가 취약한 이들이 가장 먼저 심각하게 위기로 내몰리는 시대에 처절하게 깨달은 교훈이 있습니다. 모두의 권리가 모두를 살린다는 것. 모두의 권리를 위협하는 차별제도의 확산을 막아내지 못하면 지속 가능한 미래는 없습니다.

국가가 나서 근로조건의 기준을 정하여 기본적 생활을 보장·향상시켜야 할 노동자들이 오히려 이 법의 적용에서 배제되는 비참한 현실. 이 법의 이름은 근로기준법입니다.

전태일 열사가 산화한 51년 전, 수백만 노동자들에게 무용지물이었던 근로기준법을 불태워야 했던 시대. 지금 수백만 노동자들에겐 불태울 법전조차 빼앗긴 시대. 차별지대의 장벽을 함께 넘어서려는 또 다른 우리들에게 시급히 응답할 시간입니다.

모두의 권리를 위해 근로기준법 차별지대의 장벽을 해체하는 주인공으로!

# "단지 운이 나빠서 가짜 5인 미만 사업장을 두 번 연속 만난 건 아닙니다"

김형석(○종합시설관리 아파트경비원)

근로기준법을 빼앗긴 사람들의 권리찾기 성토 대장정 2차, 2022년 1월 19일

저는 지난 2020년 12월 1일, 가짜 5인 미만 사업장 4차 공동고발에 참여했던 노동자이고, 1년이 지나 이번 11차 고발에 다시 참여하게 된 김형석이라고 합니다.

지난번 고발에서는 A형(사업장 분리형) 고발 당사자였습니다. 제가 일한 병원 장례식장은 장례식장, 식당, 매점을 각각 사업자 등록을 해서 3개로 나누었지만, 실제로는 너나 할 것 없이 구분 없이 일했습니다. 그리고 24시간 격일제 맞교대를 하며 작성한 근로계약서에는 휴게시간이 14시간으로 기재되어 있지만, 실제로는 5시간도 제대로 잠들지 못했습니다.

그런데 가짜 5인 미만 장례식장에서 견디지 못해 퇴사하고 새로 일을 구하고 보니, 또 다시 가짜 5인 미만 사업장을 만났습니다. 이번엔 대기업입니다. ㅎ금융그룹 관계사인 ○종합시설관리에서, 버젓이 사원 수를 860명으로 기재하고 매출이 300억이 넘지만 연차휴가도 주지 않고 있습니다. 휴게시간을 맘대로 기재해 놓지만, 별도의 휴게공간도 없어 경비실 안에서 수시로 들려오는 민원과 오토바이 소리에 밤을 새우는 일이 허다합니다. 그런데 휴게시간을 적어두었으니 야간수당도 제대로 안 줘도 되고, 감시단속 근로자 승인을 받았는지 연장수당도 안 줘도 된다

고 합니다. 주민들의 민원처리, 출동, 코로나 방역으로 인한 소독, 분리수거까지 하는데 감시단속 근로자에 해당하고, 휴게시간을 주고 있다니 말이 되지 않습니다.

단지 제가 운이 나빠 가짜 5인 미만 사업장을 두 번 연속으로 만난 것은 아니겠지요. 이렇게 변칙과 반칙으로 노동자의 임금을 착취하고, 사람을 사람답지 못하게 살게 하는 사업장이 대한민국에 너무나 많기 때문일 것입니다. 심지어 노동부 취업 성공 패키지를 통해 입사하였는데 또다시 가짜 5인 미만 사업장일 줄은 생각도 못 했습니다. 저는 여기서 퇴사를 하고, 가짜 5인 미만 공동고발에 다시 참여를 하며 일자리를 구해야 합니다. 이번에는 가짜 5인 미만 사업장이 아닐까요? 일자리를 구하는 입장에서는 알 수 없습니다. 버젓이 5인 이상으로 기재되어 있어도 일하는 도중 법을 지키지 않으면 마찬가지기 때문입니다.

대한민국이 선진국이라고 생각했습니다. 그런데 이렇게 가짜 5인 미만 사업장을 연속해서 만나다 보니, 적어도 노동 현실에 있어서는 선진국이 아닌 것이 분명한 것 같습니다. 지금 현실에서 어렵게 일하는 수많은 5인 미만 사업장 노동자들의 문제, 그리고 가짜 5인 미만 사업장이 양성되는 문제를 해결하지 않는다면, 후진국이라는 불명예를 벗어날 수 없을 것입니다.

우리 모두를 위해, 5인 미만 사업장에 대한 차별을 폐지할 것을 요청합니다. 근로기준법 차별 폐지만이 이 문제를 해결할 수 있습니다. 감사합니다.

# 제1회 가짜 3.3 노동자의 날…
# '노동자 이름과 권리찾는 반격의 서막'

**이주영**(권리찾기전국네트워크지원센터 조직국장)

《권유하다 뉴스》, 2022년 3월 14일

## 세금의 종류로 노동자의 이름과 권리를 박탈당한 노동자들

사업의 대가로 소득이 발생한 사업주는 사업소득세를 납부하고, 근로의 대가로 소득이 발생한 노동자는 근로소득세를 납부해야 한다. 그런데 타인에게 노무를 제공하고 그에 대한 대가를 받아 생활하지만, 근로소득세가 아닌 사업소득세를 납부하는 이들이 있다. 4대 보험 대신 사업소득세를 원천징수(3.3% 등)하는 노무관리에 의해 사업소득자로 위장된 노동자들(이하 '가짜 3.3 노동자')이다.

사업소득세를 납부한다고 하면, 플랫폼노동, 특수고용, 프리랜서와 같이 특수한 이름을 떠올리기 쉽다. 그러나 노무관리 프로그램을 통해 노동자를 사업소득자로 위장하는 마법은 음식점, 서비스, 사무직, 제조업 등 산업분류와 직업의 종류에 상관없이 거의 모든 곳에 퍼져 있다. '무늬만 프리랜서'라는 이름 대신, '가짜 3.3'이라는 이름을 쓰는 이유이다.

## '가짜 3.3 노동자의 날' 제정

3월 3일은 '납세자의 날'로, 납세자의 날 기념식에서는 '각종 세금을 많이, 모범적으로 납부한 이들'에게 훈장과 표창장을 수여한다. 올해는 '제56회 납세자의 날'이었다. 한편 2022년 3월 3일에는 전태일 기념관에서는 제1회 '가짜 3.3 노동자의 날' 기념식이 열렸다.

'가짜 3.3 노동자의 날'의 주인공은 세금의 종류로 노동자의 이름과 권리를 박탈당한 노동자들이다. '일하는 사람 누구나 근로기준법 입법 추진단'과 '권리찾기유니온'은 세금의 종류로 '노동자'라는 이름과 권리를 박탈당한 노동자들의 존재를 알리고, 노동자성 회복 투쟁의 사회적 성과와 과제를 공유하기 위해 기념식을 개최했다. 기념식은 축사와 시상식, 가짜 3.3 노동자 권리찾기 실행계획 발표 및 출발선언 순으로 진행됐다.

## 권리를 찾아 나선 이들에게 '권리찾기상'을

'가짜 3.3 노동자 권리찾기상' 수여식은 4개 부문으로 진행되었다. 권리를 찾는 당사자가 직접 수상자와 시상자로 참여한 것이 눈에 띄었다. '일하는 사람 누구나 근로기준법'의 입법 제안자로도 참여한 김소연 씨는 어떠한 계약서도 작성하지 못한 채 일을 하다 구두로 해고당한 뒤, 노동위원회에 부당해고 구제신청을 제기하며 분양상담사의 노동자성을 인정받기 위해 싸우고 있다. 경기도에 있는 큰 아웃렛에서 조리사로 일한 서진경 씨는 아웃렛 전체에서 가짜 3.3을 대규모로 활용하는 것에 문제의식을 느끼고, 가짜 5인 미만 사업장 공동고발 및 고용노동부 국정감사에 참여하여 전국적인 근로감독을 이루어냈다. 20년 가까이 문화예술계에서 활동해온 연보라 씨는 다른 배우들과 함께 가짜 3.3 근로자 지위 확인 1차 공동진정에 참여하여 방송연기자의 노동자성을 인정받는 데 기여하였다.

법률지원 부문에는 MBC 보도국 방송작가의 노동자성 인정 및 전주 KBS 방송작가의 노동자성을 이끌어낸 김유경 노무사(개인)와 최초로 플랫폼노동자인 타다 드라이버의 노동자성 인정을 이끌어낸 민주노총 법률원(단체)이 수상하였다. 노동조합 부문에는 프리랜서라고 주장하는 대구 MBC에 맞서 당사자 조직을 건설하고 방송 비정규직 권리찾기 활동을 전개한 대구MBC비정규직다온분회와 소송과 입법운동을 통해 제화노동자들의 권리찾기 및 노동자성 회복 투쟁을 전개해온 서울일반노조 제화지부가 수상하였다.

사회연대 부문에는 가짜 3.3 위장노동에 관한 최초의 지역 단위 실태조사를 수행하여 지역에서 가짜 3.3 노동자를 위한 사회적 연대를 실현한 전라북도비정규직노동자센터가 수상하였다.

이날 기념식에서는 가짜 3.3 공동진정을 제기한 당사자들의 목소리도 들을 수 있었다. 영어 강사 Joey 씨는 근로계약서를 작성했음에도 사업소득세를 납부해야만 했다. 하루 6시간씩 주 3일을 근무했지만, 학원은 Joey 씨의 근무시간이 주 15시간이 되지 않는다며 4대 보험 가입을 거부했다. 그동안 퇴근시간이 지나서 일한 적도 있지만 연장수당도 받지 못하였고, 학원 사정이 어렵다는 이유로 구두로 해고되었다. 그러나 사업주가 1년 넘게 근무한 Joey 씨에게 준 퇴직금은 단 20만 원이었다.

스포츠지도자 아무개 씨는 용역계약서를 작성하는 방식으로 사업소득자로 위장되었다. 회사가 제시한 용역계약서에는 계약 기간 내 이직할 경우 위약금을 지급해야 한다는 조항이 있었다. 또한, 클럽하우스에서 1년 내내 상주하며 선수들을 관리했고, 매주 훈련 스케줄을 담당 직원에게 수시로 보고했으며, 선수 선발 및 팀 구성도 구단에 보고 후 결재를 받아야 했다. 이처럼 실질적으로 노동자로 일한 그에게 회사는 재계약 불가를 통보하며 퇴직금도 지급하지 않았다.

**실태조사, 법률구제에서 사회연대 실행계획으로…**

**노동자의 이름과 권리를 찾는 반격의 서막**

권리찾기유니온은 권리찾기전국네트워크와 협력해 진행하는 '가짜 3.3 노동실태 연구조사'를 시작으로 '가짜 3.3 노동자 권리찾기운동'을 실행해나갈 예정이다. 산업과 업종을 가리지 않고 가짜 3.3 노동자가 확산되는 현황을 최초로 분석하고, 방송산업, 스포츠산업 등 10개 내외 심층 조사 업종을 선정하여 전면적인 실태조사를 통해 사업소득세 납부 노동자의 노동실태와 위장방식 등을 조사한다는 계획이다.

그동안 업종을 가리지 않고 진행되어 온 '가짜 3.3 노동자'를 대상으로 한 법률구제 사업도 계속될 예정이다. 나아가 대국민 홍보활동과 사회적 연대활동을 통해 세금의 종류와 계약의 형식으로 노동자의 이름과 권리를 빼앗는 시대를 끝내고, 전국의 가짜 3.3 노동자들과 함께 본격적인 당사자 권리찾기운동을 시작할 것을 선언했다.

# 제1회 가짜 3.3 노동자 권리찾기상

## 제1회 가짜 3.3 노동자 권리찾기상 수상자
제1회 가짜 3.3 노동자의 날 기념식, 2022년 3월 3일

**[권리찾기 부문] 김소연(서울, ㅈ분양대행사 분양상담사)**

상이란 받으면 기분 좋아야 하는데…. 이 상은 왠지 마음이 아픈 저에겐 힘든 상이었습니다. 처음부터 힘들 것이라고 생각했던 소송이었지만, 너무도 힘든 하루하루…. 앞으론 이런 상이 없길 바라는 마음에 마음 무겁게 받겠습니다. 일하는 사람 모두가 노동자로 인정받는 우리 사회가 바뀌는 그 날까지 함께하겠습니다.

**[권리찾기 부문] 서진경(경기, ㅍ아울렛 조리사)**

길고 끈질긴 코로나로 유독 추웠던 긴 겨울 끝자락에 그래도 희망찬 새봄을 맞이하며 제1회 가짜 3.3 노동자의 날 기념식에 노동자 권리찾기상을 부여해 주신 일하는 사람 누구나 근로기준법 입법 추진단께 감사드립니다.

처음엔 억울한 마음에 노무사님과 상담하며 시작하게 되었는데 이렇게 입법 추진까지 하게 되어 노동자로서 권리찾기에 희망이 보입니다. 작은 힘이라도 노동자의 이름과 권리를 찾고 입법 추진될 수 있도록 동참하며 추진단 관계자 모든 분들께 감사드립니다.

**[권리찾기 부문] 연보라(서울, ㅎ방송기획사 단역배우)**

20년 가까이 유명하지 않지만 문화예술계에서 나름 댄서 및 배우로 열심히 살아오면서 안타까운 상황을 많이 보고 겪어왔습니다. 너무나도 당연한 권리이지만 혹시 모를 미래의 페널티 때문에 선뜻 용기 내지 못하고 경험이라 생각하며 참아왔던 지난날과는 다르게 이번에는 더 이상 이 일을 못 해도 상관없다는 생각으로 다른 배우분들과 함께 시작한 일이 이렇게 누군가의 칭찬이 기분 좋기도 하고 한편으로는 '이렇게 특별한 일인가…' 하는 마음에 슬프기도 합니다.

당연하지만 당연하지 못했던 문화예술인들의 권리가 당당하게 요구하고 당연하게 주어지기를 오늘도 꿈꿔봅니다.


**[법률지원 부문] 김유경 노무사(돌꽃 노동법률사무소)**

노무사로서 노동자들의 법률 투쟁에 작은 불쏘시개 역할을 한 것뿐인데, 과분한 상 주셔서 감사드리며, 한편으로는 무거운 책임감을 느낍니다. 앞으로는 노동자 개개인의 법률 투쟁이 아닌 더 큰 틀의 연대 속에서 가짜 3.3 노동자 권리찾기에 함께하겠습니다!


**[법률지원 부문] 민주노총 법률원(법무법인 여는)**

먼저 귀하고 뜻깊은 상을 주신 권리찾기유니온에 깊은 감사의 말씀을 드립니다. 공유경제, 혁신이라는 미명하에 유행처럼 번져 나간 플랫폼노동은 이제 전 세계적으로 유사한 문제를 양산하고 있습니다. 일각에서는 플랫폼노동이 완전히 새로운 형태의 노동이고, 공유경제가 불러온 변화는 매우 혁신적이고 바람직한 것처럼 이야기합니다. 그러나 실상 플랫폼노동은 기존에 이미 존재해왔던 노동 유연화의 흐름을 극단적으로 밀고 나간 결과물에 지나지 않습니다. 그렇기에 종래 존재해왔던 특수고용, 간접고용 노동자들이 처해 있던 문제점이 가장 심각하게 드러나는 영역이기도 합니다.

《공유경제는 공유하지 않는다》의 저자 알렉산드리아 J. 래브넬의 "공유경제의 실체는 과거 회귀다. 노동자들은 차별과 성희롱에 무방비로 노출되어 있고, 노조를 결성할 권리가 없으며, 업무상 재해에 대한 보상조차 요구할 수 없다. 공유경제는 혁신이란 미명하에 지난 수 세대 동안 쌓아 올린 노동자 보호장치를 파괴하며 노동자 착취가 만연했던 과거로 시간을 되돌리고 있다"는 지적이 플랫폼노동의 실체를 가장 잘 폭로하고 있습니다. 이번 타다 드라이버에 대하여 근로자성을 인정하고, 나아가 그 사용자는 원청인 주식회사 쏘카라고 본 노동위원회의 판정은 이러한 측면에서 매우 고무적입니다.

쏘카는 판정에 불복하여 행정소송을 제기하였고 현재 1심에 소송이 계속되고 있습니다. 1심 결과가 어떻게 나오든, 양측 모두 쉬이 불복하지 않을 것이기에, 어쩌면 종국 판결까지는 오랜 시간이 걸릴지도 모릅니다. 그러나 언젠가 우리 법원은, 결국 플랫폼노동이 새로운 미래가 아니라 오래된 과거에 불과하다는 진실을 인정하게 될 것입니다. 이번에 내려주신 상에 다시 한번 깊이 감사드리며, 민주노총 법률원 역시 법 해석을 통한 투쟁에 끝까지 함께하겠습니다.


**[노동조합 부문] 대구MBC비정규직다온분회(언론노조)**

안녕하세요. 대구MBC비정규직다온지부장입니다. 먼저 뜻깊은 날에, 뜻깊은 상을 수상하게 되어 감사합니다.

누구보다도 공정해야 할 방송국·언론사에서 프리랜서라는 이름으로 노동자임에도 법의 꼼수를 피해가며 불법으로 만연하게 사용하고 있습니다. 저희 조합원들은 모두 11명으로 작게는 4년에서 많게는 23년의 경력을 가지고 있습니다. 대구 MBC에서 업무시간이 고정되어있고, 업무지시를 받으며 일하지만 대구 MBC는 우리가 그저 프리랜서라고 말합니다. 권리를 주장할 때마다 프리랜서라고 당신들은 권리를 주장할 수 없다는 이야기들을 듣고, 우리는 작은 첫걸음으로 지난 2019년 1월 31일, 노동조합 설립으로 첫 발걸음을 시작했습니다.

모든 노동자들이 일하면 누구나 근로기준법을 받을 수 있도록 저희도 앞장서서 투쟁하겠습니다. 그리고 더 많은 노동자들과 연대하겠습니다. 감사합니다.


**[노동조합 부문] 제화지부(서울일반노조)**

전국민주일반노조 제화지부 지부장 박완규입니다. 먼저 동지들의 많은 관심 감사합니다.

제화노동자들은 그 누가 봐도 노동자입니다. 그럼에도 현장노동자들의 현실은 3.3% 또는 개인사업자로 등록되어 일을 하고 있고, 이는 제화 현장에 90%가 이런 형태로 운영되고 있습니다. 이런 말도 안 되는 제도에 묶여 현장노동자들은 가짜 프리랜서 또는 개인사업자로 일할 수밖에 없습니다. 이는 국가가 사업주들의 편법을 좌시하고 있고, 또한 그 편법을 도용할 수 있게끔 제도를 만들어 놨기 때문이라 생각합니다. 노무를 제공하고 그 대가로 노임을 받는 모든 사람은 그냥 노동자입니다.

일하는 모든 노동자가 노동자로 인정받는 그 날까지 저희 제화지부 노동자들도 동지들의 투쟁에 함께하겠습니다. 감사합니다. 투쟁!

**[사회연대 부문] 전라북도비정규직노동자지원센터**

제1회 가짜 3.3 노동자의 날에 사회연대 부문 가짜 3.3 노동자 권리찾기상을 수상한 전라북도비정규직노동자지원센터입니다. 먼저 근로기준법을 빼앗긴 사람들의 권리찾기를 위한 투쟁과 노력을 지속해가고 있는 동지들께 경의를 표합니다. 전국의 많은 동지들께서 빼앗긴 근로기준법을 되찾기 위한 투쟁을 열정적으로 전개하고 계신데, 이 동지들께는 우리 센터의 수상은 좀 부끄럽습니다.

올해에도 가짜 3.3 노동자들의 권리찾기를 위한 노력을 멈추지 말라는 동지들의 명령으로 알고, 전북지역에서 위장노동실태를 들추어내고 사회 쟁점화해나가겠습니다. 가짜 3.3 노동자들의 권리찾기를 위한 직접 행동을 강화해가겠습니다. 고맙습니다.

# 가짜 3.3은
# 노동자다

**정진우(권리찾기유니온 사무총장)**
《오마이뉴스》, 2022년 4월 27일; 격월간《비정규노동》, 2022년 5~6월호.

### 3월 3일은 가짜 3.3 노동자의 날

하필이면 지난 3월 3일, '일하는 사람 누구나 근로기준법 입법 추진단'과 '권리찾기유니온'이 이날에 맞춰 기념식을 개최한 이유는 '3.3'이라는 숫자를 부각하려는 의도였다. 마침 올해 3월 3일은 '제56회 납세자의 날'이었고, 매년 이날 열리는 '납세자의 날 기념식'에서는 "각종 세금을 많이, 모범적으로 납부한 이들"에게 훈장과 표창장을 수여한다. 명동 은행회관에서 진행된 납세자의 날 기념식과 같은 시간, 전태일 기념관에서 시작된 '제1회 가짜 3.3 노동자의 날 기념식'은 개최 장소의 차이만큼이나 서로 다른 것에 주목한다. 세금을 많이 내는 것과 어떻게 내는 것.

### 세금의 종류에 숨겨진 노동자의 권리

헌법과 법률에 따라 사업의 대가로 소득이 발생한 사업주는 사업소득세를 납부하고, 근로의 대가로 소득을 얻은 노동자는 근로소득세를 납부해야 한다. 그런데, 타인에게 노무를 제공하고, 그에 대한 대가를 받아 생활하지만, 근로소득세가 아닌 사업소득세를 납부하는 이들이 있다. 사업소득세를 원천징수하는 노무관리에 의해 사업소득자로 위장된 노동자들이다. 플랫폼노동, 특수고용, 프리랜서와 같이 특수한 이름부터 떠올리는 분들이 있겠지만, 이러한 위장술은 음식점, 사무직, 서비스업, 제조업 등 산업분류와 직업의 종류에 상관없이 거의 모든 곳에 퍼져있다. '가짜 3.3'은 이들이 납부하는 세금의 종류와 대표적인 세율(3.3%)에 따라 붙인 이름이다.

### 가짜 3.3을 활용하는 이유

즉, '가짜 3.3'이란 특정 사업주가 자신이 고용한 노동자에게 사업소득세를 납부하게 하여 해당 사업장에 소속된 직원이 아닌 사업상 계약을 체결한 사업소득자로 위장하는 노무관리 수법을 말한다. 그렇다면, 사업주들이 이렇게 '가짜 3.3'을 활용하는 이유는 무엇일까? 사업주가 부담해야 할 법적 의무와 책임을 회피할 수 있는 가장 확실한 방법은 자신의 직원을 노동법상 노동자가 아니게 하는 것이다. '가짜 5인 미만'이 사업장 규모를 속여 근로기준법의 핵심 조항을 적용하지 않는 것이라면, '가짜 3.3'은 아예 노동자 아닌 것으로 위장하여 노동자의 모든 권리와 노동관계법을 빼앗을 수 있다.

### 사업주의 우월한 지위

세금의 종류 정도를 위장한다 하여 노동자를 노동자 아니게 만드는 것이 정말로 가능한 것일까? 법원의 판결에 따르면, 그렇지 않다. 대법원은 "근로기준법상의 근로자에 해당하는지 여부는 계약의 형식보다 실질에서 근로자가 사업 또는 사업장에 임금을 목적으로 종속적인 관계에서 사용자에게 근로를 제공하였는지 여부에 따라 판단"하여야 하고, 경제·사회적 여러 조건을 종합하여 판단하되, "기본급이나 고정급이 정하여졌는지, 근로소득세를 원천징수하였는지, 사회보장제도에 관하여 근로자로 인정받는지 등의 사정은 사용자가 경제적으로 우월한 지위를 이용하여 임의로 정할 여지가 크기 때문에, 그러한 점들이 인정되지 않는다는 것만으로 근로자성을 쉽게 부정하여서는 안 된다"라고 적시하며 근로자성 인정의 법적 기준을 제시하고 있다.

## 손쉬운 위장, 어려운 뒤집기

즉, 계약의 형식이나 세금의 종류로 노동자성을 함부로 빼앗을 수 없다는 것이다. 이러한 법적 기준이 현실에서는 제대로 작동되지 않는 이유가 있다. 노동자 아닌 것으로 위장된 피해 당사자들이 스스로 노동자성을 회복하는 과정은 너무도 험난하다. 사업장 내에서 단결권을 행사하기 어려운 노동자들이 사업주에게 개별적으로 항의하여 계약의 형식과 세금의 종류를 변경시킨다는 것은 거의 기대하기 어렵다. 용기를 내 장기간 고비용의 소송 과정에 나설 엄두조차 내기 힘들다.

법적 기준이 무시되고, 위법적인 위장 수단이 통용되는 요인을 다양하게 짚을 수 있으나, 결국 근본적인 문제는 '법' 자체에 있다. 현행 근로기준법은 제2조에서 근로자를 "직업의 종류와 관계없이 임금을 목적으로 사업이나 사업장에 근로를 제공하는 사람"으로 정의하고 있다. 우월한 지위의 사업주에 의해 근로자가 아닌 것으로 취급되는 당사자가 근로기준법의 권리를 주장하려면, 일단 자신이 근로기준법상 근로자에 해당함을 입증해야 한다. 위장된 피해 당사자가 자신의 소송 제기와 비용부담을 통해 스스로 입증자료를 준비하여 노동자성 판정을 이끌어내야 한다.

노동자성 빼앗기 마법이 확산되는 배경에는 세금신고 수준의 손쉬운 위장조차 뒤집기 어려운 법적 현실이 있다.

### 노동자성 입증 책임의 전환

일하는 사람 모두가 근로기준법의 실제 주인이 될 수 있는 대안은 무엇인가? 타인에게 노무를 제공하는 사람을 노동자로 추정하고, 노동자 아님은 사업주가 입증 책임을 지게 하는 것. 또한, 근로계약 체결의 형식적 당사자가 아니라도 근로조건에 실질적 지배력과 영향력이 있는 자를 사용자에 포함하는 것. 가짜 3.3 당사자 조직, 법률·정당·사회단체가 함께 구성한 '일하는 사람 누구나 근로기준법 입법 추진단'이 작년 9월, 국회에 입법발의한 근로기준법 2조 개정안의 핵심 내용은 '노동자성 입증 책임의 전환'이다.

### 낡은 근로기준법이 문제일까?

근로기준법이 적용되지 않는 노동자들이 계속 늘어나는 이유는 결국 낡은 근로기준법 때문일까? 산업의 변화에 따라 새로운 고용형태가 등장하는데, 법제도가 이런 변화를 반영하지 못해서 문제인가? 사업장 규모, 계약의 형식 차별 없이 일하는 사람 누구나 근로기준법. 근로기준법 차별폐지와 전면적용 슬로건에서 이에 대한 답을 찾는다면, 정확하게 오답이다.

애초부터 근로기준법은 이 법을 적용하지 않아도 되는 차별지대를 설정하고 있다. 근로기준법 미적용자가 확대되는 이유는 법이 노동 현실을 쫓아가지 못할 정도로 낡아서가 아니라, 법제도의 차별조항을 악용하여 노동의 권리를 빼앗는 노무관리가 진화하며 성행하기 때문이다. 음식점, 서비스업, 사무직 등에 퍼지고 있는 '가짜 3.3 A형'은 계약서를 위장하거나, 복잡한 고용형태를 도입하지 않고도 무작정 노동자성을 삭제시키는 수법이다. 급여 일부는 근로소득으로, 나머지는 사업소득으로 신고하는 반반형. 근로계약서를 쓰면서 4대 보험 미가입을 서약해 사업소득세를 납부하는 유형. 수많은 위장 유형이 신고 접수되는 상황에서 다시 질문을 정돈해본다.

**어떻게 차별지대를 폐지할 것인가?**

'제1회 가짜 3.3 노동자의 날'은 근로기준법을 빼앗긴 당사자들이 스스로 만들고 있는 답을 함께 나누는 자리였다. 권리찾기 부문, 법률지원 부문, 노동조합 부문, 사회연대 부문으로 나누어 '가짜 3.3 노동자 권리찾기상'을 시상하고, 가짜 3.3 노동자성 회복 투쟁의 사회적 성과와 과제를 공유하였다. 전국적으로 구축하는 권리찾기 네트워크를 통해 전면적인 가짜 3.3 노동실태 연구조사를 실시하고, 전국의 가짜 3.3 노동자들과 연결하며 본격적인 당사자 권리찾기운동으로 나아갈 「2022년 가짜 3.3 노동자 권리찾기운동 실행계획」을 발표하였다. 부산의 프로축구단 유소년 감독, 영어유치원 강사, 인력공급업 사무직 노동자 등 '가짜 3.3 근로자 지위확인 공동진정'을 접수한 당사자들이 노동자의 이름과 권리를 찾는 반격의 서막을 힘차게 연 것이다.

어떻게 근로계약서를 작성해야 하는지 묻기 전에 왜 근로계약을 하지 않고 취업하게 되는지를 이야기해야 하는 시대, 절반이 첫 직장에서 사업소득자로 취업하는 가짜 3.3 시대다. 급여관리 프로그램에서 근로소득자를 사업소득자로 바꾸는 데 5초면 되는 시대. 배우 유아인 씨가 광고하는 어느 벤처기업의 삼쩜삼 사이트에 천만 명이 가입하여 2,385억 원을 환급받는 시대. 떼인 세금이 수십만 원이면 떼인 임금은

278

대체 얼마인가?

이 황당한 시대를 끝내는 서막은 이름부터 뒤집기다. 프리한 랜서, 특수한 고용은 차별지대를 운영하는 사람들의 작명이다. 전체 노동자의 절반인 우리는 사업소득자로 위장된 노동자다. 가짜 3.3 노동자, 우리가 되찾을 이름은 '노동자'다.

# 가짜 3.3 퇴장을 위한 레드카드!
# 부산아이파크 유소년팀 지도자의
# 노동자성 인정에 부쳐

**권리찾기유니온**

성명(聲明), 2022년 7월 5일

부산지방고용노동청(북부지청)이 부산아이파크 축구단을 운영하는 HDC스포츠(대표 김병석) 사측에 노동관계법 위반사항에 관한 시정지시를 명령한 것으로 확인되었다(6월 30일자). 권리찾기유니온이 전국적인 공동법률사업으로 추진 중인 '가짜 3.3 근로자 지위확인 공동진정'(3호) 사건의 조사결과에 따라 진정 당사자인 부산아이파크 유소년팀의 감독, 코치에게 7월 19일까지 퇴직금을 지급하라는 행정명령이다.

**프로구단 유소년지도자는 노동자다**

2019년 8월, 중부지방고용노동청(경기지청)이 수원FC(대표 김춘호) 사측에 소속 유소년팀 지도자의 퇴직금, 연차미사용수당 지급을 시정지시 조치한 이후, 3년 만에 프로구단 유소년지도자의 노동자성을 인정한 결과가 다시 나온 것이다. 수원FC 사건 후, 스포츠산업 프로구단을 운영하는 대기업들은 유소년지도자와 구단 종사자들에 대한 노무관리전략을 수정한 것으로 알려져왔다. 신규 채용은 물론이고, 재직자들과도 프리랜서형 전속계약서를 재작성해 3.3% 사업소득세 납부자로 둔갑시키는 등 소속 직원들의 노동자성을 은폐해온 것이다.

**3.3% 떼는 프리랜서형 계약으로 위장해도 노동자는 노동자다**

애초에 부산아이파크 유소년지도자들이 직접 제기했던 진정에 대해 고용노동부는 충분한 조사 없이 노동자성 불인정으로 답한 바 있다. 이후, 당사자들이 공동진정에 참여하여 재조사가 성사되었고, 마침내 노동자성 인정으로 결과가 뒤집힌 것이다. 부산아이파크 유소년지도자들이 공동진정운동으로 쟁취한 노동자성 인정 조치는 스포츠산업 대기업들의 '가짜 3.3 위장 수법'을 무력화시킬 수 있는 계기가 될 것인가? 광주지방고용노동청 진정과 중노위 재심 중인 스프로축구단(가짜 3.3 근로자 지위확인 공동진정 15호) 사건으로 노동자성 인정 결과가 이어질지 주목하는 이유다.

물론, 여전히 대세는 '가짜 3.3'이다. 유○○ 씨가 광고모델인 어느 '3.3% 세금환급대행 온라인업체'는 서비스 출시 2년 만에 자사 이용자 수가 천만을 넘었다고 자랑한다. 십수 년 넘게 구단의 각종 업무를 수행해온 이들을 퇴직금도 주지 않고 해고할 수 있는 못된 행태가 자행되는 데는 다 이유가 있다. 지역사회 축구교실 참여자가 수만 명이고, '아빠와 함께하는 프로그램', '학부모 대상 비디오 제작'까지 감당하는 과로에도 프로선수 배출 지도자의 자부심으로 버텨온 이들. 계약의 형식이나 세금의 종류 따위로 "노동자를 노동자 아니게" 만들 수 있는 '가짜 3.3 마법'은 뼈 빠지게 일해야 하는 수많은 노동자들의 삶과 권리, 자존감마저 붕괴시킨다.


**부산에서 전남으로… 고용노동부와 중노위가 들어야 할 카드**

수만의 관중, 수천만의 시청자가 주목하는 축구 경기장. 유소년지도자로 불리는 이들이 자신의 삶과 권리를 짓밟는 최악의 반칙에 맞서기 위해 레드카드를 꺼내 들었다. 축구장은 노동자가 만들고, 축구장에서 경기하는 이들은 노동자가 치료하고, 노동자가 훈련시킨다. 선수는 물론이고, 의무트레이너와 감독·코치, 구단의 사업을 위해 노무를 제공하는 모든 이들은 노동자다. 이 당연한 주장, 삭제된 진실에 도달하기 위해 얼마나 많은 피눈물과 용기가 더 필요한가? 차별과 배제의 운동장에서 노동자의 권리를 되찾는 절박한 운동이 노동자의 이름으로 시작되었다.

부산에서 전남으로, 모든 스포츠산업 노동자들의 노동자성 회복을 위한 레드카드를 전송한다. 고용노동부와 중앙노동위원회는 스포츠 대기업들의 반칙을 적발하고, 가짜 3.3 마법을 퇴장시키는 구제명령을 이어 나가라!

# 하루 12시간을 일하는 조리노동자

**《권유하다 뉴스》편집부**
《권유하다 뉴스》, 2022년 6월 30일

저는 올해 쉰아홉이고요. 조리사입니다.

저는 좀 규모가 큰 한식 뷔페 주방에서 일했었어요. 일단 출퇴근시간 따지면, 12시간이 기본 근무였고요. 한여름에는 너무 더워서 선풍기조차도 하나 없는 그런 열악한 환경이었죠. 자체 주방이 좁으니까 협소해서 냉방시설을 할 수 있는 여건도 안 됐었고요.

계속 불 앞에서 살아야 하니까. 환경이 그렇게 좋지는 않죠. 연장근무수당 없었고 연월차 없었고. 명절 이럴 때 당일만 휴무였었고 12시간 기본 근무였는데 제시간에 퇴근한 적은 거의 없었던 것 같아요. 제가 새벽 4시에 출근해서 오후 4시에 퇴근이었어요.

하루에 제가 한 600명~800명분 식사를 만들어야 해요. 아침에 보통 혼자 가서 새벽에 한 100명에서 120명분 아침식사를 혼자 준비하거든요. 준비해 놓고 점심에 400명~500명, 그때는 직원들이 출근하기 시작해요. 저녁에 한 100명에서 120명. 그 정도 인원 식사 준비해 놓고 4시에 퇴근이에요.

그 시간 안에 끝낼 수가 없으니까 맨날 연장근무하게 되고요. 또 사업주가 무슨 개인적인 모임 있거나 약속이 있으면 딱 내려와요. "오늘은 메뉴가 뭐다.", "준비해라.", "삼겹살이다, 뭐다." "준비해라." 그러면 또 그거 맞춰서 준비하면 오후 6시까지 퇴근이 늦춰지죠.

장기근속하는 사람이 거의 없어요. 하루 나왔다가 그만두는 사람, 이틀 나오는 사람. 이러다 보니까 이게 내 직장이고 내 권리를 찾아야 되고 이런 것 자체가 좀 동떨어진 느낌이에요. 우리는 하루하루 연명해서 살아가는 느낌으로 그냥 (월급) 수령하는 느낌으로 사는 거죠.

내 권리를 찾고 내가 오늘 여기서 몇 시간 근무하고 또 내가 오늘 이걸 추가했으니까 얼마를 수당을 받고 그런 거를 전혀 생각을 못 했죠. 그냥 너무 업무에 바빠요. 그냥 맨날 사람 바뀌니까 거기에 (적응)하고.

근데 어느 날 자꾸 주변 환경이랑 이렇게 보면 좀 아닌 것 같단 생각이 들고 너무 업무도 많고 이러니까 검색도 좀 해보고 그렇게 해서 권리 찾기를 알게 돼서 상담드려보고 '아 그냥 퇴사를 해야겠다.' 생각을 하고 퇴사하고 바로 상담 드려서 제가 이런 이런 일이 있다고 말씀드려서 도움 많이 받았죠.

규모는 꽤 커요. 아울렛이라고 해놓고 각 브랜드마다 다 있는데, 매장마다 상주하는 직원들이 두세 명씩은 있고 전체 직원 수만 해도 한 200명은 넘을 것 같은데요. 제가 주방에 있으니까 식수를 거의 다 알잖아요. 그렇게 규모가 작지는 않았는데 4대 보험 가입한 사람은 많지 않고, 그때까지만 해도 그걸 몰랐었죠.

한 사장님 안에 다 (같은) 직원인 줄 알았어요. 가짜로 사업자 등록해서 거기에서 또 (사업장) 쪼개기를 해서 직고용하는 분을 항상 5인 미만으로 해가지고. 고용주는 어떻게든지 나가는 지출을 줄이려고 했었던 거였어요. 해고도 5인 미만은 쉽잖아요.

기존에는 이런 아줌마들이 주방에서 일하면 하루에 무조건 일당 얼마 12시간 기본 그냥 항상 그게 만연해 있어 가지고 그런 거를 좀 무지하게 몰랐었던 건 사실이에요 근로계약서 쓰기 전에 4대 보험 가입하는 것과 3.3%가 있는데 이건 그냥 세금을 바로 내 급여에서 바로 공제해버린다고 그렇게 설명을 맨 처음엔 들었죠. 단순하게만 생각을 했어요.

그러니까 원래는 3.3%가 프리랜서인데, 저는 그렇게 생각을 안 하고 나는 여기 고용이 됐지만 내가 3.3%에 대한 (노동자로서) 세금을 낸다고 그렇게 생각을 했었죠. 그다음에 수령액이 4대 보험 가입하게 되면 거의 한 10% 정도가 공제가 되잖아요. 3.3%는 그것만 공제하고 나머지는 다 (노동자에게) 가고 그 몇십만 원 차이가 굉장히 와닿아요.

당장은 3.3% 떼니까 내가 들어오는 돈이 많은 것 같지만 권리찾기 노무사님한테 도움받아서 프로그램해서 설명을 쫙 들어보니까 너무나 많이 몰랐던 거예요. 그 연장근무수당이 얼마였고 국민연금 이런 거 나중에 수령해야 되는 금액들 그런 거를 생각을 못 하고 그냥 당장 받는 돈만 생각했던 게 정말 억울했었어요.

우리가 당장 3.3%(세금)만 낸다고 생각했는데 이렇게 많이 몰랐었구나, 내가 내 양심껏 열심히 일해줬는데 너무나 그게 아닌 거예요.

권리찾기를 했는데 지금도 똑같은 일을 또 하고 있는 거예요….

# 14년간 일해도 퇴직금도 못 받는 프로축구단 지도자

**《권유하다 뉴스》 편집부**
《권유하다 뉴스》, 2022년 7월 1일

안녕하세요. 저는 ㅂ프로축구단에서 초등학교 9년, 중학교 5년, 총 14년간 유소년 감독으로 일했습니다.

공개채용을 통해 입사했음에도 저는 노동자가 아니라 프리랜서라고 하여 3.3% 사업소득세를 납부하는 계약을 체결하였습니다. 그러나 저와 같은 유소년 감독, 코치 그리고 트레이너, 통역사 등 지원 스태프들은 실제 전혀 프리하지 않게 일을 해왔으며 노동자가 아니라고 퇴직금도 받지 못하고 있습니다.

(입사) 당시에는 팀의 막내 지도자였는데요. 아침 7시쯤에 출근했고. 또 프로구단이라는 그 자부심 아래 배운다는 생각으로 열심히 일했습니다. 이런 말 하면 부끄럽기도 한데 제가 초등학교 (맡을) 때 사실 별명이 '아이파크의 히딩크'였거든요. 우승한 트로피가 33개 있습니다. 그만큼 우승도 많이 했고 또 현재 프로선수들도 많이 배출해서 거기에 대한 영광, 그런 것도 있는데요.

2006년~2007년부터 했으니까 예를 들면 1학년 1반 1교시, 1학년 2반 2교시 이런 식으로 거의 해마다 연 한 3만 명을 지도하고. 그리고 이렇게 맥도날드에서 요구하는 부분을 우리 구단이 거기에 맞춰서 배정표를 만들어서 우리한테 지시를 하는 거죠. 그게 제일 큰 사업이었고 그게 끝나고 나면 여기 와서 점심을 먹고, 구단에서 컴퓨터랑 책상이 배정이 되어 있기 때문에 거기서 일을 했습니다.

2012년 당시 저는 구단이 정해준 시간표에 따라 부산 시내 70개가 넘는 초등학교에서 약 3만 명에 달하는 아이들을 가르쳤습니다. 축구교실 외에도 구단이 요구하는 '아빠와 함께하는 프로그램', 학부모 대상 비디오 영상 제작, 초등교사님들 대상으로 하는 축구수업을 진행했고요.

모든 사항을 구단의 지시하에 전부 진행해왔습니다. 개인사업자가 뭘 하는지 그다음에 계약서가 일반계약서인지 근로자계약서인지 이런 부분도 사실 몰랐고. 구단에서 지시하는 모든 사항들을 안 따를 수가 없잖아요. 그러면 1년마다 계약 자체가 안 되잖아요.

저는 사무직원과 똑같이 3층에 출퇴근하였는데, 항상 정해진 시간에 출근하였고요. 구단 봉고차를 사용하던 12세 감독 시절에는 차량 담당 선생님들의 허락을 받아 사용했으며, 경로나 이동시간 그리고 킬로(km) 수를 체크해왔습니다. 그리고 훈련이 끝난 뒤에는 반드시 구단 차량을 반납하고 퇴근하는 등 자유롭게 퇴근할 수가 전혀 없었습니다.

사람을 고용해서 대신 일하게 하는 것은 꿈에도 불가능하고 전속계약서를 작성하면서 14년 동안 단 한 번도 다른 구단이나 단체에서 지도 업무를 한 적이 없습니다. 그런데 이제 와서 자유롭게 일하는 프리랜서라니 도무지 이해가 되지 않습니다.

제가 이제 14년간 일하고 이틀 남겨 놓고 올해 계약 만료 통보를 하더라고요. 사실 통보를 받고, 앞으로 어떡하지? 퇴직금이라도 있었으면 조금 더 생활의 여유를 마음의 안정을 찾고 했을 건데 당장 이제 돈이 없으니까, 일자리 찾기가 또 쉽지도 않고.

그리고 14년간 말 그대로 죽어라 뼈가 빠지게 일을 하고 또 결과가, 좋은 성적과 함께 또 수많은 대한민국에서 프로선수를 배출했는데도 불구하고 저한테 돌아오는 것은 이틀 남겨 놓고 계약 만료로 "내년에 가기 힘들겠다."

그러면 여태까지 구단을 위해서 제 청춘을 바치고 14년간이나 열심히 한 것은 아무 그것도 없고 그러다 보니까 너무 허탈하고 아쉬운 것보다는 오히려 화가 많이 났습니다.

모두가 유소년지도자 선생님들이 쉬쉬하고 "좋은 게 좋은 거"라고 그냥 넘어가고 오히려 지금 우리가 작년, 재작년에 (공동진정)하고 난 다음에 거꾸로 역행을 간다 하더라고요. 계약서에 퇴직금이 없는 걸로 오히려 계약서를 쓰라고. 현직에 종사하는 지도자 선생님들은 쓰라고 하니까 안 쓸 수도 없는 부분이잖아요. 우리 유소년지도자들 그나마 일했으면 퇴직금 정도는 주게 해야 한다고 생각합니다.

프로축구단에서 먼저 모범이 되어야 하는데 오히려 프로구단이 프로답지 못하게 거꾸로 역행하는 현실이 안타까울 뿐입니다. 우리도 다 가정이 있고 생활을 해야 하는 상황에서, 그런 문제가 해결 안 되는데 어떻게 선수를 마음 놓고 편안하게 지도할 수가 있겠습니까? 1년 하고 나면 또 어떻게 될지 모르고, 또 1년 하고 나면 어떻게 될지 모르고.

저는 어차피 어느 정도 할 만큼 했고 아쉬운 부분도 있지만, 지금 현재 현직에 (몸) 담고 있는 프로구단 유스뿐만 아니고 온 사회가 조금 더 밝아지고 좀 투명해졌으면 좋겠습니다. 그리고 제일 큰 고용불안 문제, 그런 부분에서 축구를 사랑하는 모든 지도자 선생님들이 조금 더 안정된 삶을 살 수 있도록, 지도자 선생님들의 처우를 조금 더 개선해줬으면 하는 바람입니다. 그 이상은 없습니다.

# 연차도 4대 보험도 없는 영어유치원 강사

**《권유하다 뉴스》편집부**
《권유하다 뉴스》, 2022년 8월 23일

안녕하세요. 저는 부산의 ○영어유치원에서 강사로 일하고 있습니다.

### ▶ 어떤 계기를 통해, 이 일을 하게 되셨나요?

특별한 계기는 없고, 취준 기간이 길어져서 당장 할 수 있는 일을 찾고 싶었어요. 그러던 중 당시 친하게 지내던, 학원에서 일하는 외국인 친구가 영어학원 강사를 추천해줬습니다. 저는 영어도 아이들도 좋아해서 재밌을 것 같아서 시작하게 됐습니다.

저는 어릴 때부터 영어를 좋아하고 재미있게 배웠고, 그 덕에 더 넓은 세상을 경험할 수 있었다고 생각합니다. 여행을 갈 때도, 영화를 보거나 책을 읽을 때도 영어를 잘하면 더 풍부하게 즐길 수 있었어요. 그래서 제가 그랬듯이 아이들이 영어를 재미있게 배우고, 나중에 커서도 인생을 더 재밌게 즐길 수 있는 도구로 사용할 수 있으면 좋겠다는 생각으로 일하고 있습니다.

### ▶ 일하며 인상 깊었던 사례가 있나요? 그때 어떤 걸 느끼셨나요?

아무래도 아이들한테 영어를 가르치다 보니, 영어를 재밌어하고 좋아할 때가 제일 뿌듯해요. 원래 자신감이 없던 아이가 점점 영어를 재밌어

하고 자신있어하는 게 보일 때, 집에서도 보호자들에게 배운 것들 조잘
조잘 이야기한다는 말을 들을 때, 그럴 때가 제일 보람찬 것 같습니다.

힘들었던 경험은, 처음 일하던 곳은 수업 스케줄이 많이 빡빡했어요.
저는 아이들이 좋아서 이 일을 시작했기 때문에 아이들한테 좋은 선생
님이 되고 싶었는데, 일에 치이다 보니 아이들한테 소홀해지는 게 가장
스트레스였어요. 예를 들면 아이들이 다퉜을 때 양쪽 이야기를 듣고 어
떻게 반응할지 고민해서 잘 대처하거나, 수업 시간에 일상 이야기를 해
도 잘 들어주고 싶었는데, 시간적으로도 심적으로도 여유가 없다 보니
그러지 못하는 부분이 제일 아쉬웠습니다.

**▶ 권리찾기를 나선 이유는 무엇인가요?**

제 노동형태는 근로자였음에도 불구하고, 개인사업자로 등록되어 사
업소득세를 납부하고 있었습니다.

이러한 일이 각종 업계에서 너무 비일비재하고, 당시 제 사업주도 이
에 대한 문제의식이 전혀 없음을 알게 돼서, 이러한 행태에 제동을 걸고
싶고 미약하나마 행동으로 옮겨서 선례를 만들고 싶다는 생각으로 권
리찾기에 나섰습니다.

부당하게 사업소득세를 부과하고 있는 사람들이 어떻게 대처하고 있
는지 찾아보기 위해 검색을 하던 중에, 권리찾기유니온이 이러한 노동
자들의 공동진정을 넣는 등 활발하게 활동하고 있다는 것을 기사로 알
게 됐습니다.

**▶ 권리를 찾는 과정은 어땠나요? 어떤 걸 느끼셨나요?**

이러한 사업주들의 행태를 제재할 제도가 전반적으로 너무 미비하다

는 생각을 많이 했습니다. 이러한 행태를 사전에 예방할 수 있는 제도는 전무하고, 제가 신고한 이후에도 제 노동형태가 근로자였음을 입증하는 책임도 전적으로 저에게 있었습니다.

또한, 그 과정에서 사업주가 저에게 합의서에 동료 강사들에게 이야기하지 말라는 조건을 걸었습니다. 노동자의 권리를 보장하고자 만든 법을 어겨도 그저 밀린 임금 지불하면 없던 일이 되고, 심지어 노동자에게 그런 합의 조건까지 요구할 수 있으며 이걸 제재할 수 있는 방도가 전혀 없다는 게 너무 부당하다고 느꼈습니다. 저는 금액이 크지 않았고 당장 그 돈이 없어도 생계에 지장이 있지는 않았기 때문에 합의를 거부할 수 있었지만, 이러한 부당한 합의 조건도 수용할 수밖에 없는 노동자가 더 많을 것이라고 생각합니다.

### ▶ 권리찾기 이후 달라진 점은 무엇인가요?

일을 시작하면서 부당한 행위들을 참고 넘기는 게 '사회성 있고' 바람직한 일인지에 대한 고민을 많이 했습니다. 그러나 제 권리를 주장하고 찾는 과정을 통해, 이 과정이 생각보다 어려운 일이 아니라는 걸 깨달았고 부정적인 감정들도 많이 해소되는 것을 느꼈습니다. 저한테는 소중한 경험이었고 앞으로의 삶에서도 어떤 지침으로 삼을 수 있을 것 같아요.

### ▶ 마지막으로 하고 싶은 말씀이 있으신가요?

권리찾기유니온 홍보가 목적이 아니라고 말씀하셨지만 정말 감사한 마음입니다. 권리찾기유니온이 아니었다면 할 수 없는 경험들이었습니다. 금전적인 부담을 덜어주신 것도 당연히 감사하지만, 이 과정의 의미를 이해해주고 뜻을 함께해주는 사람과 단체가 있다는 게 정말 든든했어요.

권리찾을 사람들 ④

# '프리랜서 아나운서'도 노동자입니다

**《권유하다 뉴스》 편집부**
《권유하다 뉴스》, 2022년 10월 4일

안녕하세요. 저는 모 방송국에서 아나운서로 일하고 있는 가짜 3.3 피해 노동자입니다. 지역 방송국에서 프리랜서로 아나운서 일을 하고 있고요. 지난 6년 동안 뉴스 앵커, 라디오 DJ, 그리고 TV 프로그램 MC 등을 맡아서 일을 했습니다. 제가 일하고 있는 회사는 시간적으로 보면 정규직 아나운서들은 9 to 6로 일을 하고, 1시간 일찍 나오면 (1시간) 일찍 퇴근, 1시간 늦게 나오면 (1시간) 늦게 퇴근. 이렇게 일을 하고요. 프리랜서들은 맡은 방송 2시간 전쯤에 나와서 분장 받고 의상을 챙기고 또 대본을 받아서 연습을 하다가 방송에 들어갑니다. 저 같은 경우는 지난 6년 동안 뉴스, 라디오, TV 이런 회사의 주력 프로그램들을 진행하면서 새벽부터 저녁까지 거의 주 5일, 주말 당직까지 서면서 일을 했었고요. 업무적으로 볼 때 정규직 아나운서들이나, 프리랜서 아나운서들이나 아나운서들은 주로 아까 말씀드린 그런 시간에 나와서 분장, 의상, 대본 챙겨서 연습하고 회의하고 방송에 투입됩니다.

### ▶ 권리찾기를 나선 이유가 무엇인가요?

지난해 4월에 회사에 새로운 간부들이 부임하고 나서 하나씩 제 일을, 제 프로그램들을 빼기 시작했습니다. 그리고 정규직 아나운서들을 중심으로 프로그램을 진행하겠다라고 그런 방향을 나타냈고요. 자연스럽게 출연하는 프로그램이 줄어드니까 출연료가 월 100만 원대 초반으로 급감했는데요. 생계나 자아실현이 어려웠어요. 프로그램을 계속할 수 있도록 요청을 했는데 (사측은) 전혀 받아들여지지 않고 모르쇠로 대응을 했습니다. 그래서 저는 뭐 '그만두라'는 신호로 해석을 할 수밖에 없었고요. 다섯 번에 걸친 공개채용 절차를 통해서 선발이 돼서 입사를 했고 지난 6년간 그 어떤 정규직 아나운서보다 더 많이 일을 했습니다. 주말 당직도 서고 방송과는 상관이 없는 행정업무도 몇 년 동안 했었기 때문에 '내가 그만둘 이유는 없다. 회사의 부당한 처사고 내 권리를 찾아야겠다'라고 생각을 하게 됐습니다.

**▶ 정규직 아나운서와 프리랜서 아나운서의 업무는 차이가 있나요?**

일단, 방송업무에 있어서는 정규직 아나운서와 프리랜서 아나운서들의 업무가 다르지 않습니다. 평일 방송도 그렇고 주말에 당직근무 돌아가면서 하는 주말 뉴스데스크 같은 경우에도 완전히 동일하고요. 방송업무에 있어서는 늘 휴가 때 서로 대타를 하면서 완전히 동일한 업무를 했다고 보시면 될 거 같습니다. 그리고 그 외에 정규직이기 때문에 주어지는 회사 내 문서업무나 행정업무가 소소하게 있는 것으로 알고 있거든요. 아나운서를 떠나서 회사에 정규직 직원으로서 해야 되는 그런 업무들은 소소하게 다를 수 있지만, 아나운서라는 직종 내에서 하는 일은 완전히 동일하고 그렇게 서로 대체해가면서 하는 그런 상황입니다.

**▶ 왜 추가적인 업무를 거부하지 못하셨나요?**

당연히 해야 된다고 생각했습니다. 회사 사무실에 제 책상, 컴퓨터, 모든 비품이 있고 정규직 아나운서들은 당연히 제 선배고 그분들은 저를 후배로 대했기 때문에 그분들이 하던 행정업무, 손이 많이 가고 반복되는 행정업무들을 저에게 넘겼을 때 저는 막내이기 때문에 당연히 해야 된다고 생각을 했습니다. 그리고 정규직 선배 아나운서들이 최소 9년, 최대 12년 만에 정규직으로 전환이 됐습니다. 물론 그분들은 '계약직-무기계약직-정규직' 이 코스를 거치긴 했지만 제가 입사했던 초기에, 2016년에는 저한테 "너도 고생하면 우리 회사가 생각을 해줄 거야. 우리 회사가 그렇게 박한 곳이 아니야"라고 말을 했던 선배들이 있습니다. 제가 그때그때 다 녹음한 게 아니어서 입증자료가 있는 게 아니어서 안타까울 따름인데요. 그러니까 저도 당연하게 '아 이렇게 뭐 지내다 보면 언젠가 정규직이 되겠구나'라고 생각을 하고 받아들이고, 일련의 계약 형태라든가 기타 업무에 대해서 전혀 의문을 제기하지 않고 일을 해왔던 것이고요.

그리고 특히 (사측은) "PD와 계약을 했다.", "프로그램별로 계약을 했다"라고 하는데 제가 궁금한 건 '업무위임계약서'에 갑은 저희 회사로 되어 있습니다. 을이 저고요. 그래서 저는 이 회사가 진행하는 프로그램들 이거에 출연하도록 되어 있습니다. 그래서 "PD와 계약을 했다.", "프로그램별로 계약을 했다." 이런 말이 잘 이해가 되지가 않고 계약서 마지막에 '수임인' 서명자를 보면 회사의 간부, 책임 있는 간부가 그 수임인입니다. 그래서 저는 프로그램별로 프로그램 PD와 계약을 한 게 아닌데 그런 주장을 왜 하는지…. 그러니까 결국에는 근로자성을 위장하려는 시도라고 생각할 수밖에 없는 상황입니다.

**▶ 그렇다면, 방송국이 프리랜서 아나운서를 채용한 이유는 무엇일까요?**

그냥 이제까지는 심적으로만 느끼고 있던 건데 결국에는 책임 있게 고용을 하지 않기 위해서, 값싸게 인력을 쓰고 값싸게 버리기 위해서였다는 걸 지난해 4월부터 제가 겪은 일들을 통해서 알았고 또 권리찾기 유니온을 통해서 여러 가지 공부를 하고 알고 깨닫게 되면서 결국에는 제 근로자성을 위장하기 위해서였다라고 생각이 들었습니다. 일은 정규 직보다 많이 시키고 사실 정규직들은 또 일이 너무 많아지면 회사에 또 항의도 할 수 있고 조정도 할 수 있는데 프리랜서들은 업무를 거부하는 순간 그다음 업무는 사실 없다고 봐야 되거든요. 그렇기 때문에 '값싸게 말 잘 듣는' 그런 노동 약자를 원했었구나라는 생각이 들었습니다. 그 리고 이전에는 2년 계약직으로 채용하는 경우도 있었는데요. 최근 시대 의 흐름이 바뀌면서 2년을 하고 정규직으로 전환해주지 않으면 문제가 되는 사례가 많았습니다. 그렇기 때문에 프리랜서로 사람을 쓰고 4년, 5년, 저처럼 6년까지도 오랫동안 쓰고도 언제든지 아무렇게나 해고할 수 있기 위해서 그렇게 프리랜서로 채용을 했다는 것을 정황상 확신이 들었습니다.

그런 것도 있더라고요. 정서적으로 이런, 정규직과 비정규직 가짜 3.3 노동자까지 일종의 계급으로 나뉘어져서 자신들도 모르게 가짜 3.3들 한테는 말도 쉽게 나오고 행동도 눈빛도 쉽게 나오는 경우들을 굉장히 많이 봤습니다. 방송국에서 굉장히 사회 곳곳의 약자를 비추고 피해자 들을 얘기하는데 언론사들 내부에 있는 그런 노동 약자들에 대해서는 너무나 차갑고 냉혈한 눈빛을 보낼 때가 많습니다. 그런 정서적이고 심 리적인 피해도 너무나도 크다고 생각합니다.

**▶ 다른 방송국에서도 비슷한 일이 일어나고 있나요?**

정말 많이 일어나고요. 저희 회사에도 저 말고도 수년 이상 프리랜서로 일하는 동료들이 있는데 그 동료들은 현재 일이 있지만 역시 불안한 상황이라고 말을 할 수 있고요. 저희 회사 말고도 다른 방송국들도 대부분 프리랜서로 운영되는 그런 곳이 많습니다. 그래서 저와 같은 사례가 빈번하게 일어나고 있는데요. 그래서 제가 또 권리찾기유니온을 통해서 더 이상의 가짜 3.3 피해 노동자를 양산하지 말아야 한다는 그런 인식을 주기 위해서 참여한 부분도 있습니다. 사람을 수년 동안 아침부터 저녁까지 주 5일 직접적인 지시를 해가면서 일을 해놓고 쉽게 해고하려는 그런 문화, 그런 습관들이 방송산업에서 이제는 사라질 때가 되지 않았나라는 생각을 해 봅니다.

**▶ 앞으로 방송산업이 어떻게 되어야 할까요?**

지금 전국적으로 방송국들이 신분을 위장한 가짜 3.3 노동자, 아나운서들을 많이 사용하고 있는데 사측이 또 이런 문제를 제기하면 끝까지 싸워보겠다면서 수많은 비용과 시간을 들여서 이런 노동 약자들을 일종의 괴롭힘으로 대응을 하고 있습니다. 아나운서를 뽑을 때부터 제대로 책임 있게 고용을 해서 그 아나운서를 회사에 얼굴로 기용하고 책임 있게 성장시키고 회사의 일원으로 받아들이려는 그런 노력이 필요할 것 같습니다.

# 마루노동자 노동자성 쟁취
# 승리선언의 의미와 과제

정진우(권리찾기유니온 사무총장)
《노동자신문》8호, 2023년 8월 8일

7월 14일, 전국의 건설현장에서 마루를 시공하는 노동자들이 생계를 멈추고 서울로 집결하여 '2023 마루노동자 연대축제'를 개최하였다. 강북노동자복지관에서 오후 내내 열린 이 행사의 시작은 '마루노동자 노동자성 쟁취 승리선언'이다. 참석자들은 "마루노동자의 정당한 권리를 빼앗는 행위를 중단시키기 위해 마루노동자의 노동자성과 근로기준법 적용 여부에 대한 왜곡된 논란을 종결"하며 다음과 같이 선언하였다.

① 마루노동자는 건설현장에서 마루를 시공하는 노동자다.

② 마루노동자는 노동자 권리보장을 위해 제정된 모든 법제도의 적용에서 배제되지 않는다.

③ 마루노동자의 권리를 침해하는 행위는 불법이며 노동기본권 행사를 방해하는 사업주는 관련 법에 의해 처벌된다.

④ 노동 현실을 근본적으로 개혁하려면 불법 하도급을 폐지하고, 중간착취를 금지해야 한다.

⑤ 시중노임단가 직종코드를 신설하고, 적정임금제도를 도입하여 모든 노동자에게 안정된 삶을 보장해야 한다.

이번 승리선언은 2022년 10월 13일, 권리찾기유니온이 마루노동자의 '가짜 3.3 근로자 지위확인 공동진정'을 접수하고, 화장실마저 철수된 최악의 노동실태를 고발하며 근로기준법 권리찾기운동에 돌입한 지 275일 만에 이루어졌다. 현재 건설근로자공제회는 노동자들이 직접 신고한 자료에 따라 퇴직공제금 원상회복을 위한 조사를 진행 중이며, 고용노동부는 상습누락업체 10개사에 대한 근로감독을 실시 중이다.

3월 29일, 살인적 노동으로 과로사한 동료를 추모하며 시공현장에서 기자회견을 개최한 대구의 시공자들이 국회로 올라와 과로사를 거부하는 마루노동자의 입장을 전한 바 있다.

4월 11일에는 한국마루노동조합에서 권리찾기유니온 마루지부로 전환하며 조직을 정비한 마루노동자들이 국회에서 불법 하도급 명단과 폐지투쟁을 발표하고, 전태일다리에서 근로기준법 투쟁대회를 개최해 연대투쟁의 힘을 모아내었다.

노동조합으로 단결한 마루노동자의 힘찬 투쟁이 이어지며 마루시공현장에는 크고 작은 변화가 발견된다. 10년 넘게 일한 마루노동자도 처음 경험해보는 근로계약서 작성도 그중 하나다. 제목은 근로계약서인데 내용은 엉터리다. 급여액이 적혀 있지 않은 백지계약서가 태반이고, 작년 최저임금액이 적시된 사례도 제보된다. 문제를 제기하고 작성을 거부하더라도 본사와 연락한 관리자들의 "사인 안 하면 임금 못 받을 수 있다"는 대응에 시공자들은 어쩔 수 없이 사인하고, 작업을 이어나가게 된다. 연대축제 행사에 앞서 백지계약서 강요하는 대표적인 마루업체를 고발한 것은 결국 "더 이상 마루현장에 굴종은 없다"는 마루노동자들의 투쟁 선언이었다.

근로감독 실시 중에 불법 하도급 조사결과 발표를 앞둔 마루시공현

2023 마루노동자 연대축제(2023년 7월 14일, 강북노동자복지관)

장에는 생계 위협과 권리회복 기대가 공존하며 긴장상태가 드세진다. 여전히 제대로 바뀌지 않는 것은 일선의 노동행정이다. 임금체불 중인 마루노동자가 피해 상황을 제보하니, "근로자 아니면 민사로 해결해야 한다"는 식으로 박대한 어느 고용노동청의 통화 내용이 노조로 전해지기도 했다. 그래서 노동자성과 관련한 왜곡된 논란을 종결하는 이번 승리선언은 '노동행정'과 '마루회사 사측'에 보내는 투쟁의 경고이기도 하다.

권리찾기유니온은 이러한 승리선언의 의미를 담아 모든 마루노동자의 원전한 권리실현으로 나아가기 위해 본격적인 노동조합 조직확대 사업에 돌입할 것임을 공개적으로 밝혔다. 이번 승리선언에 힘을 보탠 동지들에게 감사하며 모두의 권리쟁취를 향한 사회적 투쟁으로 전환할 것을 천명하였다.

첫 번째로 건설노조 탄압 규탄 및 모든 건설노동자 권리쟁취 특별선언을 채택하였는데, 이는 건설현장 개혁을 위해 건설노조와 튼튼하게 연대하며 불법 하도급 폐지와 근로기준법 전면보장으로 더욱 힘차게 나아가겠다는 다짐이다.

이어서 사고조사원 노동자의 노동자성 쟁취를 위한 활동에 협력해 함께 승리할 것을 결의하는 연대결의서를 삼성화재애니카지부에 전달하였다.

노동자의 이름으로 모두의 권리로 나아가는 마루노동자들의 당당한 투쟁에 많은 이들이 소중한 힘을 보태고 있다. 모두의 승리로 나아갈 새로운 길을 함께 만들어낼 것을 기대한다.

# 가려진 아름다움:
# 마루 아래 노동자의 이름

**김비오 신부(천주교서울대교구 노동사목위)**
제82차 사회적 약자와 함께하는 미사(명동대성당), 2023년 8월 31일

명동 성당 제단 뒤편에 자리하고 있는 다섯 개의 스테인드글라스를 떠올려봅니다. 성모 마리아의 잉태부터 예수님의 부활까지, 예수님의 일생 중에서 열다섯 장면을 담아낸 이 유리 장식은 분명 아름답다고 할 수 있습니다. 성당 안에 울려 퍼지는 성가 또한 마찬가지입니다. 이 아름다움에 동의하지 않는 이는 드물 것입니다. 여기서 우리는 하나의 질문을 마주해보게 됩니다. '우리가 이토록 쉬이 동의하는 이 아름다움은 어디에서부터 오는 것일까?'

만약 스테인드글라스의 아름다움이 다만 공간을 채우는 빛과 색의 절묘한 조합에서만 오는 것이라고 한다면, 그것은 백화점의 화려한 조명이나 진열창의 유리 공예 등과 별반 다른 바 없을 것입니다. 그러나 스테인드글라스에는 분명 구별되는 무언가가 있습니다. 성당의 스테인드글라스가 달리 아름다운 이유는, 빛의 화려함 너머로 사람을 향한 마음을 담고 있기 때문일 것입니다. 성경을 구하기도 어렵고 글을 읽지 못하는 이도 많았던 시절, 스테인드글라스는 결핍에 놓인 이들에게 성경의 내용을 나누는 통로였습니다. 그래서 "가난한 자의 성경"이라고 불리기도 했습니다. 그 화려함 속에는 하느님과 사람, 특히 소외된 이들을 향한 지극한 마음이 깃들어 있었던 것입니다. 우리가 스테인드글라스 앞에서

세상의 여느 화려함과는 다른 거룩함을 느끼는 이유도 바로 여기에 있을 것입니다.

성가의 아름다움도 마찬가지입니다. 만약 그 아름다움이 감미로운 선율과 풍성한 성량으로만 설명된다면, 성가는 수많은 여느 유행가와 별반 다를 것이 없게 됩니다. 하지만 성가는 분명 그와는 다르게 아름답습니다. 성가는 노래로 바치는 기도이기 때문입니다. 우리는 기도를 통하여 주님과 대화합니다. 그리고 그 대화는 우리의 감정에 대한 충실함만이 아닌, 하느님과 이웃에 대한 참사랑으로 우리를 한결같이 초대합니다. 우리가 노래로 정성 들여 기도하는 이유는 다름 아닌 하느님 사랑 안에서 내 몸과 같이 이웃을 사랑하는 삶의 모습을 지향하기 때문이며, 바로 그 지점에서 우리는 성가에서 거룩한 아름다움을 느끼게 됩니다. 곧, 스테인드글라스의 화려한 빛이든 성가의 감미로운 선율이든, 그 너머에로 가려져 있는 정말 소중한 것들과 맞닿을 수 있을 때 비로소 우리는 그것을 참으로 아름답다고 말할 수 있게 되는 것입니다.

반대의 경우도 생각해봅니다. 영롱하게 반짝이는 다이아몬드가 있습니다. 보기에 분명 아름다운 보석입니다. 하지만 만약 그것이 안전시설도 없는 광산에서 어린아이들의 노동력을 착취해 채굴된 것이라고 한다면, 그리고 그 수익금은 군벌의 자금으로 쓰인다고 한다면 어떻겠습니까? 그것은 여전히 아름답다고 말해질 수 있는 것일까, 값비싼 소유의 기쁨을 준다는 이유만으로 그 이면에 가려진 고통을 외면해도 되는 것일까, 우리는 묻지 않을 수 없습니다. 답은 명확합니다. 결코 그래서는 안 된다는 것입니다.

오늘 복음 속 예수님께서 말씀해 주신 '종의 비유' 안에서 생각을 이어 나가봅니다. 주인에게 집안 식솔들을 잘 돌보라는 임무를 부여받은 종의 이야기입니다. 그리스도인에게 행복이란, 재산의 양이나 힘의 우위로부터 오는 것이 아닙니다. 참된 기쁨은 나에게 맡겨진 이웃, 즉 사람을 귀히 여기어 함께 살아가라는 하느님의 뜻에 충실할 때 찾아오는 것입니다. 때문에라도 우리는 당장 눈에 보이는 것들 너머에 가려져 있는 보다 중요한 부분들을 살필 줄 알아야 합니다. 만약 그렇지 않다면 우리 또한 오늘 복음의 비유 속 못된 종의 처지와 다른 바가 없게 될 것입니다.

이제 이 성찰을 우리의 실생활로 가져와 봅니다. 우리가 가족의 행복을 쌓아가는 공간인 '집', 그중에서도 모두가 모여 앉는 거실을 떠올려봅니다. 거기에는 하루의 고단함을 내려놓은 채 가족의 품 안에 깃드는 우리의 행복한 모습이 있습니다. 이는 하느님 보시기에도 좋은 모습일 것입니다. 그런데 조금 더 들여다보게 됩니다. 켜켜이 쌓여가는 한 가족의 소소하지만 깊은 행복을 좇아 우리의 눈을 보다 아래쪽으로 옮겨가다 보면, 그 행복을 묵묵히 지지하고 있는 듯 가지런하게 깔려 있는 마루를 발견하게 됩니다. 한 가족의 행복이 담기는 공간을 이룸에 있어, 집의 가장 낮은 곳에 위치해 있는 부분입니다. 이처럼 우리의 소중한 행복을 떠받치고 있는 부분이니만큼, 이 마루에도 하느님 보시기 좋은 행복의 이야기가 속속들이 그리고 가지런히 깃들여있을 것만 같은데, 지금부터 소개해드리는 이야기는 슬프게도 그렇지 못한, 가려진 현실의 이야기가 되겠습니다. 실제로 벌어져 온 일이고, 지금도 진행형인 이야기입니다.

마루시공회사와 계약을 맺은 한 마루노동자가 있었습니다. 그는 평일이면 아침 7시부터 저녁 7시까지, 주말이면 아침 7시에서 오후 5시까지, 주 6일을 일할 수밖에 없었습니다. 공사기간이 촉박하게 주어지곤 하기 때문입니다. 하루 평균으로 치면 13시간을, 한주로 보면 80시간가량을 일해온 셈입니다. 이 같은 장시간의 노동에 내몰렸던 그는 지난 3월, 마흔아홉의 나이로 세상을 떠나게 됩니다. 같은 현장에서 일했던 그의 동료는 너무나도 미안해합니다. 고인을 장시간의 노동으로 내몬 것이 자신이 아닌데도 말입니다. 사실 그토록 미안해하는 동료들도 장시간의 노동에 내몰려 있기는 마찬가지입니다. 이들 마루노동자의 임금은 십수 년째 작업 평당 약 1만 원꼴입니다. 유급휴일과 연차휴가 같은 것은 고사하고, 그 와중에 지급받는 임금조차 실제 작업 평수보다 1~2평 낮추어 계산됩니다. 자신의 임금이 낮춰 계산되었다는 것을 알게 되었다 하더라도, 딱히 별다른 수가 없습니다. 임금이 지급되는 시기가 입주가 이루어진 후인지라, 이미 사람이 살고 있는 집에 들어가 작업 평수를 실측할 수 없기 때문입니다. 사실상 주는 대로 받는 수밖에 없는 것입니다.

그런데 '그나마도 받으면 다행이다.' 싶을 때도 있습니다. 어떤 마루노동자는 마루시공회사와 계약을 맺고, 마찬가지로 하루 13시간, 한주에 80시간가량을 일했는데, 마루시공회사는 임금을 체불하고 심지어 연락마저 두절했습니다. 그는 이렇게 이야기합니다. "열악한 근무환경에 몸이 먼저 망가졌고, 이제는 마음까지도 멍들고 있다"라고 말입니다. 마루노동자들은 주 80~90시간을 일하게 되어도, 또 임금이 체불되어도, 근로기준법상의 별다른 보호를 받질 못하고 있었습니다. 노동자가 아닌 개인사업자로 분류되어왔었기 때문입니다. 노동자의 건강진단문진표가 조작된 적도 있었습니다. 분명 하루 근무시간란에 노동자가 직접 숫자 '13'을 적었었는데, 수정테이프로 덧칠해진 후 '8'로 고쳐져 있던 것입니다. 과로 은폐 정황으로 보이지만, 조사는 없었습니다. 개인사업자는 노동청 근로감독 대상이 아니기 때문이라고 합니다. 같은 이유에서 고인이 된 노동자의 죽음에도, 최소한의 조사도 진행이 되지 않았습니다.

마땅히 해야 하는 근로계약서의 작성도 마루노동자들에게 있어선 근래에 와서야 생긴 변화입니다. 여태까지는 근로계약서도 없었던 것입니다. 천신만고의 노력과 많은 희생 끝에 이제야 노동자성을 인정받게 된 것이라고 하겠는데, 처음으로 자신의 이름이 적힌 근로계약서에 자신의 필적을 남길 수 있게 된 것입니다. 그런데 그 계약서라는 것도 그 내용을 들여다보면, 임금액이 적혀 있지 않다거나, 임금이 적혀 있을지언정 최저임금에도 미치지 못하는 금액이라거나, 또는 임금지급일이 정해져 있지 않다거나 하는 식입니다. '아니, 정식으로 진정을 넣으면 되지 않습니까?'라고 생각하실 수도 있겠지만, 이 지점에서는 마루시공현장의 불법 하도급 구조를 맞닥트리게 됩니다. 사용자인 마루회사와 노동자 사이에는 불법 하도급업체가 있습니다. 이 불법 계약서에 대해 노동자들이 진정을 내게 되면, 정작 마루회사는 그 사용자성이 부인되면서 법적 책임에서 빠져나오게 되는 구조입니다. 그렇다고 불법 하도급업체와의 엉터리 계약서를 거부할 수도 없습니다. 하도급업체는 마루시공 특성상 한 달 반에서 두 달 정도의 시공기간을 갖고 노동자들을 데리고선 현장을 옮겨 다니게 되는데, 노동자가 엉터리 계약서에 대해 마땅한 권리를 주장한다거나 하면, 그다음에는 아예 일거리를 주지 않아버리기 때문입니다.

어떻습니까? 우리의 눈에 쉽게 보이는 부분, 가령 강마루와 강화마루의 장단점에 관심을 기울이고, 취향에 맞는 색상과 무늬를 고르는 데 고심을 하며, 우리 마음에 드는 좋은 마루를 갖는 것도 기쁨일 수는 있습니다. 하지만 정작 마루의 속 이야기는 이와 같을진대, 그 속 사정에는 무관심한 채 그저 태연히 마루를 깔고 앉고선 그 위에서 각자의 기쁨과 행복을 쌓아 올리는 것이, 그리스도인인 우리에게 있어서 정말 괜찮겠냐는, 그래도 정말 아무렇지도 않겠냐는 윤리적 양심의 소리에 우리는 자유로울 수가 없습니다. 다시금 생각해보게 됩니다. 사랑하는 가족이 모여 있는 우리의 거실이 은총이 깃든 행복의 공간이기를 기도하면서, 그 공간의 마루를 시공하는 노동자들의 존엄과 권리에는 무관심하다면, 그래서 오직 나의 욕망과 배부름에만 마음을 다한다면, 이 또한 오늘 복음 속 불충한 종의 모습과 크게 다른 바 없는 모습이 아니겠는가, 하고 말입니다. 노동하는 사람을 이익 창출의 도구로만 여기며 노동자의 권리 박탈을 자재 삼아 지은 집이라고 한다면, 그러한 불의함을 머금고 있는 그 공간은 그리스도인 가정의 행복이 머무는 곳이 될 수 없을 것이라는 이야기이자, 그렇기에 그 너머에 가려져 있는 부당하고도 불의한 현실에 놓인 사람들에게 우리가 무관심해서는 안 된다는 이야기입니다. 우리가 정말로 관심을 두고 또 애써야만 하는 부분은, 다만 자재가 어떻고 비용이 어떻고 마감이 어떻고 하는 것만이 아니라, 사람을 가려버리는 세상의 부당함과 불의함을 없이 하고자 하는 것이어야 하겠습니다.

사람에 대한 무관심으로 감방 같은 창을 이루고, 정의롭지 못한 침묵과 방조로 바닥을 얼룩지게 하며, 더럽혀진 양심을 커튼 마냥 달고 있는 집이라고 한다면, 과연 우리는 그 집에서 무엇을 경험하게 되는지, 하느님 앞에 섰을 때 그런 우리에겐 무슨 일이 일어나게 되는지, 오늘 복음 속 장면에 겹쳐 재차 묵상해보게 됩니다. 가려진 채 온전히 불리질 않는 노동자의 이름들이, 하느님께서 맡기신 우리 이웃의 그 이름들이, 더는 불의의 아픔과 상실로써만 세상에 드러나게 되지 않았으면 합니다. 그들을 그렇게 애도하는 것만을 우리의 몫으로 삼지 않았으면 합니다. 무관심에 밀리고 밀려 비극적으로 드러나게 되는 아무개 A씨가 아닌, 함께 살아가기에 서로가 서로에게 기쁨으로 드러나는 우리 이웃들이었으면 합니다. 미사를 시작하며 바쳤던 본기도에서의 청과 같이, 믿는 이들인 우리가 한마음 한뜻이 되어 하느님의 가르침을 사랑하고 그 약속을 갈망하기에, 모든 것이 변하는 이 세상에서도 하느님과 이웃을 진정으로 사랑하며 참 기쁨이 있는 곳에 우리의 마음을 온전히 둘 수 있기를 청하여봅니다.

# 나의 퇴직공제금은 누가 가로채 갔나?

**최우영(권리찾기유니온 마루지부장)**
《한겨레》, 2023년 10월 29일

나는 아파트 건설현장에서 실내에 마룻바닥을 시공하는 노동자다. 7년 전 일을 시작할 때는 열심히만 하면 돈을 많이 벌 수 있다기에 죽어라 일만 했다. 하루 평균 14시간 마루를 시공하느라 온몸 관절이 골병들어 신음하는데, 받는 돈은 일하는 시간으로 환산하니 최저임금 수준이었다. 일당이 아닌 시공하는 만큼 돈을 받는 평단가 구조에서 전국 각지를 돌며 일하느라 식비·숙박비까지 부담해야 하니 주 80시간, 90시간 노동할 수밖에 없다. 주 52시간을 지키면 최저임금도 안 되기에 장시간 일할 수밖에 없었다. 게다가 시공 전 바닥 기초작업, 청소, 짐 치우기 등 무보수 노동시간도 많았다.

왜 이 일을 시작했나, 자괴감 속에 하루하루 버티던 중 일본에서 일했던 작업자를 만났다. 일본은 하루 일당 30만 원에, 노동자를 보호하고자 하루 시공 평수를 8평으로 제한한다고 했다. 미국·유럽에서도 마루시공자가 전문기술자로 존중받는다는 말도 들었다. 나는 왜 존중받지 못할까. 마루 현장의 실태를 알아보기 시작했다. 2021년 10월부터 부산에서 파주까지 5개월 동안 현장을 돌며 많은 시공자와 대화하며 하나씩 문제를 알게 됐다.

건설현장에서 마루회사는 실내건축 면허가 없는 불법 하도급업체

'오야지'로 불리는 중간관리자에게 노무관리를 맡기고, 오야지는 노동자를 고용해서 마루를 시공한다.

임금 지급은 세 가지 방식이 있다. 먼저, 마루회사에서 4대 보험을 공제하고 마루노동자에게 임금을 정상적으로 지급하는 경우다. 두 번째는 마루회사와 불법 하도급업체가 6 대 4 비율로 임금을 나누어 처리하는 방식이다. 이때 마루회사 지급분은 정상적인 근로소득으로 신고하지만, 나머지는 3.3% 세율이 적용되는 사업소득으로 신고한다. 세 번째는 불법 하도급업체가 전액 지급하는 방식인데, 이때 임금 전부를 사업소득으로 신고하는 경우도 있었다. 마루회사가 직접 고용할 때 지켜야 하는 근로기준법, 4대 보험 가입 등을 피하기 위한 꼼수였다.

임금은 20년째 '1평 시공 1만 원'이다. 건설노동자에게 퇴직금을 주기 위한 퇴직공제금제도가 마련돼 있지만(건설근로자의 고용개선 등에 관한 법률), 현장에서는 잘 지켜지지 않는다는 것도 알았다. 건설사나 마루회사는 공사를 시작하면 퇴직공제금으로 노동자 1인당 하루 3000~6500원을 건설공제회에 적립해야 하는데, 한 달을 일했는데 한두 주만 적립해주거나 아예 하루도 적립해주지 않는 현장도 있었다. 공사비에 포함된 나의 퇴직공제금은 누가 가로챈 것일까?

부당한 마루노동환경을 바꾸기 위해 2022년 6월 대구에서 뜻 맞는 동료들과 만나 회의하고 규약을 만들어 한국마루노동조합 설립 신고필증까지 받았다. 기자회견, 간담회, 국회 방문, 노동청 고발, 국토교통부 고발 등 정신없이 달렸다. 일과 노동운동을 병행하니 가정생활은 엉망이 되었고 생계 때문에 떠나는 동료들이 생겨 2명만 남았다.

그러던 중 올해 3월 같은 현장에서 일하던 동료가 과로로 세상을 떠났다. 금요일에 머리가 너무 아프다고 먼저 숙소로 들어간 뒤 다시는 볼 수 없었다. 뉴스로만 보던 과로사가 내 옆에서 일어나다니. 결혼도 안 하고 부산에 노부모를 모시고 일만 하던 49살 동료는 산재 인정도, 어떤 사과도 못 받고 떠나갔다. 알려지지 않은 동료들의 죽음이 소문처럼 들려왔다. 나는 일자리를 잃었다. 나를 받아주는 곳이 없었다.

지난 9월 체불임금 사건조사 때 마루회사 대표는 노동청 근로감독관 앞에서 대놓고 노조원을 고용하지 않겠다고 말하기도 했다. 나는 조합원들에게 백지 근로계약서를 사진 찍게 하고 일한 일수를 기록하게 한다. 그리고 퇴직금이 적립되고 있는지 건설공제회에 확인하고 만약 누락돼 있으면 전국 노동청에 진정을 넣는다. 하지만 건설공제회는 강제수사권이 없다며 공제금 적립 감시에 손을 놓고 있고, 불법 하도급을 없애겠다던 국토교통부는 검찰에 가보라고 한다.

그 결과 지금도 마루공사현장은 저임금과 장시간 노동, 임금체불이 여전하고, 불법 하도급과 백지 근로계약서 관행 등도 마찬가지다. 우리 투쟁을 보면서 같은 처지의 타일노동자들도 노조를 만들겠다고 한다. 우린 포기하지 않을 것이다. 오늘도 기도한다. 다시 현장에서 마루를 시공할 그 날이 오기를.

# 고용노동부와 국세청은 3.3 사업소득자 전수조사 전면시행으로 답하라!

**권리찾기유니온**

성명(聲明), 2024년 5월 7일

"사각지대 해소를 위해 '가짜 3.3% 사업소득 신고 근절' 실태조사 및 캠페인 추진"

근로복지공단이 오늘부터 5월 한 달간, 고용·산재보험 가입촉진 캠페인을 시작하며 배포한 보도자료의 소제목이다. "가짜 3.3% 사업소득 신고로 노동권이 침해당하는 등 불이익을 받는 근로자가 없도록 집중 홍보기간 동안 전담인력을 투입해 실태조사를 실시한다"는 내용이 기사로 전해지고 있다.

"비일비재한 작금의 문제를 정녕 고용노동부만 몰랐단 건가?"

관련 기사의 공감 1순위 댓글이다. 늦게나마 환영한다는 반응은 아예 없다. 기사에 인용된 것처럼 당사자 실태조사와 공동법률구제를 주관해온 권리찾기유니온은 거의 모든 산업으로 확산되는 가짜 3.3 위장고용의 문제를 꾸준히 제기해왔다. "3.3으로 원천징수 신고하면 4대 보험료 비용만 줄이는 게 아니라, 퇴직금은 물론이고 근로기준법 걱정 없이 사업할 수 있다"는 홍보성 안내가 여전히 사업주 커뮤니티와 노무

컨설팅 블로그에 대놓고 게시되는 상황이다. 오늘 제출된 국세청 자료에 따르면, 2022년 사업소득 원천징수 인원은 전년보다 7.5% 늘어나 847만 명이다. 가짜 3.3 천만 시대를 초래한 원인은 다양하지만, 무엇보다 노동과 세무행정에서 위장신고가 먹히기 때문이다. 기자회견이나 공동법률구제 정도가 아니면, 가짜 3.3 피해 당사자가 빼앗긴 급여와 권리를 회복할 엄두조차 내지 못한다.

"고용노동부는 도대체 무엇을 한단 말이냐?"

늦게나마 무언가 하겠다는 발표를 접한 시민들이 꼭 짚어 되묻는다. 종합소득세 납부기간에 전문인력 투입해 3주 동안 무슨 조사를 한다는 것인가? 그동안 민간단체가 거리와 현장을 누비며 파악한 실태는 물론이고, 공식 간담회를 통해 가짜 3.3 대응방안과 근로감독관 집무규정 매뉴얼을 고용노동부에 전달한 지 2년이 넘었다. 국정감사에서 고용노동부와 국세청장이 적극적인 대응을 약속하는 것도 3년째 연례행사가 되었다.

"3.3 사업소득자 전수조사 시행"

4대 보험 미가입을 무자료로 처리하면 적발하기 어렵다. 비용절감과 더불어 사용자 책임을 회피할 수 있는 3.3 사업소득세 처리는 사업주들에게 환상적인 노무관리로 번지고 있지만, 정식 신고로 정부기관에 해당 직원의 고용정보를 넘기게 된다. 즉, 고용노동부와 국세청이 공적 정보를 활용해 4대 보험 회피와 소득세 위장을 조사하고, 근로기준법과 관련 법령의 위반에 대한 행정조치를 실행할 토대가 만들어졌다. 전국적인 공동법률구제를 시작한 권리찾기유니온은 업종별 특별계획에 이어 지역별 대규모 권익구제로 나아가기 위해 전국 각지의 시군구 노동권익센터와 협력체계를 구축해왔다. 사회적 대책으로 아직 이루지 못한 것은 정부의 몫이다. 3.3 사업소득자에 대한 공식적인 전수조사를 더 이상 미룰 핑계는 없다.

가짜 3.3 천만 시대, 모두의 위기를 막아내지 못한 일차적인 책임은 고용노동부와 정부의 것이 될 것이다. 4대 보험과 근로기준법 없이 일하는 노동자들의 절박한 목소리를 준엄한 명령으로 전한다. 권리찾기유니온은 가짜 3.3 폐지와 근로기준법 전면적용으로 나아가는 더 크고 강력한 사회연대투쟁으로 답해나갈 것이다.

# 들어라,
# 근로기준법 전면적용이다

**권리찾기유니온**

성명(聲明), 2024년 5월 14일


"노동약자 지원과 보호를 위한 법률을 제정해 노동약자를 국가가
더 적극적으로 책임지고 보호하겠다."


오늘 서울고용복지플러스센터에서 열린 토론회에서 윤석열 대통령
이 발표한 내용이 속보로 전해지고 있다. 특검법 등 거부권 강행이 예고
되는 상황에서 총선 후 첫 민생토론회 주제로 '노동약자'가 내걸렸다. 정
치적 해석은 보태지 않고, 이번 토론회를 주최한 이들에게 오늘의 주제
에 맞춰 입장을 전한다.

대통령과 정부가 공식 인정한 바와 같이 최근 임금체불 피해가 속출
하고, 위험한 일터에서 일하는 노동자들은 산재보상조차 받기 어렵다.
근로기준법의 핵심조항이 배제된 5인 미만 사업장 노동자들에게 '빨간
날'은 휴일이 아니고, 중대재해법도 비켜 간다. 근로복지공단이 불법 위
장고용으로 단속하겠다 발표한 가짜 3.3 사업소득 노동자의 수는 국세
청 집계로 847만 명이다. 이 비참한 노동 현실을 주도하고, 방조한 책임
자들에게 노동약자는 대체 어떤 존재인가?

노동약자는 4대 보험과 근로기준법, 노동자의 이름과 기본적 권리를
빼앗긴 채 일해야 하는 사람들이다. 헌법과 국제적인 기준을 따르며 노

동약자를 지원하고 보호하려는 법이 근로기준법이다. 근로기준법 없이 일하는 이들이 천만을 넘어선 시대의 책임자들이 뻔뻔하게 노동약자를 제목으로 내걸었다. 대통령의 언론플레이에 액세서리가 되는 것을 거부하는 이유다.

일하는 사람 누구나 차별 없이 쉴 수 있고, 일하다 다친 노동자들이 생계 걱정 없이 치료할 수 있는 나라를 원하는가? 노동약자에게 지금 당장 되돌려 주어야 할 것은 4대 보험과 근로기준법이다. 대통령 취임 후에 사라져버린 개혁 논의를 복구하기 위해 더 크고 강한 사회적 힘을 모아내야 하는 절박한 시간이다. 당신들이 찾는 노동약자가 아닌, 근로기준법을 빼앗긴 노동자의 이름으로 당당하게 전한다. 이제라도 들어라.

정부는 가짜 3.3 전수조사와 4대 보험 전면시행 조치에 착수하라!
대통령과 여당은 근로기준법 전면적용 개정 논의에 즉각 응답하라!

# 미룰수록 늘어난다,
# 근로기준법 없는 노동자

**권리찾기유니온**

성명(聲明), 2024년 5월 27일

### 근로기준법 제102조의 2(과세정보 제공) 법안 발의를 환영하며

4대 보험 대신 3.3% 사업소득세를 떼이는 이들이 천만 명에 육박하고 있다. 사업주 책임을 회피하는 가짜 3.3 위장고용이 국정감사 의제로 등장한 이후에도 매년 수십만 명 넘게 급증한다. 정부와 국회가 대책을 미룰수록 이 비참한 숫자는 계속 늘어날 것이다.

산재 포기각서로 물의를 빚은 쿠팡 캠프에서 수천 명 단위로 고용·산재 미가입을 적발해온 고용노동부는 위장실태 제보가 수년째 이어지자 모든 캠프에 대한 전수조사에 착수했음을 알렸다. 4대 보험을 회피하는 노무관리가 사업소득세 위장 수법과 연결되어 있음을 인정한 근로복지공단은 비로소 가짜 3.3 근절을 위한 실태조사와 집중캠페인 시행을 발표했다. 실태조사와 법률구제활동을 통해 가짜 3.3이 거의 모든 산업으로 확산되고 있음을 확인한 권리찾기유니온은 가장 시급하고 강력한 해법으로 '사업소득세 신고에 대한 전수조사' 시행을 요구하며 사회적 힘을 모아내고 있다.

오늘 장혜영 의원이 대표 발의한 법안은 사업소득 등 국세청의 과세정보 제공을 근로기준법에 명시한 것이다. 3.3으로 처리하는 직원을 합하면 300명이 넘는데도 5인 미만 사업장으로 분류된 250개의 기업, 상시 지속적인 업무에 대놓고 3.3을 악용하는 업종을 대상으로 전면적인 근로감독을 실시하는 동력이 될 것이다. 근로기준법 없이 사업하는 위장고용을 금지해야 근로기준법의 실제 적용을 확대할 수 있다.

국세청과 고용노동부가 책임을 회피하지 않고, 가짜 3.3 문제 해결에 협조하도록 법적 장치를 만들어야 할 때다. 근로기준법 개정이 4대 보험과 근로기준법 없이 일하는 노동자들에게 소중한 뉴스로 전해지기를 소망한다.

**권리찾기유니온**

성명(聲明), 2024년 7월 3일

**쿠팡 물류센터 전수조사 결과 발표에 대한 입장**

오늘 근로복지공단은 쿠팡의 택배 영업점 528개소 및 물류센터 위탁업체 11개소를 대상으로 실시한 산재·고용보험 미가입 전수조사 결과를 보도자료로 배포하였다. 미성립사업장 90개소를 성립 조치하고, 미신고 근로자·노무제공자 4만 948명을 가입 처리했다는 내용이다.

산재·고용보험 미가입 문제에 있어 전례가 없을 정도로 대규모 적발이 이루어졌으나, 사업장과 직종별 위반실태 등 세부적인 조사결과는 공개되지 않았다. 지난 5월 6일, 근로복지공단은 보도자료를 통해 '가짜 3.3 위장을 통한 미가입'이 심각함을 인정하고, 전담인력을 투입한 실태조사 실시 계획을 발표한 바 있다. 산재 포기각서 등으로 사회적 관심이 집중된 사업체에서 대규모 위반실태가 적발되었음에도 전체 적발 규모만 수치로 제시하고, 위장고용과 법령 위반실태에 대해서는 어떠한 언급도 없다. "99.9%가 사업소득으로 신고했다"는 공단 관계자의 모 언론 인터뷰가 사실이라면, 이에 대한 조사결과 공개를 생략한 이유에 따져 물을 수밖에 없다.

2022년 3월 28일, 전북지역의 쿠팡 캠프를 처음으로 고발하고, 이후 쿠팡의 모든 사업장에 대한 전수조사를 요구했던 권리찾기유니온은 이번 전수조사 결과에 대한 1차 입장을 다음과 같이 발표한다.

① 근로복지공단의 이번 전수조사를 통해 그간 상당수 지역의 피해 당사자들이 제보해온 문제가 전국적으로 이루어져온 실상이 확인되었다. 적발된 위탁업체의 사업주가 과태료를 납부하는 정도로 쿠팡의 편법·불법적 노무관리가 사라질 것이라 기대하는 이는 거의 없다. 쿠팡의 물류배송 사업장은 쿠팡의 설비와 물량에 의해 운영되며, 위탁업체는 쿠팡의 사업장에 종사하는 이들을 운용하는 관리조직이라 할 수 있다. 고용노동부는 쿠팡의 위장고용과 근로기준법 위반을 바로 잡기 위한 전면적인 근로감독 등 후속조치를 즉각 실행해야 한다. 근로감독과 행정·사법적 조치의 대상은 당연히 쿠팡이 되어야 한다.

② 쿠팡에 대한 전수조사 실시가 공개된 이후에도 물류산업의 대표적 기업들은 쿠팡과 유사한 내용이 적힌 채용공고를 바꾸지 않고 있다. 당사자 제보로 알려진 바로는 단일품목 물류센터와 지역 유통업체의 노동조건은 더욱 취약하다. 사회적 대책이 힘을 갖지 못하면, 사업주들에게 경종을 울리기는커녕 오히려 가짜 3.3이 대세라는 인식만 확대될 것이다. 이제라도 4대 보험 미가입 및 가짜 3.3 위장실태에 관한 전수조사를 물류산업 전체로 시급히 확대해야 한다.

권리찾기유니온의 제안으로 처음 열리는 근로기준법 사회연대운동 준비모임(7월 4일)에서는 물류산업을 비롯해 가짜 3.3 위장고용을 극복하는 사회적 대책을 논의할 예정이다. 모든 산업과 직종으로 가짜 3.3이 퍼져 나가는 비참한 시대에 맞서는 사회적 협력이 절실하다. 4대 보험과 근로기준법 없이 일하는 천만의 노동자들에게 희망을 전하는 뉴스로 전해지기를 바란다.

# 쿠팡 근로감독에
# 쿠팡이 없다?

**권리찾기유니온**

성명, 2024년 7월 11일

**쿠팡과 가짜 3.3 대표기업을 국회로 소환하라**

지난 7월 9일, 권리찾기유니온은 고려대 노동문제연구소와 공동으로 주관한 국회토론회(가짜 3.3 계약과 4대 보험 미가입 실태분석 및 정책과제)를 통해 쿠팡과 물류산업 전반에 만연한 가짜 3.3 위장고용의 심각성을 발표하고, 이에 대처하는 정부의 전향적 태도를 촉구한 바 있다. 4만 건 넘게 적발한 전수조사가 오히려 가짜 3.3 노무관리를 고착시킬 위험에 대해 경고하였다.

"노동부, '가짜 3.3 노동자' 택배 물류센터 근로감독"

국회토론회 후속으로 고용노동부를 취재한 모 언론사가 보도한 기사의 제목이다. 위탁업체 11개는 근로감독 대상에 포함되었으나, 쿠팡(CLS)은 없다. 쿠팡의 물류 사업장에서 대규모로 위장고용이 횡행하는 것을 직접 확인하였고, 국회의원들과 각계 전문가들이 제시한 문제해결 방향에 대해 경청하겠다던 고용노동부가 다음 날 아침에 서둘러 전한 소식이다.

쿠팡의 물류배송 사업장은 쿠팡의 설비와 물량에 의해 운영되며, 위

탁업체는 쿠팡의 사업장에 종사하는 이들을 운용하는 인력관리 대행업체에 불과하다. 쿠팡(CLS) 로고가 찍힌 채용공고에 접속해 거주 지역을 선택하면 가까운 근무지가 안내되고, 지원서 접수로 연결된다. 구인도 쿠팡이고, 구직자들이 취업하는 곳도 쿠팡이다. 쿠팡이 설정한 기준을 따라가지 못한 위탁업체가 계약해지로 퇴출당해도 쿠팡 노동자들은 동일한 사업장에서 같은 방식으로 근무한다. 쿠팡 노동자들의 실질적 사업주는 쿠팡이기 때문이다.

권리찾기유니온은 근로복지공단의 전수조사에 대한 1차 성명에 이어, 쿠팡 없이 쿠팡 사업장에 시행하는 근로감독에 대해 다음과 같은 입장을 발표한다.

① 쿠팡 사업장의 노동문제를 해결하는 것이 근로감독의 목적이라면, 근로감독의 1차 대상은 쿠팡(CLS)이 되어야 한다. 물류산업 전체로 확대실시하는 전수조사와 근로감독도 마찬가지다. 본사

와 실질적인 사업주에게 책임을 묻지 않는다면, 근로기준법 없이 사업할 수 있는 위장고용은 더 심각하게 대세가 될 것이다.

② 정부가 문제를 해결할 수 없다면, 더 강력한 사회적 해법으로 풀어야 한다. 정부기관이 서로 책임을 떠넘기기에 급급한 상황에서 이를 통제할 권한으로 국회의 역할을 제안한다. 쿠팡을 비롯한 가짜 3.3 위장고용의 대표 기업을 국회로 소환하지 않을 이유가 없다. 피해 당사자들이 안심하고 일할 수 있는 실질적 조치를 공론화하자. 대놓고 쏟아지는 가짜 3.3 채용공고와 불법적 노무컨설팅을 중단시킬 긴급한 대응을 촉구한다.

③ 가짜 3.3 천만 시대를 막아낼 근본적인 해법은 법제도 개혁이다. 무엇보다 세금의 종류 따위로 노동자성을 함부로 삭제시킬 수 없도록 해야 한다. 노동자성을 부정하는 입증 책임을 사용자에게 부여하는 근로기준법 2조 개정, 직업의 종류 차별 없이 모든 노동자에게 사회보험 혜택을 보장하는 4대 보험 개혁안이 피해 당사자들의 절박한 목소리로 제안되고 있다. '전 국민의 무슨 법'이라는 무능한 표어에 숨지 않고, 근로기준법과 4대 보험 없이 일하는 노동자들의 비참한 현실에서 사회적 대안 논의를 당당하게 시작하자.

# 모든 노동자에게
# 노동자의 이름과 권리를!

**정진우(권리찾기유니온 위원장)**
윤석열 정부 기만적 노동약자보호법 규탄 기자회견, 2024년 11월 26일

권리찾기유니온이 오늘 기자회견을 공동으로 개최하고, 회견장에서 공식 입장을 밝히는 이유에 대해 먼저 말씀드립니다. 권리찾기유니온은 근로기준법을 빼앗긴 노동자와 4대 보험 없이 일하는 노동자들이 노동자의 이름과 권리를 함께 찾아나가는 조직입니다. 350만 명이 5인 미만 사업장에서 차별당하고, 계약의 형식과 세금의 종류가 위장되어 노동자의 이름조차 빼앗긴 3.3 노동자의 수는 850만을 넘어섰습니다. 근로기준법과 4대 보험의 혜택이 필요한 노동자일수록 심각하게 차별당하고 배제되는 시대입니다. 법이 바뀌기도 하고, 정부와 정치인들이 다양한 뉴스를 쏟아내지만, 노동권을 보장하지 않아도 되는 노동자의 수는 오히려 늘어납니다. 차별지대로 내몰린 우리의 숫자를 줄이기는커녕 오히려 이 비참한 시대의 장벽을 더 높게 쌓으려는 시도에 직면합니다. '노동약자'라는 작명이 노동자의 단결권을 허무는 무기로 등장하더니, 급기야 피해 당사자들이 차별의 장벽에 부딪힐 엄두조차 내지 못하게 하는 법률이 '노동약자법'의 이름으로 등장합니다.

숱한 난관에 부딪히다 기어이 권리찾기유니온에 당도한 이들이 따져 묻습니다. 자신 같은 노동자가 천만이 넘는다는데, 이렇게 많은 이들이 당하는 문제가 해결되기는커녕 왜 우리가 유령 취급되어야 하는지 이

해할 수 없다고 성토합니다. 25년 일한 일터에서 정년을 앞두고 4대 보험이 삭제된 봉제 노동자는, 3.3 사업소득자가 되었으니 퇴직금도 사라집니다. 가짜 5인 미만으로 위장된 사업장에서 가짜 3.3으로 이중 차별당하다 해고당한 호텔 노동자는, 자신의 권리를 입증하려면 노동행정의 더 큰 벽과 싸워야 합니다. 온라인 교육회사에서 10년간 재직하다 해고된 어느 교사는, 사측이 보유한 증거자료를 알아서 가져오라는 노동위원회의 요구에 좌절합니다. 학습지 교사로 분류되면, 근로기준법상 근로자가 아니라는 편견도 스스로 뚫어내야 합니다. 마루시공노동자처럼 100% 성과급을 받는 경우에 노동자가 아니라는 식으로 대하는 고용노동부의 태도는 바뀌지 않습니다. 교통사고현장 업무 중에 맨홀에 빠진 사고조사원 노동자는, 산재보험의 특례조항 직업군에 포함되지 않아 자비로 치료해야 합니다. 쿠팡의 카플렉스 노동자를 포함해 직업의 종류 차별로 수많은 노동자가 4대 보험의 문턱조차 넘지 못합니다.

> "노동약자 지원과 보호를 위한 법률은 현행 노동관계법으로 충분히 보호받기 어려운 플랫폼노동자, 특고, 영세사업장 근로자 등 '노동약자'들에 대한 국가 차원의 체계적인 지원과 보호 등을 위한 것으로 '특고 차별', '편 가르기' 등을 조장하려는 것이 아님."

지난 10월 2일, 고용노동부가 정책브리핑으로 설명한 내용입니다. 차별과 편 가르기를 조장하는 게 아니라면서 '노동약자'가 왜 노동관계법으로 보호받기 어려운지는 답하지 않습니다. 국가가 개입해 제도적으로 보호해야 할 노동자들을 오히려 노동관계법이 배제된 차별지대에 가두는 현실에 대해서는 말하지 않습니다. 정부식 표현대로 "노동약자의 실질적인 애로가 해소될 수 있는 입법 방향"은 오랜 투쟁을 거쳐 힘들게 국회의 문턱을 넘어서고 있습니다. 사업장 규모에 의한 차별을 폐지하는 근로기준법 11조 개정, 타인에게 노무를 제공하는 이들을 노동자로 추정하는 근로기준법 2조 개정, 직업의 종류와 고용형태를 차별하지 않고 모든 노동자에게 적용하는 4대 보험법 개정안이 사회적 논의의 장으로 진입한 대표적인 법률안입니다. 정부와 국회가 시급히 응답해야 할 것은 천만을 넘는 피해 당사자들의 피눈물이 새겨진 진짜 대안입니다.

대안이 가리키는 방향을 정확하게 전합니다. 노동자의 이름과 권리가 필요한 노동자에게 그것을 차별 없이, 빠뜨리지 않고, 그대로 되돌려주면 됩니다. 시행착오와 혼란이 예상됩니까? 뒤죽박죽으로 혼란을 방치하는 것은 현재의 노동행정입니다. 쿠팡 캠프에서 고용·산재보험 누락과 가짜 3.3으로 4만 건이 적발되어도 물류산업의 대표적 기업들은 여전히 3.3 채용공고를 게시합니다. 정부를 믿기 때문입니다. 위장고용 전수조사와 대대적인 근로감독으로 답하지 않을 것임을 압니다.

그래서 노동약자식 편 가르기를 거부하고, 근로기준법과 4대 보험 없이 일하는 노동자의 이름으로 정부에 고합니다. 우리의 실상을 덮어버리는 작명부터 포기하십시오. 차별지대에 갇힌 노동자들에게 필요한 것은 무언가 차별적으로 허용해도 된다는 낙인이 아니라, 차별 그 자체의 폐지입니다. 벽을 쌓아온 이들이 오명을 포기하지 않겠다면, 우리 스스로 그 벽을 허물 것입니다. 노동자는 노동자입니다. 모든 노동자에게 노동자의 이름과 권리를! 우리의 절박한 대안에 공감하는 모든 이들과 함께 기어이 쟁취해낼 것입니다.

# 우리는 모두 인간으로서
# 존엄을 지킬 권리가 있습니다

**김형준**(영어학원 강사, 권리찾기응원상 수상)
제4회 가짜 3.3 노동자의 날 기념식, 2025년 3월 13일

너무 감사드립니다. 제가 여기 서 있는데 솔직히 말씀드려서 왜 서 있는지를 잘 모를 정도입니다. 정말 이번에 싸워서 이기자라는 생각만 하고 있었는데, 우리 담당 대리인께서 수상하기 충분한 어떤 능력이라기보다는 수상할 조건이 된다고 해서 이렇게 급하게 대전에서 올라왔습니다. 나름대로 수상 소감문을 밤새 고민하면서 좀 적어 왔습니다. A4 용지 한 장 반 정도인데 좀 지루하시더라도 들어주셨으면 감사드리겠습니다. 이 가슴속에 있는 제 생각과 어떻게 보면 이 분노와 억울함과 이런 모든 것들을 그나마 승화를 시켜서 쓴 것이기 때문에 잘 들어주셨으면 감사드리겠습니다.

감사합니다. 3.3% 원천 징수자는 노예처럼 일했어도 근로자가 아니었다라는 것으로 좀 말씀을 드리겠습니다. 안녕하세요. 저는 김형준입니다. 오늘 이 자리에 서게 된 것은 제 삶의 15개월 22일이라는 시간을…

죄송합니다. 이게 제가 방송에서 인터뷰할 때 어떤 분들이 그걸 읽다가 읽으시는 거 보면 저 사람 왜 울어? 막 그랬었거든요. 근데 이제 가슴속에 이게 쌓인 게 너무 많다 보면 저도 모르게 이제 울컥하는 게 있는 거 같습니다.

정말 감사합니다. 글씨로 써온 것은 제가 겪은 이야기를 여러분과 나누고 나누기 위함입니다. 이 이야기는 단순한 개인의 경험이 아니라 수많은 이들이 감히 말하지 못한 채 부딪히는 현실을 대변하는 목소리가 되기를 진심으로 바랍니다.

저는 18년 동안 일을 하면서 2023년 7월 1일부터 2024년 10월 20일까지 학원 강사로 일했었습니다. 그곳에서 저는 매일 최선을 다해서 진심으로 학생들을 가르쳤고, 고등학교 시험에서 4~5등급을 받던 학생을 두 달 만에 1등급으로 이끌었던 경험도 있습니다.

주말과 공휴일에도 제 시간을 내서 학생들의 성적을 위해서 노력을 했고 근데 그런 노력들이 한 사람의 변덕과 감정 앞에서 무력하게 무너졌습니다.

저는 프리랜서라는 이름으로 사실상 자유는 없었습니다. 프리랜서의 주체는 내가 되어야 함에도 불구하고 사용자였고 아침부터 밤늦게까지 이어지는 업무지시, 업무, 끝없는 감시와 압박 속에서 저는 마치 사람으로서의 존엄이 부정되는 듯한 느낌을 받았었습니다.

최근에는 공황장애로 병원도 다니고 있습니다. 근로계약서에는 헌법이 보장하는 직업 선택의 자유를 침해하는 조항이 버젓이 들어 있었고, 그 조항 아래에는 끊임없는 불안과 억압을 견뎌야 했습니다. 퇴직금도 고용보험도 없는 3.3% 원천징수라는 이름표는 제가 아무리 많은 시간과 노력을 쏟아도 법적으로 보호받을 수 없는 존재라는 사실을 계속 상기시켰습니다.

2024년 10월 17일, 저는 계약기간 중임에도 불구하고 사용자가 저와 단 한 번도 상의도 없이 후임자를 채용한다는 공고를 냈고, 이어지는 퇴사 압박은 점점 노골적이었습니다. 저는 "이것은 해고다"라고 말하며

10월 20일 사직을 선택할 수밖에 없었습니다. 그 과정에서도 저는 숱한 모욕을 견뎌야 했습니다. 지방노동위원회 부당해고 진정을 넣었지만 각하되었고, 현재는 중노위에 재심을 신청한 상태입니다. 사용자는 제가 부당해고를 주장하자 근로계약서를 체결했음에도 불구하고, "3.3% 공제와 비율제의 임금 지급 방식이니 근로자가 아니다. 5인 미만 사업장이라 근로기준법이 적용되지 않는다. 최단시간 노동자일 뿐이다"라는 근거 없는 주장으로 저의 권리를 부정했습니다.

그런데 저는 묻고 싶습니다. 열정과 헌신으로 학생들을 진심으로 가르친 강사가 단지 사용자의 자의적인 판단으로, 노예처럼 취급받아야 하는 것이 정당한 일입니까? 3.3% 원천징수라는 숫자 뒤에 숨겨진 수많은 이들의 땀과 눈물이 근로자의 권리마저 박탈당해야 하는 현실이 과연 옳은 것입니까?

이 부당함에 맞서 저는 권리를 찾기 위해 법률지원투쟁에 당사자로 당당히 참여했습니다. 지방노동위원회 심의에서 화해권고가 열렸고, 금액 차이로 실패했지만, 심판 직후 당사자 간 화해가 성립되었습니다. 그런데 놀랍게도 사측은 느닷없이 전날에 화해를 취소하는 몰지각한 행동을 했습니다.

저는 지금도 중앙노동위의 재심을 기다리며 이 싸움을 이어가고 있습니다. 이 싸움은 단순히 제 일자리를 되찾기 위한 것이 아닙니다. 제가 겪은 이 시간이 누군가의 가슴에 깊은 상처로 남아서 다시는 이런 일이 반복되지 않기를 진심으로 바랍니다.

이 자리에 계신 여러분, 저는 여러분께 이 이야기를 통해 한 가지 전달하고 싶은 게 있습니다. 우리는 모두 인간으로서 존엄을 지킬 권리가 있습니다. 아무리 작은 목소리라도 18년 만에 저는 처음으로 이런 부당함을 외칩니다. 이런 부당함을 외칠 때 세상은 조금씩 변할 수 있다는 걸 깨달을 수 있었습니다. 저의 이 고백이 그리고 무엇보다 이야기를 듣는 사람의 한 가슴에 평생 잊지 못할 흔적을 남기기를 간곡히 간절히 희망합니다. 마지막으로 저는 앞으로 수많은 3.3% 학원 강사 노동자들이 근로기준법의 보호를 받을 수 있도록 이 실태를 우리 사회에 알리고 당사자들에게 용기를 일깨우는 역할을 하고자 합니다.

끝으로 저는, 저와 같은 경험을 갖게 될 이들에게 말하고 싶은 것이 있습니다. 혼자가 아니니 우리가 함께 목소리를 낸다면 3.3%라는 숫자는 더 이상 우리의 가치를 정의하지 못할 것입니다. 감사합니다.

# 모든 스포츠기업은 장기 고비용 소송을 포기하고, 가짜 3.3 위장고용을 즉각 폐지하라!

**권리찾기유니온**

성명(聲明), 2025년 3월 24일

**부산아이파크 유소년팀 지도자 노동자성 판결에 부쳐**

프로축구단 부산아이파크에서 4대 보험 없이 3.3% 사업소득세를 떼고 일한 유소년팀 감독과 코치가 근로기준법상 노동자라는 법원(부산지법) 판결이 나왔다. 2022년 6월 30일, 부산지방노동청이 부산아이파크 축구단을 운영하는 HDC스포츠에 노동관계법 위반사항에 관한 시정지시를 명령한 지 천일 만에 이루어진 사법부의 결정이다. 천일 간 장기 소송으로 이어진 이유는 대기업의 오만함과 검찰의 무책임 때문이다. 당시 사측은 퇴직금을 지급하라는 고용노동부의 조치를 거부하였고, 검찰은 사측의 부당행위에 불기소 처분을 내렸다.

애초에 유소년팀 지도자들이 제기했던 진정에 대한 고용노동부의 답도 노동자성 불인정이었다. 권리찾기유니온의 가짜 3.3 공동법률구제로 다시 진정을 제기해 이를 뒤집어 고용노동부의 시정지시가 이루어진 것이다. 이렇게 힘들게 성사된 행정조치를 무시하며 더 큰 장벽으로 맞서는 사측의 대응이 시작됐다. 장기 고비용 소송으로 버티기다. 이에 권리찾기유니온은 "3심까지 5년 걸림" 운운하며 피해 당사자에게 굴복하라 협박하던 모 프로스포츠 사측의 발언을 공개하며 대기업들의 못된 행태를 고발하기도 했다.

구단에서 일하는 직원들을 4대 보험 없이 3.3으로 위장고용하는 행태가 각종 스포츠 대기업에 거리낌 없이 퍼져 있다. 2019년, 모 축구단의 지도자에게 퇴직금과 연차미사용수당을 지급하라는 시정지시가 내려지자 프로구단을 운영하는 대기업들은 소속 직원들에게 프리랜서형 전속계약서를 다시 작성하고, 이들을 3.3% 사업소득세 납부자로 둔갑시켜 노동자성을 은폐하는 노무관리를 시도해왔다. 간헐적으로 행정조치가 이루어지더라도 불법적 위장고용이 횡행하는 이유가 있다. 피해자들이 재취업의 어려움을 감수하고 용기 내 권리찾기에 나서더라도 장기 고비용 소송에 내몰리는 걸 피할 수 없기 때문이다.

유소년팀 지도자를 비롯해 의무트레이너, 주무, 장비사, 통역, 전력분석관 등 거의 모든 직종에 걸쳐 3.3으로 채용한다는 구인공고가 스포츠 구단의 이름으로 버젓이 게시되는 상황이다. 계란으로 바위 치는 격이니 불법을 자행해도 별 탈 없다는 대기업들의 오만함이다. 이에 맞서 힘든 싸움을 시작한 부산아이파크의 정○○ 감독과 김○○ 코치가 저들의 장벽 하나를 기어이 뚫어낸 것이다. 기본급 체계 없이 사업소득세를 원천징수하는 3.3 노동자의 노동자성을 재차 인정한 이번 판결에서 중요한 성과가 덧붙었다. 출퇴근 확인절차 미비 등의 사정이 유소년 축구팀의 업무 특성에 따른 것에 불과하니 이를 이유로 노동자성을 부정할 수 없고, 또한 유급휴가 사용에 대한 증명 책임이 사측에 있음도 판결문으로 적시됐다.

사실상 완패한 사측이 위장고용된 직원들의 동참을 막고자 항소로 대응할 것이라는 예측이 많다. 이제 대기업 사측의 장기 소송 내몰기 전략은 실패할 수밖에 없다. 3.3 노동자들의 공동법률구제로 시작한 사회적 연대의 힘이 더욱 튼튼하게 모이고 있기 때문이다. 프로구단을 비롯한 모든 스포츠기업에 종사하는 3.3 노동자들에 대한 전수조사와 전면적인 근로감독을 기어이 이루어낼 것이다. 이에 앞서 공동법률구제에 참여할 피해 노동자들을 모집하는 사회적 활동에 착수할 것이다. 첫 판결까지 너무 오래 걸렸지만, 스포츠기업에서 일하는 동료 노동자들의 권리회복을 위해 힘든 싸움을 시작한 주인공들의 헌신적인 투쟁으로 모두가 승리할 시간을 앞당길 수 있었다.

862만 3.3 노동자들에게 소중한 소식을 널리 알리며 축하와 연대의 인사를 나눈다. 아울러 부산아이파크를 비롯한 모든 스포츠기업 사측 책임자들에게 경종을 울리며 경고와 촉구의 입장을 다음과 같이 전한다.

부산아이파크는 장기 고비용 소송 전략을 포기하고, 노동자들의 빼앗긴 권리를 온전히 회복시켜라.

모든 스포츠기업은 근로기준법을 준수하고, 가짜 3.3 위장고용을 즉각 폐지하라!

고용노동부는 스포츠기업 3.3 노동자들에 대한 전수조사와 전면적인 근로감독을 시행하라!

# '3.3 프리랜서'는 노동자의 이름과 권리를 회복할 노동자입니다

정진우(권리찾기유니온 위원장)
'3.3 프리랜서' 노동권 보장을 위한 대선 정책요구안 발표 기자회견, 2025년 5월 14일

오늘 기자회견에 참여해주신 언론노동자와 모든 분들께 감사드립니다. 기자회견 제안단체로서 여는 말을 맡은 권리찾기유니온 위원장 정진우입니다.

대선 시기에 정책요구안을 발표하는 기자회견은 곳곳에서 흔하게 열립니다. 이곳 기자회견도 그중 하나입니다만, 어떤 이들의 권리보장을 요구하는지 적혀 있는 제목이 다소 독특하다고 느낀 분들이 많을 것입니다. 기자회견으로 발표할 내용을 준비하며 가장 어렵게 오랜 시간 논의해 채택한 것이 바로 오늘 회견의 제목입니다. 기자회견의 취지에 대한 이해를 돕기 위해 먼저 질문을 드려볼까 합니다. 오늘 회견 무대에 나서 발언하는 당사자들을 포함해 다음과 같은 이들의 공통점이 무엇일까요?

폭우로 재난경보 중에 고객에게 물품을 배송하다 수해로 사망한 쿠팡 카플렉서. 연례행사로 작성되는 퇴직금 포기각서에 사인하지 않아 해고당한 물류센터 내근직. 교통사고현장에서 일하다 맨홀에 빠져도 산재보상 받지 못하는 교통사고조사원. 20년 넘게 일한 일터에서 정년 앞두고 사업소득자로 바뀌어 퇴직금을 받지 못한 봉제공장 직원. 프리랜서 계약서를 썼다고 근로기준법 없이 일하다 해고예고와 퇴직금 없이 쫓겨난 게임테스트 업체의 청년들. 4개월 동안 업무에 투입된 회사에서 임

금체불 사태가 발생하니 원래 고용관계가 아니었다는 답변을 받게 된 7명의 소프트웨어 개발자. 비율제로 임금 받아왔다고 퇴직금 대상 근로자가 아닌 취급당한 필라테스 강사. 불법 하도급업체의 횡포로 10일은 근로소득자로 신고되고, 나머지 일수는 사업소득자로 처리되는 아파트 공사 마루시공자.

권리찾기유니온의 공동법률구제에 참여한 당사자이거나 언론보도에 협력한 사건들입니다.

이외에 커피숍의 카운터, 편의점 알바, 음식점의 서빙과 조리사, 각종 학원 강사, 네일아트스트와 미용사, 마트의 판매직, 콜센터 아웃바운드 담당자, 중소기업의 사무직 직원은 4대 보험 미가입 실태조사에서 흔하게 취합되는 직업군입니다.

이들이 처한 현실을 고발하고, 이들의 권리보장을 효과적으로 주장하려면 그에 걸맞은 적절한 이름이 필요합니다. 프리랜서라는 명칭이 곧잘 사용되나 근로기준법이 보장되지 않는 노동자라는 편견이 작동되는 문제가 있습니다. 커피숍과 음식점 같은 평범한 업종에서는 그런 계약서를 쓰지도 않고, 그리 불리지도 않습니다. 이들의 노동 현실을 들여다보면, 직장 4대 보험에 가입되지 않은 채 3.3% 사업소득세가 원천징수되는 공통점이 있습니다. 이들의 숫자는 국세청의 최근 발표기준으로 862만 명으로 집계됩니다.

익숙함과 현실성을 반영해 조합한 이름이 바로 '3.3 프리랜서'입니다. 3.3은 소득세의 위장을, 프리랜서는 계약형식의 위장을 지칭합니다. 노동의 권리로 표현하면, 4대 보험의 회피와 근로기준법의 미적용입니다. 이름 부르기의 왜곡과 혼란을 넘어서면, 이렇게 말할 수 있습니다. 노동자의 이름과 권리를 빼앗긴 노동자.

그래서 오늘 회견에 참석한 당사자들의 목소리를 직접 들으며 부탁드릴 게 있습니다. 최대한 선입견과 편견을 제하고 경청해주십시오. 모두가 하나하나 특별한 존재이지만, 우리가 노동하는 직업의 본질은 그다지 특별할 게 없습니다. 우리는 타인의 사업에 노무를 제공하고, 그 대가를 받아 생활합니다. 기자회견을 준비한 단체들은 '3.3 프리랜서'의 정책 요구안을 집약하며 '노동자 추정제도의 도입'을 첫 번째 과제로 제시합니다. '3.3 프리랜서'와 같은 별칭을 넘어 노동자의 이름과 지위를 온전히 회복하는 것이 근본적인 해결대안이기 때문입니다. 또한, 위험하게 일하는 직업의 노동자가 오히려 산재보상에서 제외되는 비참한 실상에 귀를 기울이면, 직업의 차별 없는 4대 보험 전면시행이 정확한 대안이자 시급한 과제임에 공감할 것입니다.

3.3을 떼거나 프리랜서 계약서를 작성한다고 노동자성이 함부로 부정당하는 상황에 제동을 걸기 위해 미룰 수 없는 과제는 행정의 개혁입니다. 법제도의 허점을 악용해 근로기준법 없이 사업하는 위장고용이 모든 산업으로 확산됩니다. 낙후된 행정기관의 무책임한 대응이 이를 방조합니다. 고용행정에서 세무행정에 이르기까지 기본적인 임무를 제시하고, 실질적인 변화를 요구합니다.

적정한 임금의 보장과 산업안전은 물론이고, 임금체불과 계약위반에 대응하는 가장 기초적인 국가의 역할이 사라져 버린 시공간에서 우리의 외침을 전합니다. 노동권이 행방불명된 차별지대에서 천만의 노동자가 우리 사회를 지탱하는 소중한 노동을 수행하고 있습니다. 어떤 나라로 나아갈 것인지, 변화를 선택하는 시간입니다. '3.3 프리랜서'는 사회적 연대의 힘으로 노동자의 이름과 권리를 회복할 노동자입니다. 모두의 권리를 함께 만들어 나가는 주인공이 되어주십시오. 고맙습니다.

# 가짜 5인 미만 사업장과
# 근로기준법 전면적용

**이현우(권리찾기유니온 부위원장)**
근로기준법 전면적용 공동기자회견, 2025년 6월 19일

저는 가짜 5인 미만 사업장으로부터 부당해고를 당한 뒤, 권리찾기유니온의 도움으로 법률구제를 받은 당사자입니다.

제가 채용공고를 보고 입사한 곳은 20인 이상 사업장이었습니다. 거기서 모 대학병원 연구실에 파견 가서 일하고 있었습니다. 그렇게 두 달을 근무하니, 사장이 전화로 대학병원에 새 사업장을 입점시키니까 그리로 회사를 옮기라고 했습니다. 새 회사에 이력서도 보내지 않았고, 면접도 안 봤는데 근로계약서를 보내더니 사인하라고 하더군요. 새 회사는 고작 2명이 근무하는 5인 미만 사업장이었습니다. 그렇게 이직하게 될 때만 해도 이게 무슨 의미인지 잘 몰랐습니다.

그렇게 9개월을 성실하게 일했더니 저에게 돌아온 건 회사 사정이 좋지 않으니 해고해야겠다는 통보였습니다. 저는 바로 고용노동부에 전화해서 부당해고 구제신청을 했지만, 고용노동부는 구제신청 대상이 아니라는 답변을 했습니다. 5인 미만 사업장이라서 그렇다고 했습니다. 저는 그제야 5인 미만 사업장의 해고에 관한 법을 찾아보았고, 당했다는 생각이 들었습니다. 여차하면 자르기 쉽게 사업장을 옮기라고 한 것이었구나 하고 말이죠.

저는 그렇게 권리찾기유니온의 문을 두드렸습니다. 지방노동위원회

에서 조정절차를 거쳐 금전적으로 보상받을 수 있었지만, 제가 원하는 건 단순히 돈으로 보상받는 게 아니라 계속 일하는 거였습니다. 직장인으로서 출퇴근 시간 꼬박꼬박 지키고, 업무를 성실히 한 결과가 해고라는 것을 저는 받아들이기가 너무 힘들었습니다. 아무런 이유가 없어도 해고할 수 있는 게 바로 5인 미만 사업장입니다.

지금 대한민국에서 5인 미만 사업장은 치외법권 지역입니다. 그것도 법이 허락한 치외법권입니다. 대한민국 근로기준법 11조에는 근로기준법의 적용 범위에 대해 나와 있습니다. 여기에 따르면 "근로기준법은 5인 이상 근로자를 사용하는 사업장에 적용한다"고 되어 있습니다.

이렇게 법이 허용하는 치외법권 사업장에서는 수시로 노동자를 해고하고, 공휴일에도 일하고, 수당도 주지 않는 일이 계속해서 발생하고 있습니다. 이 법 조항을 악용하기 위해 일부러 회사를 5인 미만으로 쪼개서 사업장을 운영하는 사장들도 비일비재합니다.

근로기준법은 일하는 모든 사람에게 적용되어야 합니다. 5인 미만 사업장에서 일하는 사람은 노동자가 아닙니까? 모든 노동자에게 당연히 근로기준법이 적용되어야 마땅합니다. 그동안의 정권에서는 소상공인 보호라는 명목으로 5인 미만 사업장에 근로기준법을 적용하는 것을 계속해서 회피해왔습니다. 이제는 바뀌어야 합니다. 이제는 일하는 모든 사람에게 근로기준법이 적용되어야 합니다.

이재명 대통령에게 요구합니다. 사업자의 시선이 아닌, 일하고 있는 노동자의 시선으로 5인 미만 사업장의 문제를 바라봐 주십시오. 5인 미만 사업장에도 노동자가 일하고 있습니다. 영세한 업자를 보호하기 위한 방법은 다른 방법을 찾아 주십시오. 노동자를, 근로기준법에서 제외하는 방법으로 열악한 환경에서 일하는 노동자를 외면하지 말아 주

세요.

5인 미만 사업장에서 일하는 노동자들은 더 이상 차별받아서는 안 됩니다. 법은 만인에게 평등하다고 하지 않습니까. 실제로 평등해야 합니다. 5인 미만 사업장에서 일하는 노동자들도 평등한 대우를 받아야 합니다. 차별 없는 세상을 위해 이재명 대통령은 국민주권 정부를 출범했다고 생각합니다. 이 땅에 만연한 차별을 어떻게 하면 없앨 수 있는지 고민해주셔야 합니다. 우리가 받는 차별을 없앨 수 있는 대통령이 되어주시길 요구 드립니다.

# 교통사고조사원과
# 근로기준법 전면적용

**김인식(삼성화재애니카지부 지부장)**
근로기준법 전면적용 공동기자회견, 2025년 6월 19일

안녕하십니까? 사무금융노조 삼성화재애니카지부장 김인식입니다. 저희 사고조사원들은 회사에 공채로 입사를 했지만, 기본급이 없습니다, 출동 건당 출동비를 받으며 일을 하고 있습니다. 노동자로서 가장 기본적인 4대 보험 하나 적용받지 못하고, 근로기준법과 노동법의 보호 없이 일을 하고 있습니다.

삼성화재 보험 가입자들에게 교통사고가 발생하면, 사고현장으로 나가서 기본적인 사고조사는 물론이고, 부상자 구호 조치, 피해물 조사 등 사고현장에 요구되는 긴급한 업무를 수행합니다. 교통사고현장은 그 어느 곳보다 위험한 장소입니다. 사고현장이 기름과 파편으로 뒤엉킨 곳이다 보니 땅바닥에 미끄러져 발목이 골절되고, 도로에 방치된 맨홀에 빠져 연골이 파열되는 사고를 당하기도 합니다. 또한, 긴급조치 중에 2차 사고를 당하는 경우도 많습니다.

그럼에도 불구하고 저희가 병원에 가지 못하고, 붕대를 감고 출근해서 다리를 절룩거리면서 일을 하고, 한 손으로 운전을 하며 버텨야 하는 이유가 무엇이겠습니까? 일하다 다쳤는데도 산재 처리가 되지 않기 때문입니다. 치료비 부담되지만, 일을 하지 않으면 휴업수당을 받을 수 없으니 아픈 몸으로 위험을 무릅쓰고 일을 하러 나갑니다. 제때 치료를 받

지 못하니 치유되는 시간이 오래 걸리고, 아예 회복이 힘든 상태가 되기도 합니다.

부상의 위험만 큰 게 아닙니다. 사고현장에서 극도로 예민하고 흥분된 고객을 만나면 욕설과 폭행 등 온갖 위협을 당하면서 일을 하다 보니 정신적 스트레스가 이만저만이 아닙니다. 사고현장 수습이 끝나도 24시간 고객응대로 긴장되고 잠 못 이루는 날이 많습니다. 스트레스로 인한 만성두통, 우울증, 공황장애로 힘들게 살아가는 사고조사원들이 많은데, 산재보험 혜택을 받을 수 없으니 제대로 된 치료 없이 위험한 노동을 감수해나가는 상황입니다.

이것이 어찌 저희 사고조사원 노동자들뿐이겠습니까? 우리나라에서 4대 보험 없이 일하는 모든 노동자들의 현실일 것입니다. 현재 우리나라는 특수고용이니 노무제공자니 해서 17개, 18개 직종에는 그나마 특례조항으로 고용·산재보험 가입을 해주고 있습니다. 우리나라에는 현재 수천수만 개가 넘는 직업이 있고 특례조항 직업 명단에 포함되지 못하는 3.3 노동자 수는 800만을 넘어가고 있습니다.

이렇게 많은 노동자들이 언제까지 산재보상 하나 없이 위험을 무릅쓰고 일을 해야 합니까? 이번 이재명 정부는 작업 차별을 철폐하고 일하는 모든 노동자들에게 근로기준법과 4대 보험의 혜택을 받게 하자는 너무도 당연한 3.3 노동자들의 절박한 외침을 외면하지 마시고, 직업 종류 차별 없이 모든 노동자들에게 4대 보험을 전면 시행해 주십시오. 나아가 3.3 사업소득자로 위장된 862만 명을 포함해 모든 노동자에게 근로기준법과 노동자의 권리를 보장해줄 것을 요청합니다.

# 웹툰작가와
# 근로기준법 전면적용

**하신아(웹툰노동조합 위원장)**
근로기준법 전면적용 공동기자회견, 2025년 6월 19일

웹툰 업계에서 12년간 작가로 일한 노동자, 웹툰노조위원장 하신아입니다.

오늘 우리 웹툰노동자 중 가장 대접받지 못하는 스태프작가들 사례를 이야기하겠습니다. 월 30만 원, 50만 원 받으며 일했다는 사례들이 노조에 부지기수로 접수되고 있습니다.

이분들은 왜 그걸 참았을까요? 본인이 최저임금의 대상이 된다는 것도 아예 모르고, '원래 웹툰업은 이렇다'라고 생각했기 때문입니다. 이렇게 해서 배워서 메인작가가 되고 싶다는 꿈 때문입니다.

이러다가 부당해고를 당했는데 고용노동부에 찾아갔더니 프리랜서끼리의 계약이라며 아무 도움을 줄 수 없다고 한 사례가 있습니다. 한 시간 이상 걸리는 거리에 출퇴근을 해왔는데 나는 왜 노동자가 아니란 말인가? 분통이 터졌답니다. 그분의 직장은 5인 미만 사업장이었고, 그 스튜디오의 대표는 그분을 프리랜서 대 프리랜서 즉 가짜 3.3으로 계약한 거죠.

완전히 산업혁명 시대 상황입니다. 얼마 전 같은 스태프작가로서 월 120 정도를 버시다가, 누구나 부러워하는 플랫폼 직계약 작가가 된 분을 만났습니다. 힘들 거라고 생각했지만 이 정도일거라는 생각을 못 했다고 하시더라고요. 많은 걸 바라지 않았다. 그 심정 충분히 이해한다고

같이 울다가 왔습니다. 그냥 월에 이백 정도 벌면 된다고 생각했는데 그게 불가능한 구조라고요.

막상 뛰어들어 보니 스태프를 안 쓸 수가 없고, 스태프들을 착취하지 않으니 본인이 한 달에 50만 원 남는답니다. 이건 스태프 직고용을 하지 않기 때문에 벌어지는 일입니다. 제작비 부담을 모두 작가에게 떠넘깁니다.

자연스럽게 메인작가는 스태프작가들을 착취하게 됩니다. 염전 노예가 성공하면, 염전 사장이 되어야만 하는 체제입니다.

실제로 작품을 생산하는 창작노동자들은 어떻게 해도 보호를 받을 수 없습니다. 왜? 우린 노동자가 아니랍니다. 공짜로 일하고, 사고가 나도 보호받지 못하며, 부당한 임금체불과 착취에 노출되어 있습니다.

웹툰뿐만 아니라 우리나라 대부분의 창작노동, 예술노동이 그런 상태입니다. 사회는 우리보고 좋아하는 일을 하니까 참으랍니다.

회계사가 숫자를 좋아하면 돈 안 받고 일합니까? 정말 이상한 말입니다.

우리는 더 이상 참을 수 없습니다. 과로로 자기 방에서 조용히 죽어 넘어가는 동료들이 너무나 많습니다. 끔찍한 일들이 많지만 보여질 수가 없단 말입니다. 이제는 더 이상 이 차별과 착취를 용납할 수 없습니다. 근로기준법 전면적용은 선택이 아닌 필수이며, 모든 노동자가 동일한 노동권을 보장받아야 합니다.

대통령께 강력히 촉구합니다. 5인 미만 사업장 노동자와 3.3 노동자들을 차별하는 유예 조치를 즉각 철폐하고, 노동자 추정제도를 도입하여 노동자의 이름으로 권리를 인정해주십시오!

우리 노동자들은 이 땅에서 누구도 배제되지 않고, 존엄하게 일할 권리가 있음을 다시 한번 분명히 밝힙니다. 근로기준법 전면적용은 새로운 나라로 나아가는 출발점입니다. 감사합니다.

# 마루시공노동자와 근로기준법 전면적용

**최우영**(한국마루노동조합 위원장)
근로기준법 전면적용 공동기자회견, 2025년 6월 19일

반갑습니다. 마루노동자 최우영입니다. 얼마 전 4월에 인천에서 일했던 현장에서 임금명세서를 문자로 받았습니다. 이건산업이라는 마루회사에서 24일 동안 일했지만, 3.3 사업소득으로 신고했습니다. 아니 신고당했습니다.

불법 하도급과 결탁된 마루회사가 3.3 사업소득과 일용근로소득을 자신들의 이득에 맞게 이리저리 이용하고 있습니다. 한 달에 보름은 사업자가 되고 보름은 근로자가 되어 말 그대로 우리는 유령노동자가 되어 노동법의 보호 없이 힘들게 살아가고 있습니다.

마루노동자뿐만 아니라, 이렇게 근로자이지만 근로자가 아닌 것으로 위장되어 통계나 사회적으로 알려지지 않은 실내건설노동자의 숫자가 22만 명에 이릅니다. 건설노동자는 법적으로 근로자일 수밖에 없는데도 불구하고, 회사는 버젓이 사업소득으로 위장하고 있습니다. 정상적인 세금을 내고 싶습니다. 4대 보험도 가입하고 싶습니다. 정부는 언제까지 이런 문제를 방관할 것인지 이 자리에서 묻고 싶습니다. 자료가 없다면 저희가 자료를 갖다 바치겠습니다.

아무도 해결해주지 않으니 우리 스스로 모이고 뭉쳐서 노동조합을 만들었습니다. 지금까지 우리 노조는 회사에 빼앗긴 하루 몇천 원의 퇴

직공제금과 고용보험, 산재 처리를 하게 만들었고, 노동자성을 인정받기 위해 싸웠고, 쟁취했습니다.

이 과정에서 우리의 고용을 빼앗는 회사의 탄압으로 수많은 조합원 동지들이 떠나갔습니다. 얼마 전, 지방노동위에 부당노동행위 구제신청을 하여 사측을 상대로 한 교섭 지위까지 받았습니다. 그러나, 이제 회사는 불법 하도급업체와 오야지, 어용노조(?)까지 동원해 말도 안 되는 협회를 만들고, 협회에 들어온 인원을 우선 고용하겠다고 협박합니다. 일자리를 무기로 조합원들에게 조합 탈퇴를 강요하며 노조를 없애버리려 하고 있습니다. 이런 불법 카르텔과 부당노동행위가 금지되지 않는다면, 마루노조는 붕괴될지도 모릅니다.

여기 계신 분들은 알고 계실 겁니다. 유성기업과 SPC에서 발생한 사태가 실내건설현장에 옮겨서 자행됩니다. 불법과 부조리를 따져 외치는 노동자들을 말 잘 듣는 개돼지로 만들려고 하고 있습니다. 여러 사회단체와 동지 여러분께 간절히 호소드립니다. 잘못을 바로잡고, 모두 함께 살아갈 수 있도록 힘을 모아주십시오.

이재명 대통령과 새 정부에 요청합니다. 순살 아파트, 인분 아파트, 부실시공 아파트 문제를 바로 잡는 출발은 아파트 공사현장에서 일하는 노동자들에게 권리를 보장하는 것입니다. 노동자들이 힘을 가져야 불법과 부당행위를 멈추게 할 수 있습니다. 실내건설 현장에 대대적인 전수조사를 실시해 함께 문제를 해결해나갑시다. 이제는 제발 팔 집이 아니라, 살 집을 지읍시다. 입주민과 국민들도 진정으로 바라는 것입니다.

현장의 목소리를 듣고, 현장을 바꾸는 정권이 되길 바랍니다. 감사합니다.

# 세상에 쓰고 버려도 되는 사람은 없습니다

**김비오 신부(천주교서울대교구 노동사목위원회)**
'고열·폭염·위해물질' 발암 아파트 마루시공 산재신청 기자회견, 2025년 7월 15일

오늘 연대 발언을 나누기에 앞서, 폐암으로 항암치료를 받고 계신 정홍길 님과 그 가족분들이 지금의 아픔을 잘 이겨내시고, 건강한 모습으로 환히 웃음 짓게 되시길 기도하여 봅니다.

우리 모두는 행복이 깃든 건강한 삶을 바라고, 이를 이루기 위해 애씁니다. 그 때문이겠죠. 우리의 주변을 둘러보면, 개인의 건강한 삶을 위한 것들을 어렵지 않게 찾아볼 수 있습니다. 깨끗한 식수를 제공하는 정수기, 공기의 질을 개선하는 공기청정기, 몸 어디 어디에 좋다고 하는 건강한 먹거리들을 쉽게 발견하게 됩니다.

이것은 좋은 것들입니다. 선한 것입니다. 하지만 물음을 가져보게 됩니다. 정수기와 공기청정기 그리고 건강한 먹거리를 쫓으면서, 정작, 해양오염과 대기오염 그리고 생태환경에 무관심한 모습은 무엇인 걸까?

이 모순됨을 방관하는 사회에서 우리의 삶은 정녕 건강할 수 있는 것일까? 우리 각자가 추구하는 모든 선은 공동의 선과 무관하지 않아야 할 것입니다.

이와 같은 맥락에서, 오늘 기자회견을 통해 밝히고 있는 정홍길 님의 산재신청이 갖는 의미를 생각해보게 됩니다. 언뜻 겉으로만 보면, 한 개인의 산재신청이라고 생각할지도 모르겠습니다.

하지만 이는 분명, 개인의 유익만을 목적하는 것이 아닙니다. 이는 개인의 불행을 이야기하는 것을 넘어, 불법 하도급, 유해물질 노출, 보호장비 미지급 등 안전과 권리를 가리는 일터의 구조적 문제를 고발하며, 마루시공노동자들이 처한 열악하고도 위험한 노동환경의 단면을 극명하게 드러내는 목소리입니다.

폐암으로 투병하고 있는 한 개인의 사건이 아닌, 비슷한 처우에 있는 다른 노동자들의 권리회복을 위한 과정이자, 많은 이들의 안전한 주거환경을 위한 우리 모두의 일이 됩니다.

세상에 쓰고 버려도 되는 사람은 없습니다. 노동의 실질보다 형식을 중시하는 자구적 판단 기준과 경제적 이윤의 요구에 상응하지 않는다는 이유로, 사람을 무가치하게 여기는 '죽음의 문화'에 우리는 함께 저항해야 하겠습니다.

은밀하게 진행되는 살인과 같은 상황에 침묵이 아닌, 목소리를 내어야 하겠습니다. 사람을 중심에 두지 않고, 그 존엄을 차순위에 두는 사회는 필연적으로 다른 사람의 불행을 함부로 이용하여 경제적 이익을 추구하게 됩니다. 이것은 경계되어야 할 태도입니다. 우리 사회의 인간다운 건강함을 위해서라도 말입니다.

다시금, 정홍길 님의 쾌유를 바라며, 마루시공노동자를 비롯한 모든 노동자들의 건강과 권리회복을 기도합니다.

# 물류업계 가짜 3.3
# 전수조사로 문을 열고 나아가자

**정진우(권리찾기유니온 위원장)**
물류업계 가짜 3.3 위장고용 전수조사 촉구 기자회견, 2025년 9월 17일

"(9월 7일 밤부터 한 달 야간 알바) 추석 CJ 선물세트 피킹, 분류 / 주급 75만 원"

취업정보 사이트 알바몬에 게시돼 있는 어느 인천지역 물류센터의 채용공고 제목입니다.

"6일 근무 705,000원. *소득세 3.3% 공제 후 정산"

게시글 본문의 상세요강에는 근무조건을 위와 같이 요약해놨는데, 쉽게 찾을 수 있도록 강조돼 있습니다. 근로소득세가 아닌 사업소득세를 원천징수한다는 전형적인 3.3 채용공고 문구입니다. 4대 보험 가입에 대한 안내가 없는데, 가입 신고는 당연한 것처럼 하지 않을 것입니다.

쿠팡의 물류캠프에서 고용·산재보험을 누락시켜 3.3 사업소득세 처리로 신고한 4만 건이 적발된 때는 작년 7월입니다. 물류업계를 비롯해 산업 전반에 퍼져있는 가짜 3.3 위장고용이 처음 대규모로 적발된 사건입니다. 청문회를 비롯한 국회의 대응이 이어졌고, 결국 쿠팡CLS 사측은 물류캠프의 3.3 노동자들을 모두 직접고용으로 전환해 3.3 위장고용

을 폐지했습니다.

여론의 주목과 정부의 근로감독에도 불구하고, 동종 물류산업의 대표 기업들은 3.3 노무전략을 포기하지 않고 있습니다. 앞서 전해드린 것처럼 오늘 이 시간에도 공공연히 3.3 채용공고를 게시합니다. 아마도 정부를 믿기 때문일 것입니다. 쿠팡은 재수 없이 걸린 거고, 이번 정부도 단속하는 시늉만 할 테니 별 탈 없을 거라 장담합니다.

오늘 기자회견에 앞서 권리찾기유니온과 근로기준법 사회연대운동 참여 단체들은 물류산업을 비롯해 7대 산업, 13개 분야에 대한 선제적인 전수조사 추진 방안을 노동부에 전달했습니다. 물류산업은 노동부가 국정기획 보고를 통해 노동자 추정제도 도입에 따른 실태점검과 근로감독이 필요한 분야로 적시한 바 있습니다. 이렇게 물류산업의 3.3 문제가 도마에 올라가는데도 관련 업계는 별 영향을 받지 않습니다.

그래서 오늘 국회 기자회견에서는 물류업계에 대한 3.3 전수조사를 더욱 강력하게 촉구합니다. 물류산업 분야에 집중적인 전수조사를 시행해 불법행위를 바로잡아 나가지 않는다면, 모든 분야로 퍼지며 확대되고 있는 3.3 노동자의 수는 862만 명에서 천만을 넘어설 것입니다. 특히, 쿠팡의 사례와 동종 업계의 채용공고에서 확인된 것처럼 물류산업의 4대 보험 미가입과 3.3 채용 관행은 위탁업체와 인력공급업체를 통한 일자리 모집이 대세입니다. 위탁업체가 3.3으로 채용한 노동자들을 쿠팡CLS가 직접고용으로 전환할 수 있었던 것은 현재 물류산업의 3.3 문제가 간접고용 불법 파견과 깊이 연결돼 있음을 보여줍니다.

위탁업체에 과태료 부과하는 정도로 무마할 상황이 아닌 것입니다. 원청 본사를 포함해 전면적인 근로감독을 실시하고, 피해 노동자들의 빼앗긴 권리를 회복시켜 나가야 합니다. 가짜 3.3 위장고용 문제에 적극

대응하겠다고 홍보하고 있는 정부에게 마지막으로 당부합니다. 문을 여는 열쇠부터 제대로 잡는 것이 문제해결의 시작입니다. 물류업계 3.3 전수조사로 함께 문을 열고 나아갑시다. 고맙습니다.

# 물류산업 가짜 3.3 문제 해결하라

**정성용(전국물류센터지부 지부장)**
물류업계 가짜 3.3 위장고용 전수조사 촉구 기자회견, 2025년 9월 17일

반갑습니다. 공공운수노조 전국물류센터지부 지부장 정성용입니다.

저는 쿠팡물류센터 노동자입니다. 하지만 해고노동자입니다. 현장으로 돌아가기 위해 지금도 투쟁하고 있습니다. 그리고 저는 물류노동자입니다. 쿠팡물류센터에서 일했던 2년, 그 이후 해고된 기간 3년 동안 여전히 저는 물류센터를 전전하며 생계를 해결하고 있습니다.

저는 주로 인천지역에 있는 물류센터에서 일했습니다. CU, GS25, 이마트24 편의점물류센터, 우체국 물류센터, 마켓컬리, 네이버물류센터. 제가 일했던 대부분의 물류센터는 과거 쿠팡 캠프와 마찬가지로 가짜 3.3 고용을 하는 곳이었습니다. 지금도 그렇습니다. 어떤 업체가 저를 고용하는지도 정확하지 않고, 때에 따라서는 내용은 동일하지만 업체 이름만 달라져 있었습니다. 일용직노동자, 청년 노동자들은 당장의 생계 해결이 급해서 고용보험, 산재보험 등이 공제되지 않는 소득세 3.3% 공제를 상대적으로 괜찮은 임금으로 인식하고 있었습니다. 그런 조건에서 주 5일 이상, 1년~2년 이상 상시적으로 근무하는 노동자들도 있었고, 이들에게 퇴직금은 이미 받은 것이 되어 있었습니다. 4대 보험 10% 공제가 아닌 소득세 3.3% 공제를 통해 이미 받은 것이라 회사는 주장했고, 노동자는 이를 납득하고 있었습니다.

물류센터 현장은 불안정노동, 불안정고용의 대명사가 되어 있습니다. 심지어 가짜 3.3 고용으로 위장하지 않은 쿠팡물류센터, 가짜 3.3 고용으로 위장하다가 노동부의 전수조사·근로감독에 적발되어 현재 직고용으로 전환한 쿠팡 캠프를 보십시오. 여전히 노동자들의 생계와 삶의 안정성이 위협받고 있습니다. 하물며 가짜 3.3 고용으로 위장되어 있어 4대 보험의 사각지대에 놓여 있고, 최소한의 고용과 당연히 받아야 할 임금인 퇴직금조차 보장받지 못하는 노동자들은 어떻겠습니까. 너무나 만연한 관행이다 보니 현장노동자들까지 이를 당연하다고 여기며, 일시적으로 6.7%포인트 높은 임금에 자족할 수밖에 없는 상황입니다. 당연히 노동조합은 말 그대로 다른 세계, '이(異)세계'의 얘기일 뿐입니다.

사회적으로 더욱 심각한 것은, 현재의 가짜 3.3 고용은 가짜 3.3 고용을 하고 있지 않은 기업들에게도 끊임없는 유혹과 지향의 대상이 되고 있다는 점입니다. 쿠팡물류센터(쿠팡풀필먼트서비스)는 노동자들에게 기존에 지급하던 주휴수당, 퇴직금조차 지급하지 않기 위해 '계속근로'를 불인정하는 방향으로 취업규칙 불법 개악, 임금체불을 자행하고 있습니다.

이제는 고용노동부가 나서야 합니다. 이재명 정부가 나서야 합니다. 명백한 불법이 현장에서 벌어지고 있는데, 이를 단순히 "신고가 들어오지 않았다"는 이유로 놔두는 것은 이재명 정부가 척결하겠다는 임금체불과 산재 은폐를 방관하는 것입니다. 물류산업에서의 가짜 3.3 고용 근절이 물류노동자를 넘어서 가짜 3.3 고용으로 고통받고 소외받는 모든 노동자의 삶을 개선하는 시발점이 되었으면 좋겠습니다. 감사합니다.

# 10년 10개월 만의 출근

**박병준(삼성전자서비스 노동자)**
삼성전자서비스 박병준 노동자 복직 기자회견, 2025년 10월 1일

존경하는 창원시민 여러분, 그리고 이 자리를 함께해주시는 연대 동지 여러분, 반갑습니다. 드디어! 이 자리에 이렇게 서게 되어 정말 만감이 교차합니다. 무려 12년이라는 기나긴 싸움 끝에 대법원이 저를 삼성 노동자로 인정하였고, 10년 10개월 만에 첫 출근을 하기 위해 이곳 창원센터에 왔습니다.

정우형 열사의 꿈, 이 땅의 비정규직 노동자와 삼성 해고노동자들의 꿈이었던 원직복직과 정규직 쟁취. 이것을 실현하는 데 너무나 오랜 시간이 걸려야 했습니다.

2017년 1월, 1,335명이 시작한 근로자 지위확인 소송의 첫 결과인 1심에서 패소 판결이 났습니다. 안타깝게도 많은 이들이 여러 이유로 떠나고, 그만두게 되었습니다. 억울하게 끝낼 수 없다고 맘을 잡은 이들은 소수였습니다. 2018년 7월에 전국삼성전자서비스해고자복직투쟁위원회를 결성하고, 복직을 위한 투쟁에 새롭게 돌입했습니다. 다음 2심은 4명만이 외롭게 남아서 이어가야 했습니다. 노조 파괴 공작이 재판을 통해 드러났는데도 더 이상 피해자가 없다는 사측의 행태가 우리의 존재를 지워나갔습니다.

지난 2022년 5월 12일, "우리가 노조 파괴 공작의 회생자"라는 유서

를 남기고, 정우형 동지가 우리의 곁을 먼저 떠나갔습니다. 어떻게 감당해야 할지 너무나 가슴 아픈 시간이 시작됐습니다. 강남역 삼성본관 앞의 열사 분향소에 많은 이들이 찾아오셨습니다. 함께 추모를 하고, 공연을 하고, 투쟁을 외치며 열사의 뜻을 되살려 나갔습니다.

마침내 289일 만에 사측과 합의문을 작성하였습니다. 열사를 마석 공원묘지 따뜻한 곳에 모셔드리고, 열사에게 다짐했습니다. 열사의 정신으로 끝까지 싸워 반드시 승리하겠다고.

대법원 확정판결은 기약 없이 미루어졌습니다. 소송에 이름을 올렸던 이들이 하나씩 떠나가는 가혹한 시간이었습니다. "소송을 취하하면 복직시켜 주겠다." "복직 없이 금전을 주겠다.", 별의별 회유가 저에게도 집요하게 들어왔습니다. 열사와 저의 꿈은 복직이었지만, 사측에 굴복해 우리의 명예와 역사를 팔아넘기는 것은 아니었습니다. 노조 파괴 공작의 피해자인 우리가 어떤 존재인지, 우리가 누구인지를 증명해내고 싶었습니다.

지난 6월 12일, 대법원 법정에 정우형 열사 유족과 함께 들어갔습니다. 그토록 바라던 판결이 실제로 내려졌습니다. 대법원 승소 판결문을 듣는 데 단 1분도 걸리지 않았습니다. 역사적인 판결을 정의와 소신에 따라 내린 판사들에게 감사드립니다.

삼성전자서비스의 불법 파견과 노동자들의 지위를 인정한 이번 대법원 판결은 삼성의 하청 노동자들, 나아가 대한민국 비정규직 노동자들의 고용불안과 권리문제에 다가서는 소중한 진전을 이루어냈다고 생각합니다. 근본적인 해결로 나아가기 위해서는 여전히 더 많은 투쟁과 사회적 연대가 필요합니다.

10년 10개월 만의 저의 복직이 지금도 힘들게 싸우고 있는 많은 해고

노동자 동지들에게 소중한 희망이 되었으면 좋겠습니다. 끝까지 투쟁해 함께 승리할 수 있다는 우리의 믿음, 또 다른 우리 노동자들이 계속 증명해내기를 바랍니다.

이제 삼성의 노동자로서 삼성에게 진심으로 촉구합니다. 이번 대법원 판결의 의미를 겸허히 받아들이고, 부당하게 해고되었던 모든 노동자들을 하루빨리 복직시키십시오. 다시는 이런 아픔이 반복되지 않도록 노동자들의 목소리에 귀 기울여 주십시오. 앞으로 저는 저와 같은 아픔을 겪는 노동자들이 다시 생겨나지 않도록, 모든 노동자가 당당하고 행복하게 일할 수 있는 세상을 위해 더욱 열심히 노력하겠습니다.

기나긴 싸움을 함께하며 힘을 모아 주신 모든 분들께 다시 한번 머리 숙여 감사드립니다. 정말 고맙습니다.

# 3.3 노동자를 위한 나라는 없었다

**권리찾기유니온**

성명(聲明), 2025년 12월 4일


## 가짜 3.3 기획근로감독 시행에 부쳐

사상 최초의 '가짜 3.3 기획근로감독'이 시작된다. 고용노동부는 오늘, 12월 4일부터 2달간 '가짜 3.3 위장고용 의심 사업장' 100여 개소에 대한 기획감독을 진행한다고 밝혔다. '가짜 3.3'은 고용된 직원을 4대 보험에 가입시키지 않고 사업소득자로 신고해 노동법 적용과 사용자 책임을 회피하는 위장고용 노무관리 수법이다. 거의 모든 산업으로 확산되는 3.3 노동자의 수는 국세청 집계 기준으로 862만 명을 넘어섰다.

가짜 3.3을 이슈화해온 권리찾기유니온과 분야별 전문단체들은 '3.3 전수조사 추진단'을 구성하고, 3.3 악용 사업장에 대한 전면적인 전수조사를 비롯한 긴급대책을 준비해왔다. 1차로 13개 집중 분야를 선정해 IT산업·건설산업·방송미디어 분야의 위장고용 실태와 조사방안을 노동부에 전달했고, 보험업·편의점·카페·물류산업 등 나머지 분야의 자료를 연속으로 제공할 예정이다.

오늘 노동부는 감독을 실시할 중점 대상으로 '사업소득자 합산 시 전체 30인 이상 고용 사업장'을 사업장 규모의 기준으로 제시했다. 4인까지는 근로소득으로 신고하되 나머지는 3.3으로 처리하는 '가짜 5인 미만 사업장' 위장 유형(B형)을 반영한 결과다. 5인 미만 차별은 사업장 크기와 상관없이 심각하다. 특히, 소규모 하청업체가 소속 종사자 수 기준으로 제외되지 않게 할 보완책이 필요하다.

국세청으로부터 소득세 납부 신고 내역을 제공받을 수 있도록 법제화된 개정 근로기준법의 시행일(10월 23일)을 기점으로 대대적인 단속이 이루어질 것이라는 보도가 이어지며, 이를 우려하는 사업주들의 문의가 쇄도하는 중이다. 지금까지 탈 없이 잘해왔고 다수가 하니 문제없을 것이라는 인식이 사라진다면, 이번 발표로 얻는 첫 번째 사회적 효과가 될 것이다.

노동부는 이번 기획감독으로 그치지 않고, '가짜 3.3'이 확산되지 않도록 모든 역량을 집중할 것이라 천명했다. 노동부의 행보가 위장고용이 대세인 노동현장에 실질적 효과를 미치려면, 3.3 전수조사의 모델이 된 쿠팡 캠프의 4만 명 적발(2024년)에서 확인된 두 가지 기본 문제를 해결해야 한다.

첫 번째는 간접고용으로 책임 회피다. 물류산업을 비롯한 대규모 기업들은 위탁업체를 내세워 3.3을 사용하고, 청소노동자를 포함해 다수 종사자 분야의 노동자들은 용역업체를 통해 3.3으로 고용된다. 간접고용을 활용한 3.3 고용전략을 무너뜨리는 것이야말로 3.3 확산을 막는 전환점이다.

두 번째는 위장고용 사업장 노동자들에게 근로기준법을 실제로 적용하는 것이다. 고용·산재보험 가입 처리와 과태료 징수에 그치지 않고, 세부적인 법 위반사항을 적발하는 것은 근로감독의 기본이다. 당사자들이 용기를 내 법률구제에 나서면, 피해를 최소화하려는 사업주들은 금전 합의로 종결을 시도해왔다. 정부가 앞으로 발표하게 될 대대적인 행정 성과에 포함할 필수 항목을 다시 강조한다. 정부의 역량이 닿은

100여 개 사업장의 모든 노동자들은 앞으로 근로기준법이 보장되는 노동자로 살아갈 수 있는가.

이렇게 많은 이들이 당하는 문제가 해결되지 않는 이유에 대해, 3.3 법률구제에 참여하는 노동자들이 자주 묻는다. 절반이 넘는 이들이 세금의 종류 따위로 위장돼 근로기준법 없이 일하는 시대다. 3.3 노동자를 위한 나라는 없었다. 비참한 현실에 제대로 닿아야 개과천선도 가능하다. 환영의 입장을 기대한 나라의 책임자들에게 차별지대 노동자들의 따끔한 일침을 전한다.

# 수원시 4대 보험 미가입 노동자 실태조사를 마치며

**권리찾기유니온**

수원시 4대 보험 미가입 노동자 실태조사 발표회, 2025년 12월 11일

## [실태] 4대 보험 미가입 및 위장고용의 확산

○ 수원시비정규직노동자복지센터가 주관하고, 권리찾기유니온이 연구기관으로 참여한 이번 조사의 과업명은 「수원시 4대 보험 미가입 노동자 실태조사」이다. 과업명에 명시한 것과 같이 '직장 사회보험(4대 보험)에 가입되지 않은 노동자'를 대상(당사자)으로 설정하고, 이들의 노동실태와 노동환경을 파악하여 이후 노동자 권리보장을 위한 노동환경 개선과 정책추진의 기초자료로 제공하기 위해 실시한 조사이다.

○ 이번 조사가 노동실태와 관련한 여타의 연구조사와 다른 가장 큰 특색은 조사의 대상(노동자)에 대한 특별한 설정이라 할 수 있다.

〔종사자 지위〕 노동자:
타인의 사업에 노무를 제공하고 대가를 받는 모든 종사자. 상용종사자, 임시 및 일용종사자, 기타종사자를 모두 포함. 사업주의 우월한 지위에 의해 근로기준법상 근로자로 취급되지 않는 종사자도 배제하지 않음.

－실태조사 연구계획서 중－

○ 조사대상에 관한 이러한 설정은 최근 노동 현실의 변화에 대한 문제의식을 적극적으로 반영한 결과이다. 근로기준법과 노동자의 권리가 제대로 보장되지 못하는 노동자의 수가 확대되고 있고, 이들에 대한 사회적 보호 방안이 절실한 상황이다. 다양한 해법이 제시되고 있지만, 노동자의 지위와 권리를 원천적으로 배제시키는 위장고용에 대한 연구는 여전히 부족하다. 위장고용이란 "노무 제공의 실질은 근로계약이라 할 수 있으나, 사업장에 고용된 노동자를 독립된 사업자인 것으로 위장하는 것"을 일컫는다.

○ 이러한 위장고용에 대한 정부의 대책은 2025년 8월 14일에 발표된 123대 국정과제에도 포함되었다. "가짜 3.3계약 등 무늬만 프리랜서로 만드는 위장 도급 및 오분류를 방지하기 위해" 노동자 추정제도를 도입하겠다는 내용이다. 위장고용의 만연에 대처하기 위한 제도개혁을 추진하되, 기획감독과 업종별 판단 매뉴얼 신설 등 노동부의 단계적 계획도 함께 제시되었다.

○ '노동자 추정제도'란 노동법상의 노동자 여부를 판단함에 있어 타인에게 노무를 제공하는 사람을 노동자로 추정하는 제도라 정의할 수 있다. 이러한 추정을 부정하려는 사용자에게는 그 반대 사실을 증명하는 책임을 부여하는 방식이다. 이 제도의 취지에 의해 법제화된 해외 사례로는 스페인의 '라이더법'과 미국 캘리포니아주의 'AB5'를 들 수 있다.

○ 한국의 노동 현실에서 거의 모든 산업으로 확산되는 위장고용을

제대로 인식하려면, 위장고용과 오분류에 의해 노동자로서의 기본적인 권리를 빼앗기게 된 이들이 누구인지 정확하게 인식하는 것이 필요하다. 특수고용, 프리랜서, 플랫폼노동자 등 다양한 명칭이 사용되나, 이런 기준에 포함되지 않은 다수의 노동자를 감추는 효과가 발생한다.

○ 법적으로 보장된 연차휴가, 퇴직금 등을 실제로 지급받지 못한다고 해서 이들이 모두 위장고용되었거나 노동자가 아닌 것으로 오분류되었다고 단정할 수는 없다. 사용자가 법적으로 준수해야 할 의무를 해태하며 이행하지 않는 것과 자신이 고용한 직원을 노동자가 아니게 위장해 법적 책임을 일상적·지속적으로 회피하는 것은 구분할 필요가 있다.

○ 사용자가 자신이 고용한 직원에게 노동관계법을 적용하지 않으려는 행위는 '4대 보험 미가입'으로 시작된다. 대법원 판례에 의하면, 사회보험 가입과 근로소득세 원천징수 여부는 사용자가 경제적으로 우월한 지위를 이용해 임의로 정할 여지가 크다는 점에서, 그러한 점들이 인정되지 않는다는 것만으로 노동자성을 쉽게 부정하여서는 안 된다고 판시한다. 우월한 지위의 사용자가 4대 보험 미가입과 사업소득세 원천징수를 노동자성 위장의 유력한 장치로 사용하는 것에 주목할 필요가 있다.

○ 결론적으로 이번 조사에서 대상을 설정한 것과 같이 노동자가 아니게 오분류된 이들을 통칭할 경우, '4대 보험 미가입 노동자'가

가장 정확한 기준이라 할 수 있다. 사업주가 부담할 보험료를 절감하려 보험 가입을 회피한다고 알려져 있지만, 더욱 본질적으로는 법적 사용자 책임을 부담하지 않는 노무관리 수법을 선택한 결과로 접근해야 한다. 최근에는 자신이 고용한 직원에게 근로소득세가 아닌 사업소득세를 원천징수(3.3%)하는 사업주들이 급격하게 늘고 있다. 무자료(세금 미신고)에 비해 비용처리에 유리하다고 알려지며 거의 모든 산업으로 퍼지고 있다. 사업주와 당사자들은 흔히 "4대 보험 대신 3.3으로 처리했다"고 표현한다. 국세청 발표(2023년)에 의하면, 사업소득세가 원천징수된 대상자(3.3 노동자) 수는 862만 명이다. 이번 수원시 조사에서도 4대 보험 미가입 노동자들의 상당수(57.1%)가 3.3 노동자인 것으로 집계됐다.

○ 실제 노동현장에서는 표준 근로계약서에 4대 보험 미가입 서약 조항을 병기하는 수법도 등장하고 있고, 아예 어떠한 계약서도 작성하지 않은 채 소속 직원을 4대 보험 체계에 편입시키지 않는 관행도 여전히 횡행한다. 이렇게 사업소득 노동자가 천만에 육박하는 시대를 관통하는 키워드는 4대 보험 미가입이 된다. 그래서 4대 보험 없이 일하는 노동자들의 실태를 조사하는 작업은 노동 현실 전반의 실체를 정확하게 인식하는 출발점이다. 나아가 위장고용에 대처하는 사회적 해법을 찾아 나가는 전환점이 될 것이다.

○ 특정 지역(수원시)에서 실시한 이번 조사는 조사기간(단기)과 조사방식(임의표집)의 한계가 뚜렷하다. 이러한 한계에도 불구하고, 다양한 분야에 종사하는 지역사회 당사자들이 이번 실태조사에 직

접 참여하는 성과를 이루어냈다. 직종별 수량이 고르게 확보되지 못해 조사결과의 대표성은 미흡하다. 수원시 지역에서 임의표집으로 대면할 수 있는 대다수 직종에서 4대 보험 미가입 고용이 횡행하는 실태를 확인한 것으로 해석하는 게 타당하다.

○ 이번 조사를 통해 실증적으로 확인된 내용을 다음과 같이 세 가지로 정돈한다.

① 수원시 지역에도 거의 모든 산업과 분야에 걸쳐 4대 보험 미가입 노동시장이 확산되고 있을 가능성이 크다.
② 소속된 업종과 직종에 따라 해당 당사자들이 당하는 불이익 및 차별대우에 대한 인식에 상당한 차이가 발생한다.
③ 이외에도 성별과 연령 등에 따라 위장고용에 대한 인식과 시급한 개선 과제를 다양하게 표출하고 있다.

**[당사자] 어떻게 만나며 소통할 것인가**

○ 이번 조사에 참여한 4대 보험 미가입 노동자들은 자신의 노동조건과 개선대책에 관한 소중한 증언을 남겼다. 각자의 경험이 공적인 기록이 되어 집단변수로 모이고, 모두의 의견으로 남았다. 더 많은 이들의 노동조건 개선을 위해 수원지역에서 주목해야 할 당사자들을 다음과 같이 권유한다.

○ 청년층과 고연령층은 각기 다른 조건에서 가짜 3.3 위장고용에 편입되고 있다. 노동자성 지표가 매우 강함에도 근로기준법과 노동

자의 권리에서 벗어나 불이익을 당한다. 4대 보험 미가입 고용으로 취업을 개시한 청년층은 생애 전반에 걸쳐 취약한 노동조건을 벗어나기 어려운 상황에 내몰린다. 고연령대는 생계를 유지하기 버거운 일자리마저 이어나가기 어려운 상황에서 위험하고 불안정한 노후에 직면한다. 막연하게 연령대별로 특화한 일자리대책을 주장하는 것이 아니라, 생애주기 전반에 걸쳐 취약한 노동이 강요되는 상황을 정확하게 인식하는 것부터 시급하다. 특히 청년층의 경우, 본 조사의 차별대우지표에서 드러난 것과 같이 불이익과 차별대우에 대한 인식에 있어 타 연령대와 큰 차이로 굴절되고 있다. 이를 극복할 수 있는 사회적 관심과 연대가 절실한 상황이다. 지역사회에서 수월하게 접근할 수 있는 공개적인 권리찾기활동을 일차적인 대안으로 권유한다.

○ 이번 조사에 다수가 참여한 직종은 건설직, 음식서비스직, 판매직, 학원 강사, 미용사 등이다. 물론, 지역 내 4대 보험 미가입 노동자 중에 이들이 다수로 분포한다고 해석할 수는 없다. 직종별로 위장고용의 형태와 노동조건을 파악하는 데 의미 있는 자료가 된 것은 분명하다. 이외에 물류직, 보험설계사, 스포츠강사, 시설관리직, 조리직, 청소직 등 다양한 직종의 당사자들이 동참하여 해당 분야의 실태를 점검하는 계기가 되었다. 연구보고서에서 집중해 조명한 분야는 향후 지역사회 노동정책과 공동법률구제를 통해 노동자의 권리를 회복해나갈 가능성이 큰 당사자 분야가 될 것이다.

○ 이번 조사에 다수가 참여하지 못하였더라도 관내 채용공고에 등

장한 직종은 도소매, 유통, 금융, 소프트웨어개발, 문화예술, 스포
츠, 엔터테인먼트 등이다. 실태조사로 파악한 직종 외에 채용공고
와 당사자 커뮤니티를 수시로 점검하며 위장고용의 실상을 학습
하고, 당사자들과 지속적으로 소통해나갈 수 있는 효과적인 방안
을 찾아나가기를 권유한다.

## [제언] 지역사회의 과제와 협력 방안

○ 실태조사: 이번 조사의 결정적 한계는 주간 시간에 조사원과 접촉
가능한 대상을 위주로 한 발굴형 조사라는 것이다. 일반 사무직
등 사업장 내 근무하는 당사자들과 교류할 수 있는 새로운 조사활
동이 필요하다. 지자체, 공공기관, 관련 협회, 사회단체 등의 협력
을 통해 지역사회 전체의 노동실태를 파악해나가는 적극적이고
입체적인 조사기획을 권유한다.

○ 법률구제: 이번 조사의 노동자성 지표분석을 통해 확인한 바와 같
이 지역사회에서 접하는 대다수 직종은 가짜 3.3 A형과 B형으로
분류할 수 있다. 이번 조사에서 특징적인 것은 음식점, 카페 등 근
로계약을 체결하고도 3.3으로 위장고용된(A형) 이들이 많이 응답
했다는 것이다. 이들은 고용노동부 진정 또는 행정적인 조치만으
로 노동자성 회복과 근로기준법 적용을 이루어낼 수 있다. 피해 당
사자들이 손쉽게 참여할 수 있도록 공개적인 법률구제활동을 추
진해나갈 것을 권유한다.

○ 노동정책: 이번 조사에 참여한 당사자들이 관계기관의 역할로 선

택한 과제는 4대 보험가입 확대, 법률구제지원 확대, 근로감독 확대의 순이다. 어쩌면 이번 조사에서 가장 소중한 성과는 당사자들이 집약해준 개선대책의 의미라 할 수 있다. 4대 보험 미가입 노동자들이 가입 확대에 힘써줄 것을 요구한 것은 당연한 것으로 비칠 수 있다. '자발적 미가입'으로 호도하는 사용자측 입장을 불식시킬 수 있는 근거가 될 수 있어 고무적이다. 법률구제와 근로감독을 더 많이 요구한 직종 목록의 경우, 당사자들이 처한 노동환경 특성에 따른 것으로 받아들이고, 향후 관계기관의 대책에 적극 반영되었으면 한다.

○ 노동분야 정책과 대안을 수립해나가는 과정에서 무엇보다 절실한 것은 4대 보험 미가입 문제에 대한 전향적인 인식 전환임을 다시 강조한다. 지역사회의 노동정책 기본과제로 4대 보험 가입 확대가 채택되기를 바란다. 활동 방향 논의에 보탬이 될 수 있도록 다음과 같은 조언을 끝으로 전한다.

## 1) 수원시(시청/시의회)

### ① 직접적인 행정대책

- 공익제보 포상 및 참여확대 지원: 3.3 위장고용 등 4대 보험 미가입 사례를 제보하는 시민 또는 당사자에게 포상을 하는 등 주민들의 자발적 참여를 확대할 수 있는 지원 방안을 도입.
- 정기적인 실태조사 및 합동단속 지원: 노동부, 근로복지공단 등 주무기관과 협력하여 정기적으로 관내 사업장의 4대 보험 가입 실태

를 점검하고, 법규 위반이 심각한 사업장에 대한 합동 단속 시행을 지원.

- 우수기업 인증제 도입 및 준법고용 유도: 4대 보험 가입 적용 우수기업 및 수원시의 가입 전환 정책 시행에 협력한 모범적인 기업을 선정하고, 인센티브를 제공. 반면에 4대 보험 미가입 고용으로 적발된 업체에는 불이익한 제재를 시행하며 지역 내 기업들의 준법고용 유도.

② 제도 개선과 조례 제정

- 4대 보험 가입 의무화 조례 제정: 시가 발주하는 공공사업의 계약 체결 시, 참여 기업들에게 4대 보험 가입 의무 등 준법고용을 필수 기준으로 설정하는 조례를 제정.
- 노동자 권리보호 및 상담지원 조례 제정: 4대 보험 미가입과 위장고용 피해를 입은 당사자들이 안정적인 법률 자문과 심층 상담을 수월하게 받을 수 있도록 지원하는 조례를 제정.
- 지역특화 맞춤형 지원 조례: 지역 내 4대 보험 미가입과 위장고용이 집중되는 특정 산업 및 직종을 선정하고, 이들 사업장과 노동자들에 대한 처우 개선과 특별 지원을 실시할 수 있도록 하는 조례를 제정.

## 2) 노동 분야 관계기관

① 노동부(관할 지청, 근로복지공단)
- 집무규정과 매뉴얼: 근로감독, 사건조사, 사업장 계도 등 일선 노동

행정의 시행에 있어 4대 보험 미가입 노동자 및 3.3 노동자를 누락하거나 배제하지 않는 조항을 근로감독관 집무규정에 반영하고, 일선 행정의 매뉴얼로 확장.

- 3.3 전수조사와 근로감독: 정부 과제로 시행을 준비하고 있는 3.3 노동자 전수조사와 근로감독을 효과적으로 실시하기 위해 지역 내 실태를 세밀하게 파악하고, 노동자지원센터 등 관련 기관과 협력체계 가동.

② 수원시비정규직노동자복지센터 및 노동단체

- 4대 보험 가입 전환 캠페인 및 인식 전환 사업: 지역 내 사업장과 주민들의 인식 전환을 위해 4대 보험 가입 전환 캠페인 실시. 사업주, 시민, 노동자, 학생 등 지역 주민들을 대상으로 맞춤형 교육사업 기획.

- 당사자 신고센터 운영과 법률구제 확대: 4대 보험 미가입 노동자들이 참여하는 당사자 신고센터 운영을 통해 공개적 법률구제로 확대 추진. 노동자 권리찾기를 위한 전국 네트워크 및 지역 노동단체와 협력하며 당사자 권리찾기활동 기획.

# 이름 없음에서 선언으로:
# "나는, 우리는 노동자다!"

**나도원**(권리찾기유니온 사무총장)
《권유하다 뉴스》, 2025년 12월 29일

나는 비매품이라 나를 팔지는 않아, 언제라도

나는 거부한 거야 거절당한 게 아냐, 누구라도

– 싱어송라이터 윤영배의 노래 〈선언〉의 시작 부분에서

## 이름과 물음

'김 매니저', '김 프로', '김 기사', '김 선생', '김 팀장', '김 작가', '김 사장', '김 씨', 혹은 그냥 '아저씨', '아줌마'…. 우리의 이름이었다. 하지만 새로운 운동 이후 "3.3 노동이 뭐예요?"가 지난 수년 동안 매번 마주해온 물음이었다면, 이제 "3.3 노동문제를 어떻게 해결해야 할까요?"로 질문이 옮겨질 수 있었다. 이 변화는 양면성을 가지고 있다. 문제의식의 진전이라는 점은 긍정할 수 있는 단면이고, 동시에 문제의 심화를 의미한다는 점은 부정적인 단면이다.

1970년 11월, 청년 전태일이 "근로기준법을 준수하라"를 외치며 산화했다. 반세기 이상이 지난 지금, 21세기 복판으로 달려가는 시기에 근로기준법의 예외로 취급당하는 노동자, 또는 노동자가 분명함에도 부정당하는 노동자가 대규모로 폭증하고 있다. 노동자로서의 이름과 권리를

빼앗긴 '가짜 3.3 노동자', 4대 보험을 보장받지 못하고 위장고용 수단으로 내몰린 노동자가 산업부문 곳곳으로 퍼져 나갔다. 거창하게 휘날리는 'OECD 경제대국'이라는, 공허한 슬로건의 그늘에서 경제산업의 규모만 커지고 사람-노동자의 자리는 좁아졌다. 각각 일하며 살아가는 분야는 달라도 시장논리와 노동소외는 경계를 지켜주지 않기에 자본의 독점, 생산구조의 왜곡 그리고 생존권 문제라는 지점에서 만난다.

질병마저 세계화하는 신자유주의는 사회의 약자이며 경제 소외계층인 노동자를 더욱 궁지로 몰아세운다. 특히 청년과 여성 그리고 소수자는 사다리 첫 간에 발을 올려놓더라도 주어진 가능성은 두어 간 짜리 사다리에 불과하다는 현실을 곱씹어야 한다. 그렇게 나무껍질 속의 벌레를 찾아 쪼아대는 새처럼 부지런히 일해도 'K-무엇'으로 불리는 거대한 곡간 옆에서 굶주리고 있다. 이렇듯 직종을 불문하고 노동 현실이 위급해진 시기이며, 이면우 시인의 〈감자 먹는 사람들〉의 한 부분, 그러니까 "여럿이 함께, 감자 먹어야 될 시절이 큰 배에 실려 바다를 건너오고 있는 중이라는 소문을 들었소"가 예사롭지 않게 들리는 시절이다.

이른바 플랫폼노동자, 특수고용노동자, 프리랜서뿐만 아니라 '온갖 다른 이름으로 불리는' 노동자들의 고용보험과 산재보험 가입률이 낮다는 사실, 건강보험과 국민연금은 지역가입자 비중이 크다는 사실은 불안정·불안전 구조를 드러내는 지표들이다. 직업적 특수성보다 실태적 보편성에 더 눈길이 갈 수밖에 없다. 비정규 불안정 노동, 불명확한 노동관계의 일상화이다. 여기에는 불안정 노동, 수입과 불확실한 미래라는 '2불 상황'과 미조직화의 특징이 있고, 미조직화가 '2불 상황'의 개선과 발언권 제고를 요원하게 하는 악순환 구조가 도사린다.

노동 유연화는 시장권력의 필요에 정치·행정권력이 부응하여 노동을 비정규·특수고용·계약직화함으로써 노동조합을 무력화하고 노동자의 결속을 차단하기 위한 것이었다. 노동환경 불안정성, 그리고 실질적 권한과 책임을 분리하는 고용관계의 불명확성은 신자유주의 노동시장을 관통하는 문제이다. 그런데 그 피해가 노동의 (정규·비정규직) 분할과 내부 격차의 발생 그리고 직종별 세대화·성별화 진행에 의하여 집단적·동시적으로 체감되지 않는 국면에 접어들었다. 싸워야 할 대상은 장막 너머로 숨어들고 조직적 연대와 저항을 약화한 것이다. 이 문제는 특히 청년·노인·여성 노동 등 우리 사회의 문제와 결부되어 있지 않은가.

## 시대와 선언

고대 그리스에서 멋 부리길 좋아했다는 한 노인은 치장하고도 시간이 남았는지 책을 썼다. 그 사람, 아리스토텔레스의 《시학》에는 연민과 공포의 차이를 적어둔 구절이 있다. 우리와 다른 사람이 부당하게 불행을 당할 때 연민을, 자신과 유사한 사람이 그러할 때 공포를 느낀다고. 지금 다수가 연민이 아니라 공포를 느끼고 있다. 그렇게 우리는 공포사회에 살고 있다. 공산화 공포로 보수정치체제를 유지하는 공포사회에 살고 있다. 전쟁 공포로 징병제, 막대한 군사비, 외국 군대의 주둔을 허용하는 공포사회에 살고 있다. 재난 공포로 자본주의 문제를 오히려 심화시키는 대안을 제출하고 있는 공포사회에 살고 있다. 그리고 노동자 서민은 언제든, 어디서든, 누구든 죽어 나갈 수 있는 공포사회에 살고 있다.

이 공포를 분노로, 행동으로, 행동하는 분노로 바꿔내야 내가 살 수 있다. 공동체 의식을 회복하여 같이 생존할 수 있는 조건을 함께 요구하고 마련해야 우리가 살 수 있다. 기성의 틀에 안주하며 각자도생을 내면화하는 것은 제 뿌리를 잘라내는 셈이다. 얼마간은 살아 있는 듯 보이고 꽃을 피울지는 몰라도 뿌리 잘린 나무는 열매를 맺지 못한 채 땔감이 되고 만다.

이 사회에 법과 제도의 바깥으로 내몰린 노동자가 많다. 울타리 없는 노동자가 너무 많다. 당사자들이 힘을 모으고, 정치와 행정이 바꿔가며 새로 내야 할 길이 많다. 그것은 우리의 역할과 가능성 또한 많다는 뜻이기도 하다. 노동의 문제를 직시하는 운동이 절실한 상황에서 목소리와 힘을 모아내야만 해결할 수 있는 문제가 있고, 분야의 벽을 넘어 연대하지 않으면 보장받을 수 없는 권리가 있다. 자본에 예속되어 굴복하지 않고, 딱딱하게 굳어버린 법을 녹여내려는 주체의 형성이 필요했다.

2026년에 창립 7주년을 맞는 권리찾기유니온도 그러한 몸짓 중 하나였다. '5인 미만 사업장 노동자', '4대 보험 미적용 3.3 노동자'의 권리회복을 위하여 다양한 활동을 벌였고, 특히 '가짜 3.3 노동' 문제를 공론화하는 데에 앞장섰다. '헌법 33조 실현'과 '근로기준법 차별 폐지' 그리고 노동조합 없는 노동자, 노동자이면서 근로기준법을 적용받지 못하는 노동자, 가짜 3.3 노동자를 위한 노동조합의 길을 만들고자 했다.

> 나의 꿈은 나고 너의 꿈은 너고
> 우리의 꿈의 주인공은 지금 여기, 우리
> 나의 내 하루의 나를 일으켜 네 손을 마주 잡고, 달려
> — 싱어송라이터 윤영배의 노래 〈선언〉의 마지막 부분에서


자본과 시장의 요구에 부응하지 않는 것들은 끈 떨어진 인형으로 취급받지만, 바로 이때 비로소 조종당하는 물체가 아니라 스스로 한쪽 무

룹부터 세우기 시작하는 몸의 가능성이 탄생한다. 척박함 속에서도 첨 벙거리며 늪에 발을 담그고 바짓가랑이를 적실 정도의 애정과 책임감을 지니고 '놓인 곳에서 가꿈'을 추구하는 이들이 있다. 생각을 바꾸면 같은 생각을 지닌 사람들을 만날 수 있고, 비슷한 생각을 지닌 사람들이 더 생겨날 수 있다. 길을 걸으며 "여기 한 사람 있소!"라고 말하면, 또 누군가 "여기에도 한 사람 더 있소!"라고 말하고, 그들을 보고서 또 다른 누군가가 "여기에도 한 사람 또 있소!"라며 만나는 장면을 꿈꾸는 것이야말로 가치 있는 일이며, 거대한 구조의 '틈'을 찾아내는 '짓'의 시작이다.

그리고 이 글을 읽는 이라면 주체, 체제를 극복하는 새로운 주체가 될 가능성을 품고 있을 것이다. 그렇게 우리는 연대하며, 서로 잇고, 넓혀갈 것이다. 이름 없던 누군가에서, "나는, 우리는 노동자"라고 선언하는 주체로!

# 3부

[흐름도]
# 근로기준법 차별지대

"근로계약서 쓰기 전
꼭 체크할 5가지를 배워보겠습니다."

VS

"여러분 중에 절반은
근로기준법 없이 일하게 될 것입니다."

학교 현장에서 노동인권 교육을 시작하며
…
"보이지 않고 들리지 않는" 가려진 노동에 대하여…

노동권 보장이 어려운 구역은
불가피하게 존재할 수밖에?

기본적 생활을 보장 향상시켜야 할
노동자들을 법 적용에서 제외

사각지대(死角地帶):
"거울이 사물을 비출 수 없는 각도"

노동권 보장하지 않는 지대를
의도적으로 설정!

근로기준법 11조『적용제외』
사업장 규모(5인 미만)에 의해
핵심조항을 적용하지 않을 수 있음

근로기준법 2조『노동자성 박탈』
계약의 형식을 위장하여
모든 조항을 적용하지 않을 수 있음

---

노동권 보장이 어려운 구역은
불가피하게 존재할 수밖에?

기본적 생활을 보장 향상시켜야 할
노동자들을 법 적용에서 제외

근로기준법이 낡아서
신식 고용형태를 담아내지 못한다?

근로기준법을 회피하기 위해
다양한 위장고용을 만들어낸다.

근로기준법을 적용받지 못하는?
4대 보험 없는 근로계약
프리랜서 계약
특수고용직 노동자
근로기준법이 미치기 어려운 현실

근로기준법을 적용하지 않는 차별지대
가짜 3.3 A형
가짜 3.3 B형
가짜 3.3 C형
근로기준법이 행방불명된 세계

내 주변에는 3.3이 별로 없다?
대놓고 3.3 모집하는 채용공고
하청·용역업체로 들어오는 3.3

국세청 발표로 850만…
업종·지역별 3.3 실시간 고용현황
간접고용으로 3.3 노무관리가 대세

핵심조항 삭제된 5인 미만 사업장
사업소득자로 위장된 3.3 노동자

사업장 규모와 관계없이 차별폐지
모든 노동자에게 근로기준법 전면적용

# 근로기준법을 적용받지 못하는 노동자?

근로기준법을 적용하지
**"않아도 되는"**

**근로기준법 11조**
사업장 규모에 의해
핵심조항을 적용하지
않을 수 있음

**근로기준법 2조**
세금의 종류를 위장하여
모든 조항을 적용하지
않을 수 있음

근로기준법에 의해

근로기준법
없이

일하는
노동자

<핵심 조항>
가산수당
법정근로시간
연차휴가
휴업수당
직장내괴롭힘금지
부당해고구제
차별시정 정규직전환
중대재해기업처벌
공휴일유급
…

적용 

<모든 조항>
총칙 근로계약
임금 근로시간 휴식
여성 안전 보건
재해보상
취업규칙
근로감독 벌칙
최저임금
중간착취 위장도급
퇴직금 실업급여
…

적용

사업장 규모
5인 미만 사업장…
350만…

세금의 종류
…사업소득 노동자
…850만

---

▶ **사각지대**
5인 미만 | 작은 사업장
4대 보험X | 프리랜서 | 특수고용

▶ **차별지대**
사업장 규모로 차별(상시근로자 수…?)
세금의 종류로 위장(계약의 형식…?)

# 모두에게 적용해야 근로기준법

근로기준법을 적용하기 어려워 노동조건이 취약한

## 사각지대?

## VS

근로기준법을 적용하지 않고 사용자 책임 회피할 수 있는

## 차별지대!

근로조건의 (최저)기준을 정하여 **기본적 생활을 보장해야 할 노동자**

# 근로기준법이 없다!

"헌법이 설정한 ~~근로기준법의 목적~~"

**사업장 규모**: 5인 미만 사업장

+

**세금의 종류**: 사업소득 노동자

=

최저기준 미만의 근로관계

## "근로기준법 없이 사업하기"

# 5인 미만 차별제도의 확산

"더 많이 일하다 함부로 쫓겨나고, 기본은 다 안 되는" ·············· 1953.0809 **근로기준법**

"심각한 직장갑질, 신고도 못하는" ····················· 2019.0716 **직장내괴롭힘금지법**

"빨간날 못 쉬고, 대체일엔 공짜로 일하는" ················· 2022.0101 **공휴일법**

"안전하게 일할 권리, 죽음마저 차별하는" ················ 2022.0127 **중대재해처벌법**

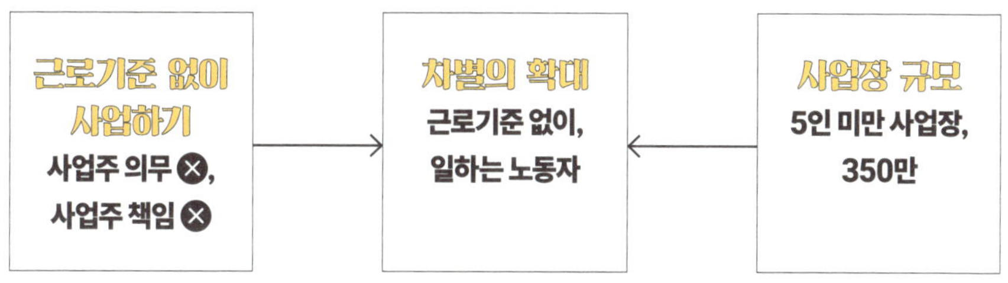


▶ **5인 미만 차별제도의 확산**

사업장 규모 위장의 이익 증가

차별지대 노동자의 피해 확대

▶ **가짜 5인 미만 사업장의 확산**

사필수조항 미적용 사업장의 증가

차별지대의 확대

# 가짜 5인 미만 사업장의 확산

**근로기준법**
직장내괴롭힘금지법
공휴일법
중대재해처벌법

근로기준법상

**사업주의 의무와 책임을 회피하기 위해**

**5인 미만으로 위장한 사업장**

# 『가짜 5인 미만 사업장』

대기업과 신산업 비롯한 **모든 업종과 산업으로 확산**

사회 전반의

**불안정노동**

**장시간 노동**

**공짜노동**

**위험한 노동**

**근로기준 없는 노동**의 확대를 주도!

# 가짜 5인 미만 위장 유형 : A형

## 사업장 분리형

**서류상으로 분리**시킨 사업장의 **소속** 직원 수는 **5인 미만?**
**실제로는 같은** 사업장에 일하는 **전체** 직원 수는 **5인 이상!**

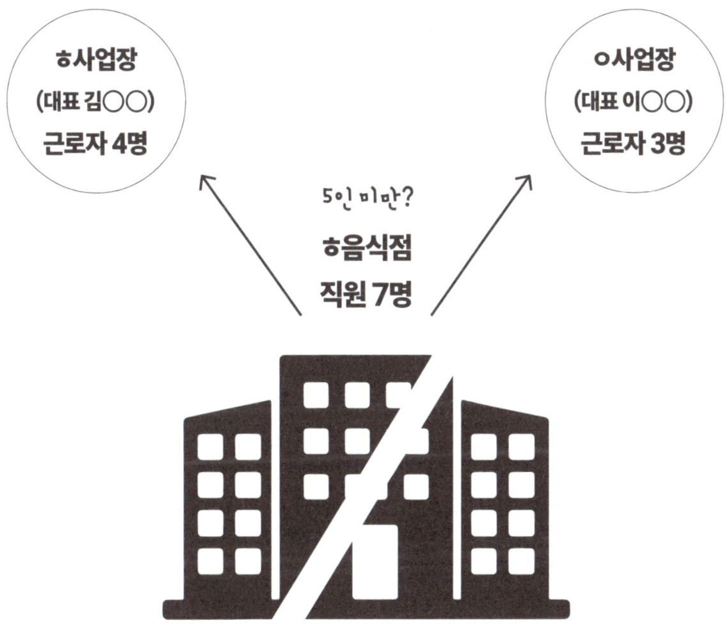


"서류상 여러 개로 **사업장을 쪼개** 5인 미만으로 위장"

---

▶ **가짜 5인 미만 A형**

서류상 사업장 쪼개기

서로 다른 사업장으로 위장

▶ **가짜 5인 미만 A형(업종)**

도소매, 정보통신, 기술서비스

숙박 및 음식점, 제조업, 개인서비스

# 가짜 5인 미만 사업장 공동고발 : A형

| 번호 | 사업장 이름 | 직원 수 | 산업분류 | 직업분류 | 지역 |
|---|---|---|---|---|---|
| 89 | ㅊ세무회계 | 15 | 전문, 과학 및 기술 서비스업 | 인사 및 경영 전문가 | 서울 |
| 91 | ㅂ볼링장 | 10 | 예술, 스포츠 및 여가관련 서비스업 | 여가 서비스 종사자 | 서울 |
| 92 | ㅇ익스프레스 | 10 | 운수 및 창고업 | 회계 및 경리 사무원 | 서울 |
| 96 | ㅈ호텔 | 20 | 숙박 및 음식점업 | 여가 서비스 노동자 | 서울 |
| 97 | ㅎ안전 | 20 | 전문, 과학 및 기술 서비스업 | 행정 사무원 | 서울 |
| 98 | ㅈ레저 | 11 | 예술, 스포츠 및 여가관련 서비스업 | 디자이너 | 경북 |
| 101 | ㅎ부동산 시행사 | 8 | 부동산업 | 고객 서비스 관리자 | 부산 |
| 102 | ㄷ마트 | 20 | 도매 및 소매업 | 매장 판매 종사자 | 인천 |
| 106 | ㅌ제조업 | 6 | 제조업 | 전기·전자 부품 및 제품 제조 장치 조작원 | 경기 |
| 108 | ㄱ식료품 도매 | 8 | 도매 및 소매업 | 하역 및 적재 종사자 | 부산 |
| 113 | ㅎ닥트제조업 | 10 | 제조업 | 제조 관련 종사자 | 대전 |
| 115 | ㅇ커피전문점 | 20 | 숙박 및 음식점업 | 식음료 서비스 종사자 | 서울 |
| 121 | ㅇ방송포스트프로덕션 | 13 | 정보통신업 | 연극·영화 및 영상 전문가 | 서울 |
| 126 | ㅇ판지제조 | 23 | 제조업 | 제조 관련 종사자 | 경기 |
| 128 | ㅎ부동산업 | 30 | 부동산업 | 회계 및 경리 사무원 | 인천 |
| 130 | ㅈ에너지 | 8 | 도매 및 소매업 | 행정 사무원 | 경기 |
| 132 | ㅅ음식점 | 10 | 숙박 및 음식점업 | 식음료 서비스 종사자 | 경기 |
| 135 | ㅇ식품제조 | 20 | 제조업 | 제조 관련 종사자 | 경기 |
| 136 | ㅇ보습학원 | 6 | 교육 서비스업 | 기타 교육 전문가 | 경기 |
| 137 | ㅋ호텔 | 6 | 숙박 및 음식점업 | 여가 서비스 종사자 | 경기 |
| 138 | ㅈ컨설팅 | 10 | 협회 및 단체, 수리 및 기타 개인 서비스업 | 행정 및 경영 지원 관리자 | 서울 |
| 139 | ㄷ자산운용 | 50 | 금융 및 보험업 | 기획 및 마케팅 사무원 | 서울 |
| 140 | ㅇ치과기공소 | 20 | 제조업 | 치과기공사 | 서울 |

# 가짜 5인 미만 위장 유형: B형

## 직원 미등록형

회사에서 **4대 보험 등록**한 직원 수는 5인 미만이나
나머지 **미등록** 직원을 **포함** 시 **5인 이상**

---

▶ **가짜 5인 미만 B형**
4대 보험 미등록 활용하기
미가입자를 근로자 아닌 것으로 위장

▶ **가짜 5인 미만 B형(업종)**
건설, 부동산, 교육서비스
음식점, 문화예술, 전문서비스

# 가짜 5인 미만 사업장 공동고발: B형

| 번호 | 사업장 이름 | 직원 수 | 산업분류 | 직업분류 | 지역 |
|---|---|---|---|---|---|
| 86 | ㄷ광고대행 | 11 | 정보통신업 | 디자이너 | 서울 |
| 100 | ㅈ부동산분양 | 60 | 부동산업 | 고객 상담 및 기타 사무원 | 서울 |
| 110 | ㅊ가전마트 | 5 | 도매 및 소매업 | 매장 판매 종사자 | 경기 |
| 111 | ㅁ패스트푸드 ㄴ지점 | 8 | 숙박 및 음식점업 | 음식 관련 종사자 | 충남 |
| 116 | ㄴ호텔 ㅁ지점 | 5 | 숙박 및 음식점업 | 여가 서비스 종사자 | 경남 |
| 117 | ㅂ필라테스 | 7 | 예술, 스포츠 및 여가관련 서비스업 | 스포츠 및 레크리에이션 관련 전문가 | 인천 |
| 123 | ㅇ영어유치원 | 10 | 교육 서비스업 | 기타 교육 전문가 | 부산 |
| 127 | ㅊ학원 | 6 | 교육 서비스업 | 기타 교육 전문가 | 경남 |
| 129 | ㅇ음식업 | 7 | 숙박 및 음식점업 | 식음료 서비스 종사자 | 대구 |
| 133 | ㅅ정형외과 | 5 | 보건업 및 사회복지 서비스업 | 전문가 및 관련 종사자 | 경기 |

# 가짜 5인 미만 위장 유형 : AB형

## 분리 + 미등록형

사업장 분리 및 직원 미등록 수법을 모두 사용하여
대규모 사업장을 5인 미만으로 위장

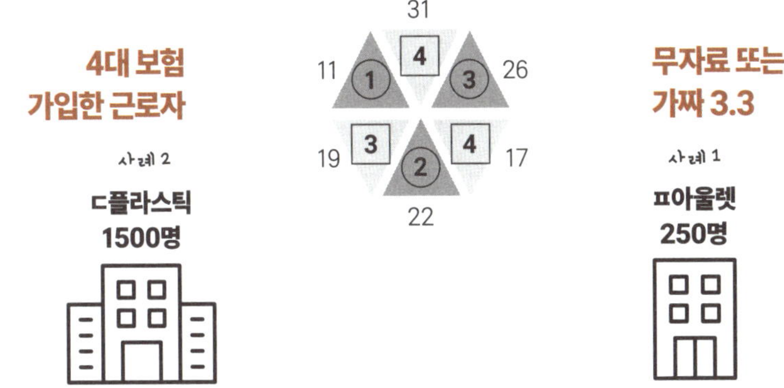


| AB형 사례① | | | AB형 사례② | | |
| --- | --- | --- | --- | --- | --- |
| 외식산업 ㅍ아울렛 ㅎ뷔페 | | | 제조업 ㄷ플라스틱 | | |
| 조리사 서진경 | | | 이주난민 노동자 | | |
| 공동고발 56호 | | | 공동고발 72호105호122호 | | |
| 위장 | 쪼갠 사업장 수 : 36개<br>전체 직원 수 : 250여명 | | 위장 | 쪼갠 사업장 수 : 집계 불가능<br>전체 직원 수 : 1,500여명 | |
| 근로 | ○ 휴식 없이 하루 800인분 식사 준비<br>○ 공휴일 정상출근, 휴일근로수당 미지급 | | 근로 | ○ 실제로는 월 300시간 이상 근무<br>○ 법정근로시간과 최저임금으로 계산하여 월 200만원만 지급 | |
| 가짜 5인 미만 입증 | ○ 동일한 중간관리자가 36개 사업장 순회하며 직접 관리<br>○ ㅍ아울렛 소유주가 ㅎ뷔페 계약 처리 | | 가짜 5인 미만 입증 | ○ 서류상 소속과 관계 없이 ㄷ플라스틱이 지휘 감독 확인<br>○ 동일한 중간관리자가 근태 등 상시적 노무관리하며 해고도 직접 통보 | |

▶ **가짜 5인 미만 AB형**

A형(쪼개기) + B형(미등록)

대규모 사업장(수백, 수천…)

▶ **B형 및 AB형 비율의 증가**

미등록이 효율적(?) 노무관리

가짜 3.3 확산 추세와 연결(증폭)

## 가짜 5인 미만 사업장 공동고발 : AB형

| 번호 | 사업장 이름 | 직원 수 | 산업분류 | 직업분류 | 지역 |
|---|---|---|---|---|---|
| 5 | ㅁ음식점 | 15 | 숙박 및 음식점업 | 식음료 서비스 종사자 | 경기 |
| 8 | ㅅ전자 | 11 | 제조업 | 기계장비 설치 및 정비원 | 인천 |
| 9 | ㅅ철강 | 10 | 제조업 | 매장 판매 종사자 | 경기 |
| 24 | ㅍ아울렛 | 250 | 도매 및 소매업 | 판매 관련 종사자 | 경기 |
| 25 | ㅍ커피전문점 | 9 | 숙박 및 음식점업 | 식음료 서비스 종사자 | 서울 |
| 27 | ㅎ홈쇼핑 | 9 | 정보통신업 | 고객 상담 및 기타 사무원 | 서울 |
| 31 | ㅁ종합서비스 | 10 | 도매 및 소매업 | 디자이너 | 인천 |
| 38 | ㅌ소프트웨어 | 10 | 정보통신업 | 인사 및 경영 전문가 | 경기 |
| 50 | ㅈ운송서비스 | 9 | 운수 및 창고업 | 자동차 운전원 | 경기 |
| 55 | ㅈ운송서비스 | 9 | 운수 및 창고업 | 자동차 운전원 | 경기 |
| 56 | ㅍ아울렛 ㅎ뷔페 | 250 | 숙박 및 음식점업 | 조리사 | 경기 |
| 60 | ㅂ반찬전문점 | 10 | 숙박 및 음식점업 | 음식 관련 종사자 | 부산 |
| 68 | ㅈ노래주점 | 100 | 숙박 및 음식점업 | 여가 서비스 종사자 | 서울 |
| 72 | ㄷ프라스틱 | 1000+ | 제조업 | 제조 관련 종사자 | 경기 |
| 78 | ㅇ유통판매 | 40 | 도매 및 소매업 | 매장판매 종사자 | 서울 |
| 85 | ㅎ전자기기 소매 | 6 | 도매 및 소매업 | 디자이너 | 인천 |
| 87 | ㅇ통신판매 | 50 | 도매 및 소매업 | 통신 관련 판매직 | 전국 |
| 88 | ㅈ노래주점 | 100 | 숙박 및 음식점업 | 여가 서비스 종사자 | 전국 |
| 90 | ㅍ아울렛 | 250 | 도매 및 소매업 | 매장 판매 종사자 | 경기 |
| 93 | ㅇ음식점 | 10 | 숙박 및 음식점업 | 식음료 서비스 노동자 | 서울 |
| 99 | ㅍ통신판매 | 15 | 도매 및 소매업 | 통신 관련 판매직 | 부산 |
| 103 | ㅈ피시방 | 6 | 예술, 스포츠 및 여가관련 서비스업 | 여가 서비스 노동자 | 대전 |
| 104 | ㅌ문구점 | 20 | 도매 및 소매업 | 디자이너 | 서울 |
| 105 | ㄷ프라스틱 | 1000+ | 제조업 | 제조 관련 종사자 | 경기 |
| 107 | ㅇ영어 유치원 | 60 | 교육 서비스업 | 기타 교육 전문가 | 세종 |
| 109 | ㅈ피부 관리점 | 6 | 협회 및 단체, 수리 및 기타 개인 서비스업 | 마케팅 및 광고·홍보 관리자 | 서울 |
| 114 | ㅂ호텔 | 5 | 숙박 및 음식점업 | 여가 서비스 종사자 | 경기 |
| 118 | ㅂ영어학원 ㄷ점 | 7 | 교육 서비스업 | 기타 교육 전문가 | 경기 |
| 119 | ㅇ휘트니스 | 10 | 예술, 스포츠 및 여가관련 서비스업 | 여가 서비스 종사자 | 서울 |
| 120 | ㅇ컨설팅 | 14 | 전문, 과학 및 기술 서비스업 | 건설 관련 기능 종사자 | 서울 |
| 122 | ㄷ프라스틱 | 1000+ | 제조업 | 제조 관련 단순 종사자 | 경기 |
| 124 | ㅇ영어학원 | 10 | 교육 서비스업 | 기타 교육 전문가 | 서울 |
| 125 | ㅇ영어학원 | 30 | 교육 서비스업 | 기타 교육 전문가 | 경기 |

▶ **가짜 5인 미만 AB형(업종)**

제조업, 교육서비스, 운수 및 창고업

숙박 및 음식점, 도소매, 문화예술

▶ **가짜 5인 미만 AB형(직종)**

기능직, 관리직, 운전직

서비스 종사자, 판매직, 전문직

# 4대 보험 미가입 및 가짜 3.3(위장고용) 확산

## 종사자지위 : 노동자

타인의 사업에 노무를 제공하고 대가를 받는 모든 종사자.
상용종사자, 임시 및 일용종사자, 기타종사자를 모두 포함.
사업주의 우월한 지위에 의해 근로기준법 상
근로자로 취급되지 않는 종사자도 배제하지 않음.

## 위장고용

노무제공의 실질은 근로계약이라 할 수 있으나,
계약의 형식과 소득세의 종류는
독립된 사업자인 것으로 위장하는 것

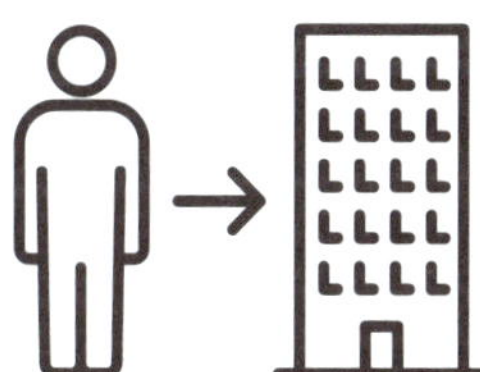

---

▶ **4대 보험 대신 3.3**
유령 취급되던 4대 보험 미가입 노동자 소득
세 종류 미인지를 감안

▶ **실태조사 추진**
전국 시범조사 수행
지역별 실태조사 진행 중

# 4대 보험 미가입 및 가짜 3.3 실태조사 개요

| 조사 대상 | [노동조건]<br>4대 보험 | • 직장사회보험에 가입되어 있지 않은 노무제공 종사자<br>• 4대 보험(고용/산재/건강/연금)에 모두 가입되어 있는 노동자는 제외함 |
|---|---|---|
| | [근무지역]<br>○○지역 | • ○○지역에 소재하는 사업장에서 근무하거나, ○○지역에서 업무를 수행하는 종사자<br>• 소속 사업장의 등록주소지에 한정하지 않음. |
| | [종사자지위]<br>노동자 | • 타인의 사업에 노무를 제공하고 대가를 받는 모든 종사자<br>• 상용종사자, 임시 및 일용종사자, 기타종사자를 모두 포함<br>• 사업주의 우월한 지위에 의해 근로기준법 상 근로자로 취급되지 않는 종사자도 배제하지 않음 |
| 응답자 수 | | • 전국조사 : 1,008건   • 중구조사 : 163건   • 서대문조사 : 138건   • 수원시조사 : 203건<br>• 유효 기준 : 가짜 3.3 유효성 검증에 따름 |
| 조사 방법 | | • 구조화된 문항에 의한 대면 설문조사(자계식) |
| 조사 기간 | | • 전국조사 : 2022년 6월 ~ 10월   • 중구조사 : 2023년 6월   • 서대문조사 : 2023년 10월   • 수원시조사 : 2025년 상반기 |
| 통계 PG | | • 자모비(jamovi 2.4.11) |
| 조사 분석 | | • 권리찾기유니온 |

*표 상단 : 직장사회보험(4대 보험)에 가입되지 않은 ○○지역 노동자*

실태 조사

# 가짜 3.3은 어떻게 계약이 되는가

| 구분 | 항목 | 중구 조사 | 서대문 조사 | 수원시 조사 |
|---|---|---|---|---|
| 계약서의<br>종류 | 계약서 미작성 | 41.7% | 29.9% | 40.4% |
| | 근로계약서 작성하였으나, 3.3 뗀다고 명시 | 14.7% | 22.6% | 18.2% |
| | 근로계약서 작성하였으나, 4대 보험 미가입 서약 | 4.9% | 5.1% | 5.4% |
| | 근로계약서 쓰고 입사했으나, 다른 제목의 계약서 추가 작성 | 0.6% | 0.0% | 2.5% |
| | 근로계약서 작성하였으나, 특이사항 없음 | 14.1% | 5.8% | 10.8% |
| | 용역, 도급, 프리랜서 및 기타 계약서 | 23.9% | 36.5% | 28.1% |

▶ **4대 보험 미가입의 본질**

노동권과 사용자책임 회피

사업소득(3.3)으로 비용처리

▶ **가짜 3.3 노동자**

계약의 형식과 세금의 종류 따위로

노동자 이름과 권리를 빼앗긴 노동자

# 4대 보험 미가입 및 가짜 3.3의 진실

## 본질: 노동자성 없애기

**4대 보험 미가입**은 노동자성 빼앗고 있다는 ·················· (부작위) **신호**

**가짜 3.3 사업소득세**는 노동자 아닌 척 위장고용한다는 ·················· (작위) **신호**

(5인 미만으로)
상시근로자수
위장하기

(사업장규모 관계없이)
노동자 아닌 척
위장하기

**※ 가짜 3.3 : 원천징수세율 3.3%**

(사업장 규모 관계없이) **세금의 종류(계약의 형식) 위장하여 노동자성 송두리째 박탈**

4대 보험에 가입시키지 않고 사업소득세 원천징수
해당 직원은 근로소득자(노동자)가 아닌 **사업소득자(비노동자)** 로 위장

# 가짜 3.3 위장 유형
# [A형]

## 무작정형

**근로계약**으로 알고 있으나, 4대 보험 대신 사업소득세 원천징수
근로계약서에 4대 보험 미가입, 3.3 징수조항 포함하기도…

▶ **가짜 3.3 계약서 [A형]**

근로계약하고도 3.3 신고
… 미용실, 학원, 식당, 건설

▶ **근로계약서에 3.3 명시형**

근로계약서에 대놓고 3.3% 명시
채용단계에서 조건 거부 어려움

# 근로계약서에 3.3 명시형

## 실태

근로계약서 쓰고도 4대 보험 대신 사업소득세(3.3%) 원천징수

근로계약서에 대놓고 사업소득세 3.3%를 명시

## 문제

사업소득세 명시된 것 모르고 계약 체결할 가능성

알더라도 채용단계에서 사업소득자 조건 거부 어려움

### 4대 보험 미가입 분쟁 시에 사업소득세 명시 문구 활용

## 수법

사업소득세 납부자 제외하여

4대 보험 가입자 수를 축소

## 위장

사업장 전체의 근로자수 축소 위장

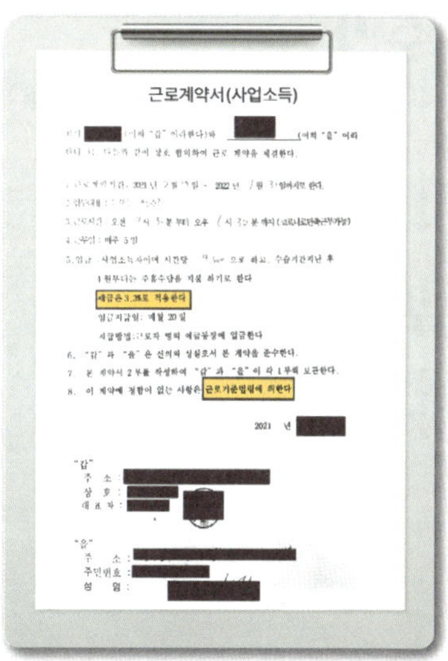

# 4대 보험 미가입 서약형

##  실태

근로계약서 쓰고도 4대 보험 대신 사업소득세(3.3%) 원천징수

근로계약서 작성 시에 4대 보험 미가입 서약 강요

↓

## 문제

강제 서약임에도 상호 합의한 것으로 활용될 가능성

채용단계에서 4대 보험 미가입 조건 거부 어려움

### 4대 보험 미가입 분쟁 시에 미가입 서약서 활용

##  수법

4대 보험 미가입 방식으로 노동자성을 부정

↓

## 위장

노동자권리 보장과

4대 보험 가입 사용자 책임 회피

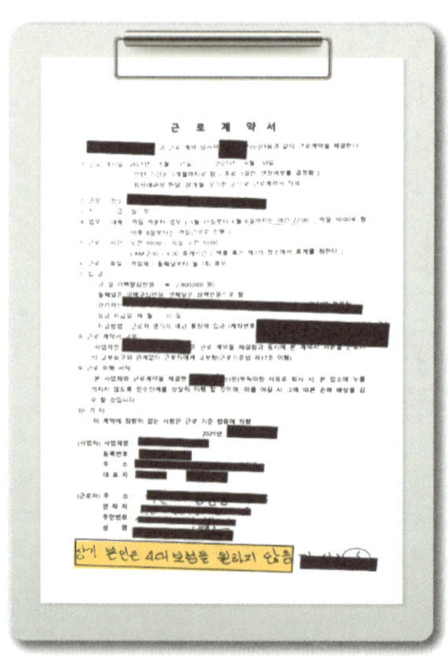

---

▶ **4대 보험 미가입 서약형**

근로계약 작성 시 미가입 서약

향후 분쟁 시 대비용

▶ **근로소득 사업소득 반반형**

일부는 근로소득, 나머지는 사업소득

사용자는 초과이익, 노동자는 불이익

# 근로소득 사업소득 반반형

## 실태

급여 일부는 근로소득으로

나머지는 사업소득으로 신고한다는 계약서

## 문제

근로소득 축소로 사용자는 초과 이익

노동자는 실업급여 등 불이익

**4대 보험 위반 및 탈세 분쟁 시에 소득 분할신고 동의서 활용**

## 수법

근로자부담분 감소를 미끼로

노동자에게 이익인척 회유

## 위장

노동법에서 세법까지

사용자 부담 축소 위장

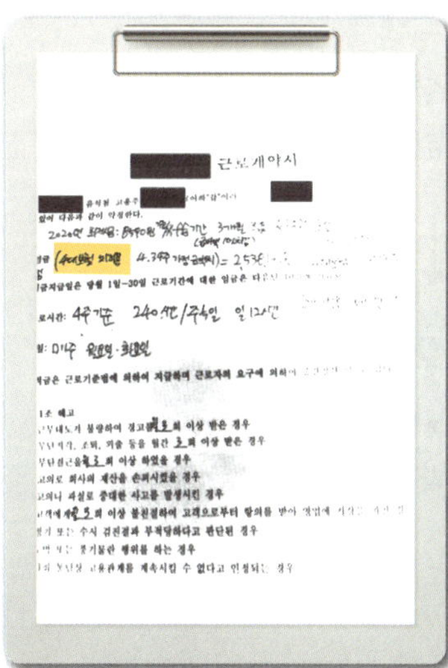

## 과세자료 없는 무자료형

# 실태

4대 보험이든 사업소득세든 신고 없이

노무제공 흔적 안 남기기

# 문제

계약 위반에 대응하려면

고용관계 실체부터 입증 부담

**무자료로 버티며 법적책임 삭제**

# 수법

존재하지만 존재하지 않는

유령직원 만들기

# 위장

노동법 민법 세법

법이 사라진 삼각지대

---

▶ **과세자료 없는 무자료형**

신고 없이 노무제공 흔적 삭제

피해당해도 대응 포기

▶ **가짜 3.3 A형**

비용 절감하는 간편한 위장법

거의 모든 산업으로 확산

# 가짜 3.3 위장 유형: A형

| 번호 | 사업장 이름 | 산업 | 직종 | 위장 유형 | 지역 |
|---|---|---|---|---|---|
| 2 | ㅈ분양대행사 | 부동산업 | 분양상담사 | 계약서 없이 사업소득세 신고형(A형) | 서울 |
| 5 | ㅇ헤어스튜디오 | 미용산업 | 미용실 스태프 | 과세자료 없는 무자료형(A형) | 경북 |
| 6 | ㅈ분양대행사 | 부동산업 | 분양상담사 | 계약서 없이 사업소득세 신고형(A형) | 부산 |
| 7 | ㅎ엔터테인먼트 | 예술산업 | 단역배우 | 과세자료 없는 무자료형(A형) | 서울 |
| 8 | 개인사업 | 건설업 | 건설 일용직 | 계약서 없이 사업소득세 신고형(A형) | 서울 |
| 9 | ㅅ의류 ㅈ지점 | 유통산업 | 백화점 위탁판매원 | 과세자료 없는 무자료형(A형) | 서울 |
| 12 | ㅇ영어학원 | 학원산업 | 학원강사 | 근로계약서 작성하고도 사업소득세 신고형(A형) | 부산 |
| 13 | ㅇ영어유치원 | 학원산업 | 학원강사 | 근로계약서 작성하고도 사업소득세 신고형(A형) | 부산 |
| 14 | ㅇ인력공급업체 | 인력공급업 | 사무직 노동자 | 근로계약서 작성하고도 사업소득세 신고형(A형) | 서울 |
| 16 | ㅋ물류센터 | 물류산업 | 물류분류 노동자 | 근로계약서 작성하고도 사업소득세 신고형(A형) | 전북 |
| 18 | ㅊ영상제작사 | 예술산업 | (방송) 조연배우 | 출연계약서 작성하고 노동자 아니라는형(A형) | 서울 |
| 19 | ㅇ영어유치원 | 학원산업 | 학원강사 | 근로계약서 작성하고도 사업소득세 신고형(A형) | 부산 |
| 23 | (주)ㅇ마루제조 | 건설산업 | 마루시공노동자 | 계약서 없이 사업소득세 신고형(A형) | 경기 |
| 24 | ㅅ마루시공 | 건설산업 | 마루시공노동자 | 계약서 없이 사업소득세 신고형(A형) | 서울 |
| 25 | ㅇ마루제조 | 건설산업 | 마루시공노동자 | 계약서 없이 사업소득세 신고형(A형) | 인천 |
| 26 | ㄷ건축마무리공사업 | 건설산업 | 마루시공노동자 | 계약서 없이 사업소득세 신고형(A형) | 광주 |
| 29 | ㅇ마루제조 외 9개사업장 | 건설산업 | 마루시공노동자 | 계약서 없이 사업소득세 신고형(A형) | 전국 |
| 33 | ㅇ의류제조 | 제조업 | 봉제사 | 계약서 없이 사업소득세 신고형(A형) | 서울 |
| 49 | ㅅ편의점 | 도소매업 | 편의점노동자 | 계약서 없이 사업소득세 신고형(A형) | 인천 |

# 가짜 3.3 위장 유형
# [B형]

## 이상한 계약형

실질은 근로계약이나 위탁·용역·프리랜서 계약 등 작성
사업장의 통상적 업무를 수행하나 독립된 사업소득자로 신고

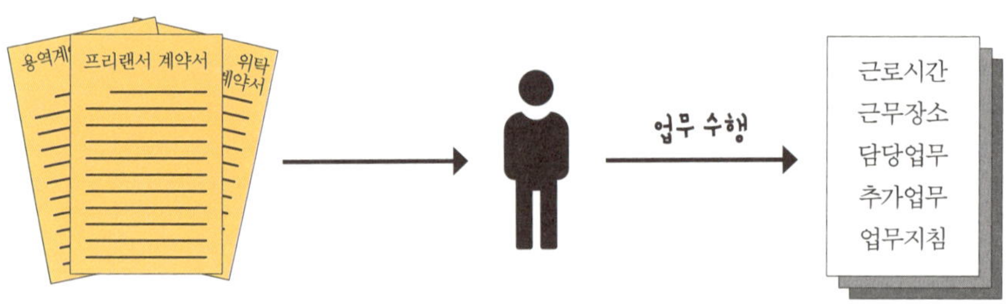


▶ **가짜 3.3 B형**

고용의 실질은 근로계약이나
위탁/용역/프리랜서형 계약서 도입

▶ **지휘감독해도 노동자 아닌 계약**

업무지휘 드러내지 않도록
위장 계약서 작성

# 지휘감독해도 노동자 아닌 불일치 계약형

## 실태

도급·위탁·용역계약서 등 체결하고

사업소득세 원천징수

지휘감독 드러내지 않는 위장계약서 작성

## 문제

실질적 근로관계가 무시 당하는 노동관행

입증자료 확보 못하면 노동자성 회복 불가

### 근로계약이 아닌 것으로 세밀하게 위장한 계약서 사용

## 수법

지휘감독 안하는 것 같은

계약형식으로 노동자성을 부정

## 위장

노무제공 사용하여

사업 이익 챙기고 사용자 책임은 회피

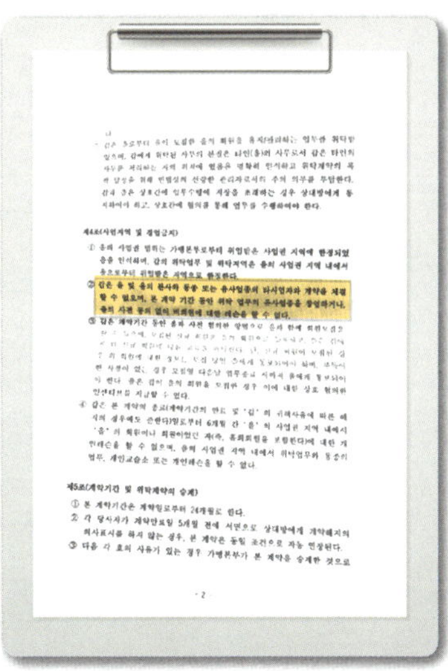

# 가짜 3.3 위장 유형
# [C형]

## 사장님 위장형

개인사업자로 등록시키거나, 사업자등록증 소지자와 계약
법적으로 노동자성 부정하기 위해 **특수한 고용형태** 도입

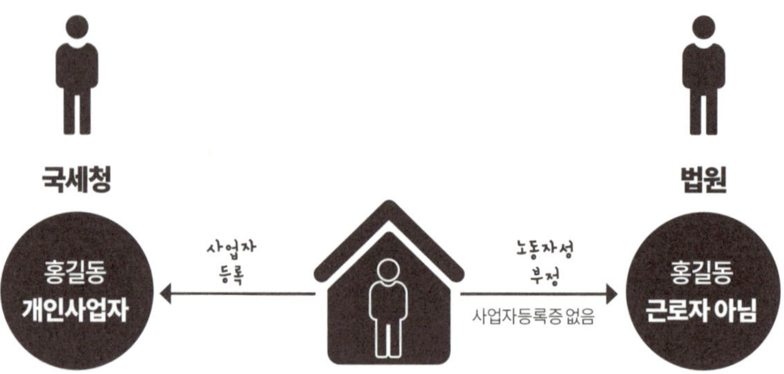


▶ **가짜 3.3 C형**

노무제공자 특례 포함된 직종만 고용·산재보험 선별 적용

# 쿠팡 카플렉스와 사고조사원은 모든 노동자가 아닌가?



---

▶ **4대 보험 전면시행**

직업의 종류 차별 없이 모든 노동자에게 전면시행

# 계약 형식과 세금 종류로 노동자 아니게 만들기

**[A형] 무작정형**

① 사업주의 우월한 지위 → 부당한 대우에 순응하며 불안정한 노동조건 감수

**[B형] 이상한 계약형**

② 계약의 형식 위장 → 장기고비용소송·입증문제로 권리구제 포기하기도

**[C형] 사장님 위장형**

③ 전문적 노무관리 + 특수한 고용형태 → 개별대응으로 노동자성 회복 어려움

함부로 노동자성 빼앗지 못하도록 → **노동자 추정제도** 도입　**근로기준법 2조 개정**

① **근로자**의 정의 : 타인에게 노무를 제공하는 사람은 노동자로 추정
　　　　　　　　　노동자 아님은 **노무를 제공받는 자가 입증책임**

② **사용자**의 정의 : 근로계약 체결의 형식적 당사자가 아니라도
　　　　　　　　　근로조건에 **실질적 지배력·영향력** 있는 자를 사용자로

▶ **노동자 추정제도 도입**

노동자성 입증책임 전환

모든 노동자에게 근기법 적용

▶ **근로기준법 102조의2 개정 시행**

국세청 소득세 신고자료 활용

가짜 3.3 사업장 전면 조사

# 쿠팡캠프식 3.3 전수조사

❹ [조사/감독] 고용·산재보험 누락자(미가입) 명단 확정
❺ [행정조치 시행] 시정지시/가입처리/과태료 등

**노동부**     **회사**

❶ 캠프별 위탁업체 명단 요구

❸ 고용현황 및 소명자료 제출 요구

❷ 위탁업체가 원천징수 신고한
사업소득자 명단(3.3 정보)

**근로기준법 제102조의 2**

고용노동부장관은 이 법에서 정하는 근로조건 보호를 위하여 중앙행정기관의 장과 지방자치단체의 장 또는 근로복지공단 등 관련 기관·단체의 장에게 다음 각 호의 정보 또는 자료의 제공 및 관계 전산망의 이용을 요청할 수 있다.

1. 「소득세법」 제4조제1항제1호에 따른 종합소득에 관한 자료

2. 「고용보험법」 제13조 및 제15조에 따른 피보험자격에 관한 신고자료

3. 그 밖에 근로자의 근로조건 보호를 위하여…

# 마스터플랜

## 1차 전수조사 시행 | 분야별 집중조사

| 산업별 | 영역별 |
|---|---|
| IT  방송  건설<br>스포츠  교육<br>보험  물류  조선 | 가짜 5인 미만 사업장<br>편의점·카페  음식점  미용사<br>텔레마케터  사고조사원 |

## 2차 전수조사 시행 | 업종확대+심층보완조사

소득세 신고시
법적의무 + 행정조치
제도화

근로감독 집무규정 개정
상시적 조사의무 +
사업장 감독

## 위장고용 폐지

---

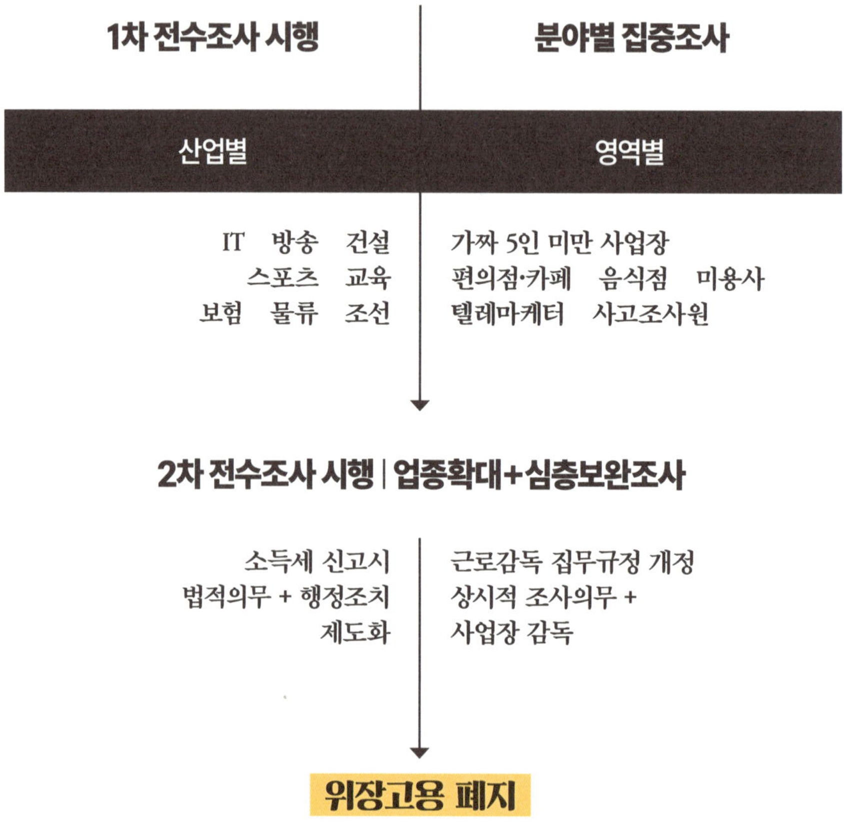

▶ **3.3 전수조사와 기획근로감독**

분야별 집중조사 확대 시행

가짜 3.3 위장고용 폐지

▶ **노동자 권리찾기 사회연대**

전국네트워크구축＋당사자조직운동

노동자의 이름으로 모두의 권리로!

# 3.3 노동자 권리찾기 사회연대

## [전수조사] 3.3 위장고용 적발

| 정부 | 민간 |
| --- | --- |
| 노동행정+세무행정<br>3.3 전수조사<br>근로감독/4대 보험가입 | 시민참여+실태조사<br>3.3 제보센터<br>지역·분야·단위별 조사/안내 |

## [당사자] 권리찾기 + 조직화

| | |
| --- | --- |
| 노동자성 회복<br>공동법률구제<br>전국네트워크 구축 | 3.3 노동자<br>산업·업종·지역별<br>당사자 조직운동 |

**노동자의 이름으로!**
**모두의 권리로!**

# 4대 보험 대신 3.3 떼는 업체를 아시나요?

| | | | | |
|---|---|---|---|---|
| 음식점 | 물류센터 | 봉제업 | 병의원 | 운송회사 |
| 시설관리 | 판매점 | 일반회사 | 실내건축 | 교육센터 |
| 외식업 | 콜센터 | 조선소 | 정보통신 | 보험회사 |
| 대형빌딩 | 유통업 | 출판사 | 헬스장 | 스포츠팀 |
| 커피숍 | 모텔호텔 | 학원 | 손해사정 | 신용정보 |
| | | 미용실 | 문화예술 | |

**4대 보험 대신 3.3% + 사업소득자로 위장 신고**

# 3.3 제보센터  제보합니다~

**6대 분야**

1. 사내에 3.3계약으로 근무하는 직원이 있어요
2. 하청업체 직원들이 3.3으로 들어와요
3. 평소에 3.3을 사용하는 ○○업체를 알아요
4. ○○업체가 3.3% 공제한다는 채용공고를 냈어요
5. 3.3 고용을 유도하는 컨설팅 광고를 발견했어요
6. 제가 3.3으로 4대 보험 없이 일합니다

## 가짜 3.3 위장고용 노동지도 850만명

▶ 대규모 제보 업종 ·········· 전수조사 실시 (가짜3.3)

▶ 상습적 악용 기업 ·········· 근로감독 시행(근로기준법 위반)

▶ 피해 제보 당사자 ·········· 권리찾기(법률구제비 지원)

bit.ly/삼삼제보센터

**근로기준법이 행방불명된
세계에서 권리찾기**

**가짜 5인 미만에서 가짜 3.3까지**

1판 1쇄 발행 2026년 4월 17일

엮은이 권리찾기전국네트워크지원센터·권리찾기유니온

펴낸이 최준석
펴낸곳 푸른나무출판 (주)
주소 경기도 고양시 일산서구 강선로 49, 404호
전화 031-927-9279 팩스 02-2179-8103
출판신고번호 제2019-000060호 신고일자 2019년 4월 15일

ISBN 979-11-92853-12-3 03320


책값은 뒤표지에 있습니다.
잘못 만들어진 책은 구입하신 서점에서 교환해드립니다.